转移定价模型与方法

慕银平　著

科学出版社

北京

内 容 简 介

本书以转移定价决策模型与方法为核心主题,以不同产品环境和市场环境为背景展开研究。全书共分为八章,分别研究不同市场竞争环境和不同产品类型下的企业转移定价决策问题,涉及垄断环境下的转移定价、竞争环境下的转移定价、考虑库存的转移定价、多产品转移定价、技术产品转移定价和动态转移定价等研究问题。本书的研究结果发展和完善了转移定价决策理论模型与优化方法,为解决不同环境下的企业转移定价决策实践问题提供了重要的理论依据和实践指导。

本书兼具前沿性、创新性、实践性和指导性,适合管理学、经济学等专业的师生与科研工作者使用,也适合从事企业内部转移定价决策工作的管理人员参考阅读。

图书在版编目(CIP)数据

转移定价模型与方法 / 慕银平著. -- 北京:科学出版社,2025. 2.
ISBN 978-7-03-080049-7

Ⅰ. F274

中国国家版本馆 CIP 数据核字第 20245HS730 号

责任编辑:郝 悦/责任校对:贾娜娜
责任印制:张 伟/封面设计:有道文化

科 学 出 版 社 出版
北京东黄城根北街 16 号
邮政编码:100717
http://www.sciencep.com
天津市新科印刷有限公司印刷
科学出版社发行 各地新华书店经销
*
2025 年 2 月第 一 版 开本:720×1000 B5
2025 年 2 月第一次印刷 印张:12 1/2
字数:250 000
定价:138.00 元
(如有印装质量问题,我社负责调换)

前　　言

转移定价是指企业集团内部进行中间产品转让时所制定的中间产品价格，是为了达到企业内部的权力分散、资源配置、下属部门绩效考核以及企业特定战略等目标而制定的一种企业内部定价机制。转移定价是随着社会化大生产的发展、公司组织形式和结构发生变化而产生的一种经营管理手段，它反映了公司集团内部分工与合作的要求。

转移定价决策在企业中存在的广泛程度远远超出了绝大多数管理人员所认识的范围，如公司的广告部门需要向公司的后勤维护部门支付的看管维护费、每月应支付的电话费、安全保卫费、数据处理费、法律及人事服务费等都涉及转移定价问题。转移定价如果过高，出售方的利润会增加，购买方的利润就会减少。如果过低，则相反。因此，转移定价的高低直接影响利润在各部门之间的分配，如果制定不当会使利润分配不公。尤为重要的是，如果转移定价不当，各部门的决策就会与总公司的最优决策产生矛盾，导致企业利润最大化目标无法实现。所以，转移定价对于正确处理各部门和总公司之间的经济利益与决策矛盾，调动各部门的生产积极性，共同为实现企业利润最大化目标而努力有着极其重要的意义。

科学的转移定价有助于划分各部门承担的经济责任，维护各部门正当的经济利益，同时有助于调动各部门的积极性。同时，科学的转移定价有助于企业进行正确的经营决策。科学运用转移定价手段，可以使企业最高管理者和各部门管理人员根据各部门提供的有关成本、收入、利润等相关信息进行部门决策。例如，扩大、缩小还是停止某一部门的业务，中间产品或劳务是在企业内部购买还是向外部市场购买等。通过决策，使各部门在不影响整体企业利润的前提下，达到各自利益的最大化，从而保证各个部门的目标与企业的整体经营目标协调一致。

此外，运用转移定价将集团利润转移至某些特定子公司，提高其效益，可以为处于创业阶段的子公司提供经济支持，或对该子公司管理层进行激励；运用转移定价减少对外公布的利润来缓解员工的加薪要求，减少对小股东或合资伙伴的分红；运用转移定价在企业集团各子公司之间进行利润分配，使集团公司可以在条件适宜的国家集中设立生产、研发或服务性子公司；运用转移定价改变基本成本来摆脱政府的价格管制，避免反倾销、反垄断指控等。

由于市场环境和产品环境的日益复杂化，企业的转移定价决策变得极具挑战性，传统的转移定价决策理论和方法越来越难以适应新的环境，应该在新的市场和产品环境下，研究与之相适应的新的转移定价决策理论和方法。基于此目的，本书在不同的市场环境和产品环境下，对转移定价决策问题展开系统深入的分析研究，提出了新的决策模型和方法。

全书共分为八章，分别研究了不同市场竞争环境和不同产品类型下的企业转移定价决策问题，涉及垄断环境、竞争环境、考虑库存、多产品、技术产品和动态等转移定价决策研究主题。第 1 章主要介绍转移定价基础理论和研究现状。

第 2 章为垄断环境下的转移定价研究。分析了存在垄断外部市场的中间产品转移定价决策问题。提出了差别转移定价法，即当上游子企业对中间产品具有垄断能力时，集团公司将转移定价决策权下放给上游子企业，上游子企业根据内外部市场需求的不同，采用差别转移定价。通过比较分析，发现在信息对称条件下，上游子企业对外部市场和下游子企业分别实行差别转移定价，将会增加集团公司和上游子企业的利润。在信息不对称条件下，考虑虚报成本和监控成本，得出当下属子企业与集团总部存在严重的信息不对称时，应采用分权化的转移定价策略，即差别转移定价法，将转移定价决策权下放给生产该中间产品的子企业。反之，当子企业拥有的私人信息不重要，或者子企业与集团总部之间信息不对称的程度不太深，则应采用集权化的转移定价策略，即边际成本转移定价法。

第 3 章为竞争环境下的转移定价研究。分别从三个方面分析了存在寡头竞争外部市场的中间产品转移定价问题。首先，分析了在价格竞争条件下，存在寡头竞争中间产品外部市场的双头垄断企业的转移定价策略，得出当转移价格为竞争双方的共同知识时，对中间产品实行差别转移定价可以增加双方企业集团和各子公司的利润；当转移价格为各企业的私人信息时，对中间产品实行差别转移定价还是单一转移定价，取决于中间产品外部市场和最终产品市场的需求函数特征。其次，分析了产量竞争条件下存在寡头竞争中间产品外部市场的企业集团转移定价决策问题，得出当中间产品存在产量竞争的外部市场时，均衡定价策略为集团双方隐藏自己的转移定价信息，转移价格等于边际成本。最后，分析了存在不对称竞争条件下企业集团的转移定价决策问题，得出存在下游竞争时，转移价格的大小取决于各下游公司产品的相互替代程度。存在上游竞争时，当下游子公司不具备完全垄断优势时，转移价格大于边际成本，当下游子公司具备完全垄断优势时，转移价格等于边际成本。

第 4 章为考虑库存的转移定价研究。在考虑中间产品流转过程中产生的库存持有成本、订货成本、订单处理成本和启动成本的基础上，研究了企业集团的转移定价决策问题。研究发现，当存在库存管理成本时，最优转移价格存在的前提条件是生产总部的生产能力必须达到最低的产量水平，或在生产能力充分的条件下市场需求必须达到最小的需求量水平。

第 5 章为多产品转移定价研究。运用合作博弈和非合作博弈的思想分别研究存在多种中间产品及多种最终产品情形下的最优转移定价决策问题。分析得出当存在多种中间产品时，采用边际成本转移定价策略配合合作博弈的 Shapley（沙普利）值法进行利润重新分配可以达到集团利润最优。当存在多种最终产品时，在考虑最终产品之间为替代关系、独立关系和互补关系的基础上，分析得出最优转移定价策略应随着最终产品之间的关系不同而有所差异。

第 6 章为技术产品转移定价研究。以技术产品为研究对象，结合技术产品的共性和特性，分析了技术产品转移定价的最优决策。首先研究了基于数量提成的技术转移定价策略问题，提出采用固定费用加变动费用的定价方法不仅可以达到研发企业的利润最优，同时可以缓解下游生产企业由一次性支付所造成的资金压力。同时将研发企业的利润与技术的未来收益紧密联系起来，实现了转让方和受让方的收益共享、风险共担。其次研究了基于收益提成的技术转移定价策略问题。分析发现，最优收益分成比例和最终产品价格都随研发企业对下游生产企业的控股比例的增加而减少。

第 7 章为动态转移定价研究。动态转移定价强调转移定价系统应随着企业环境和企业组织的变化而不断改变。从企业战略的角度出发，以企业内部组织结构为基础，结合企业所处的外部竞争环境，进行企业分类。采用内外结合的方法，以企业内部分权化程度和外部竞争性程度为划分标准，将企业划分为集中型、协作型、合作型和分散型四种类型，并讨论每一类企业所适用的转移定价方法。

第 8 章为转移定价拓展研究。分析发现转移定价需要继续加强实证研究和案例研究以达到理论与实践相结合。同时，提出了值得进一步深入研究的五大领域。

本书的研究结果发展和完善了转移定价决策理论模型与优化方法，为解决不同环境下的企业转移定价决策实践提供了重要的理论依据和实践指导。

本书写作过程中，参考了众多国内外专家的研究成果，在此表示衷心的感谢。

由于作者水平所限，书中难免存在疏漏之处，请广大读者批评指正。

目　　录

第1章 转移定价基础理论

转移定价（transfer pricing）是指企业集团内部分公司与分公司之间进行中间产品转让时所制定的中间产品价格。例如，一家大的钢铁公司拥有煤矿、铁矿、炼铁厂和炼钢厂。煤、铁分公司除了向公司外部销售煤、铁外，还要向公司内部（如炼钢分公司）销售。这里，煤、铁分公司向内部销售煤、铁的价格就是转移价格。在福特汽车公司，发动机和铸造部会把产品转移给汽车组装部，而汽车组装部又会把产品转移给福特及林肯营销部。转移价格对于出售中间产品的部门来说是收入，对于买入中间产品的部门来说是成本。雪佛兰生产的汽车引擎被安装到别克汽车上时就会产生转移定价问题，在这种情况下的转移价格就是通用汽车公司别克汽车生产部门支付给通用汽车公司雪佛兰汽车制造部门的内部价格。实际上，转移价格在组织中存在之广泛远远超出了绝大多数的管理人员能认识到的程度，如公司的广告部门需要向公司的后勤维护部门支付的看管维护费、每月应支付的电话费、安全保卫费、数据处理费、法律及人事服务费等都涉及转移价格问题。转移价格如果定得高，上游（出售方）分公司的利润就会增加，下游（购买方）分公司的利润就会减少。如果定得低，则相反。所以，转移价格的高低直接影响到利润在各分公司之间的分配，如果定得不当就会使利润分配不公。尤其重要的是，如果定价不当，由于每个分公司都按利润最大化原则进行决策，分公司的决策就会与总公司的最优决策产生矛盾，总公司总利润最大化目标无法实现。所以，转移价格制定策略，对于正确处理各分公司和总公司之间的经济利益与决策矛盾，调动各分公司的生产积极性，共同为实现总公司利润最大化目标而努力有着极其重要的意义。

1.1 转移定价的内涵

转移定价是为了达到企业内部的权力分散、资源配置、下属部门绩效考核以及企业特定战略等目标而提出的一种企业内部定价机制。Horngren 和 Foster（1987）给出了比较完整的转移定价的概念，他们指出转移定价是指一个组织内部由一个节点（包括下属分部、部门、子公司等）向另一个节点提供产品或服务时征收的价格。概括起来，转移定价的概念可以描述为在分权经营体制下，关联企业对于分权部门之间的产品或服务的内部交易所制定的价格，是为了解决企业内部资源配置和分权部门业绩评价的问题而产生的，是企业内部重要的资源配置机制和激励机制。

1.1.1 转移定价的产生

转移定价是随着社会化大生产的发展、公司组织形式和结构发生变化而产生的一种经营管理手段，它反映了公司集团内部分工与合作的要求。转移定价的产生有其本身的理论基础和经济基础。

1. 内部化理论

内部化理论是转移定价产生的理论基础。内部化理论的思想由海默首创，英国学者巴克利和卡森在 1976 年出版的《跨国公司的未来》一书中正式提出的，后来，加拿大学者拉格曼在 1981 年出版的《跨国公司的内幕》一书中进一步发展了这一理论。该理论认为：中间产品（包括知识、信息、技术、管理专长等）市场是不完全的，由于存在这种市场缺陷，企业通过市场发生的买卖关系就可能出现时滞和交易费用，不能保证企业获利。因此，将中间产品市场在一个厂商中内部化，即将市场上的买卖关系纳入企业内部生产活动中去，就可以避免时滞、讨价还价、购买者的不确定性，并将政府干预的影响降到最低程度。

根据内部化理论，企业集团为了节约交易费用，通过扩大组织规模，把具有特定资源供需关系的外部产业组织纳入企业内部，取消某种市场交易，代之以组织内部的交易。这样，市场交易内部化将会促使组织内部交易费用的大大降低。由于内部交易单位仍需要进行独立核算，需要对内部交易各方之间发生的经济业务加以记录和反映，提供真实可靠的经营业绩，实现有效的管理。这样，转移定价便应运而生。

2. 分权化理论

分权化理论是转移定价产生的经济基础。在企业内部，按照交易费用经济理论的观点，内部交易节省了交易费用，但是企业高层管理者在通过企业这种组织形式节省交易费用的同时，也增加了对于各部门的管理和监督费用，并且企业的管理和监督费用也随着企业规模的扩大而增加。现代企业的规模日益扩大，企业内部形成了复杂的劳动分工和管理模式，分工和管理模式的复杂性使得各部门无法将其掌握的经营管理信息完全提供给企业高层管理者，高层管理者也无法再通过全权控制对企业全部生产经营做出恰当的决策，这使得高层管理者无法了解并掌握企业生产经营中方方面面的信息，从而造成了各部门私有信息的存在，形成高层管理者和部门及各部门之间信息交流的不对称性。高层管理者为提高企业资源的整体利用效率（即企业整体利益最大化），授予其所辖各部门一定的经营决策自主权，并对其经营业绩进行评估，以此来确定对各分权部门的激励，这就产生了企业内部高层管理者和各分权部门之间的委托-代理关系,同时也促成了企业内部分权经营管理模式的产生。企业内部分权经营管理模式通过将高层管理者的权力分散给下属分权部门,在一定程度上克服了高层管理者在决策中所处的信息劣势地位(不拥有分权部门的私有信息),进一步减少了企业内部存在的信息不对称所造成的效率损失,从而提高了企业资源配置的整体效率。

分权经营管理模式的出现,在提高企业资源配置效率的同时,委托-代理关系所产生的代理成本又不可避免地造成了企业集团的某种损失。正常情况下,在多分部企业环境下,考虑企业内部的高层管理者和分权部门管理者的委托-代理关系时,企业内部仅存在一个高层管理者,作为委托人行动,企业内部可能存在两个或两个以上分权部门,分权部门的管理者作为代理人行动。分权部门所生产的中间产品,可以直接对外销售,也可以由其他分权部门进一步加工处理后再在市场上出售。企业高层管理者常常不能准确了解各分权部门管理者工作的努力程度,对各分权部门的边际成本函数也不具有完全信息,同时分权部门、高层管理者之间在目标上往往又存在着经常性的冲突,分权部门往往以自身利益最大化为目标,高层管理者则期望在扣除生产成本和对分权部门的补偿之后获取最大化整体利润。Amershi 和 Cheng(1990)指出,高层管理者与分权部门目标及利益的不一致,使高层管理者在信息不对称的情况下,难以保证分权部门能够遵循其生产和销售的指导,分权部门在自身利益驱动下也可能具有道德风险,二者间的非合作博弈状态必然降低企业集团的内部资源配置效率。资源配置效率需求是产生资源配置机制的重要原因。在信息不对称的条件下,实行分权经营管理的企业必须在分权的同时,在企业集团内部管理中引入相应配套的资源配置机制,以适当的契约来规定各种利益的索取和分配,充分发挥激励制度的作用,提高企业内部资源配置效率。实践表明,对集团分部管理者的业绩评估、经营报酬和补偿计量具有重大影响的转移定价机制,能够满足多分部企业集团的这种资源配置机制的要求。在该机制下,通过合理运用某种转移定价方法,恰当制定和执行分部经营报酬契约和补偿计划,合理评估分部业绩,为分部提供内在动机,使其自利性地做出有利于企业集团整体利益最大化的决策,服从总部指导,达到二者目标的协调和利益的平衡。因而转移定价是集团分权经营管理模式中必不可少的一种重要的决策机制。

1.1.2　转移定价的作用

转移定价策略的运用对于有关分部和总公司都会产生影响,主要体现在:影响分部的业绩评价;影响总公司的整体利润。

1. 影响分部的业绩评价

转移价格会影响购买方分部的成本和销售方分部的收入。这样，双方的利润都受到了影响。由于利润是业绩评价指标（如投资报酬率和剩余收益）的基础，因此，转移定价常常成为极其敏感的问题。表 1-1 说明了转移价格对公司不同分部的影响。假设生产部生产某零部件并出售给组装部，转移价格是 300 元。这 300 元对于生产部是收入，当然生产部希望价格越高越好。相反，300 元对于组装部而言是成本，如同其他部件一样，组装部希望价格能低一些。

表 1-1　转移价格对有关分部利润的影响

生产部	组装部
生产并出售某零部件给组装部	向生产部购买零部件用于生产
转移价格为 300 元	转移价格为 300 元
作为生产部的收入	作为组装部的成本
增加净利润	减少净利润
提高投资报酬率	降低投资报酬率
转移价格形成的收入=转移价格形成的成本	

因此，制定合理的转移价格有助于划分各部门承担的经济责任，维护各部门正当的经济利益，同时有助于调动各个部门的积极性。合理的转移价格可以发挥类似市场价格的作用，如在价格一定的情况下，要想获得较高的内部利润，提供产品或劳务的部门必须不断改善经营管理，降低成本和费用；接受产品或劳务的部门则必须在一定的购入成本下，千方百计降低再加工成本，提高产品的质量，争取获得较高的经济效益。这样，就可以激励各个部门负责人有效经营，充分调动各责任中心的生产积极性和主动性。另外，合理的转移价格，能够准确地计量和考核各部门责任预算的实际执行结果。恰当地衡量各部门的工作业绩，使各部门的工作和经营成果能够按照一个客观的标准进行统一的比较与综合的评价，从而使各部门的业绩考核建立在客观、公正和可比的基础之上。同时，合理的转移价格有助于企业进行正确的经营决策。运用转移价格，可以使企业最高管理者和各部门管理人员根据各部门提供的有关成本、收入、利润等相关信息进行部门决策，例如，扩大、缩小还是停止某一部门的业务，中间产品或劳务是在企业内部购买还是向外部市场购买等。通过决策，使各部门在不影响整个企业利润的前提下，达到各自利益的最优化，从而保证各个部门的目标与整个企业的经营目标协调一致。

采用内部转移的频度

一项对于美国的 400 家大型公司和医疗机构的研究显示了下述关于采用内部转移频度的数据。

公司内部销售额占总销售额的百分比	占被调查公司的百分比
0	31%
1%～5%	43%
6%～10%	11%
11%～20%	6%
21%～40%	6%
41%～60%	2%
>60%	1%

上述数据表明，在 74%的样本企业中，公司内部销售额在公司总销售额中所占比重较小（≤5%），然而，仍有 15%的企业，其发生的内部转移超过了其总销售额的 10%。很显然，对于这些企业而言，转移定价对部门利润会产生极大的影响。尽管在美国的大型企业中，内部销售额在总销售额中所占的比例不大，但转移定价问题仍然对企业内部的部分部门的利润具有极大的影响力。

资料来源：Umapathy S. 1987. Current Budgeting Practices in U.S. Industry: The State of the Art. New York: Praeger: 136.

2. 影响总公司的整体利润

若从公司整体角度考虑转移价格的制定，那么转移价格能从两个方面影响公司的利润水平：①影响分部的行为；②影响所得税。分部在独立决策时，可能会制定出有利于分部利润最大化而不利于公司整体利润水平的转移价格。比如，如果转移价格比实际生产成本要高出许多，购买方分部就可能从公司外部购入价格低于转移价格的产品。假定表 1-1 中生产部制定的转移价格为 300 元，而其成本为 240 元。如果组装部能以 280 元的价格从外部供应商获取该零部件，它就不会向生产部订购。组装部每个零部件节约了 20 元（内部转移价格 300 元，外部市场价格 280 元）。但是，假定生产部无法向外出售该零部件，公司整体在每个零部件上将损失 40 元（外部成本 280 元，内部成本 240 元）。这样，公司整体的成本就提高了。另外转移价格还会影响公司整体的所得税，对跨国公司尤其如此。通常情况下，公司会制定适当的转移价格使得更多的收入转移到低税率国家，并尽量使成本转移到高税率国家。例如，有一台复印机是在美国纽约罗切斯特的施乐公司生产的，将该复印机运到英国并由兰克-施乐（Rank-Xerox）公司（施乐公司的合作公司）加以销售。此时，施乐公司应付给美国政府以及英国政府的税收情况都受到了影响。该复印机的转移价格在美国税制中应计为收益，而在英国则应计为可抵税费用。公司将在税法允许的范围内制定出一个在这两国中达到总税负最小的价格作为转移价格。如果在这两个国家中，所得税的税率并不相等，则公司将制定出的转移价格会在税务机关有关规定许可的情况下，将尽可能多的利润转移到税率较低的国家。

除此之外，转移定价还具有如下作用：①运用转移定价将集团利润转移至某些特定子公司，提高其效益，可以为处于创业阶段的子公司提供经济支持，或对该子公司管理层进行激励；②运用转移定价减少对外公布的利润来缓解员工的加薪要求，减少对小股东或合资伙伴的分红；③运用转移定价在企业集团各子公司之间进行利润分配，使集团公司可以在条件适宜的国家集中设立生产、研发或服务性子公司；④运用转移定价改变基本成本来摆脱政府的价格管制，避免反倾销、反垄断指控。

三菱公司的转移定价问题

三菱公司由于高估其在美国出售的汽车配件的转移价格而被内部收益服务机构罚款。美国认为这种行为使得三菱公司将其利润转移回了日本，因为日本的税率较低。尽管三菱公司不承认有什么做错的地方，但公司仍同意向美国内部收益服务机构支付 10 亿美元来解决这一问题。

1.1.3　转移定价的目的

关于转移定价的目的，McAulay 和 Tomkins（1992）将其归纳为四个方面：①战略目的；②组织目的；③功能必要性目的；④经济目的。四种目的之间的相互关系如图 1-1 所示。

从图 1-1 可以看出上述四种目的是密切相关的，战略的改变往往要求组织结构作相应的调整。从某种程度上来说，战略驱动结构，而结构反过来又要求执行战略的转移定价策略作相应的变化。同时，在组织运行的每一步都面临选择和放弃转移价格的抉择。如果一旦选择了转移定价策略，它将影响到权力分配、资源配置、公平性、激励和目标协调等因素。

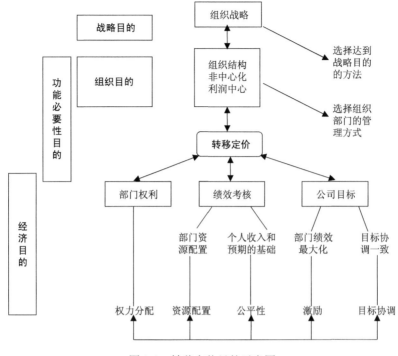

图 1-1　转移定价目的示意图

1. 战略目的

Eccles（1985）发现如果企业战略和转移定价策略不匹配，将会导致战略和转移定价问题的含糊不清。战略的执行（这里主要是指通过转移定价来执行）和战略的制定是紧密相关的，Eccles（1985）指出特定的转移定价策略暗示了特定的战略，并且建立了一套通过总部执行战略的模型，该模型考虑了人的行为，通过提高公平和控制进一步影响绩效。

2. 组织目的

Lawrence 和 Lorsch（1967）提出大多数成功企业都是在保持一定一体化组织的基础上要求一定的差异化程度。而通过转移价格可以达到一定程度的差异化，因为转移定价可以通过核算子部门利润来监控各子部门的管理责任，同时转移定价又具有保持一体化的作用（Galbraith，1974）。

3. 功能必要性目的

功能必要性目的包括两方面的内容，一方面非中心化的企业集团内部各子部门之间需要进行产品或服务的流转，而集团总部往往希望了解各个子部门的盈利能力，因而需要建立转移定价机制进行利润度量（Dean，1955；Heflebower，1960；Hirshleifer，1964）。另一方面跨国公司下属的各个子公司之间往往需要跨国界进行产品或服务的交换，因此，必须通过设定转移定价以满足东道国政府的税收和其他规制要求。

转移定价可以看作支持企业各部门相互依存的先决条件。随着企业规模越来越大，企业的经营管理变得越来越复杂，只有通过非中心化建立组织结构才能保证企业发展壮大。Allen（1987）指出将一个企业的信息服务功能作为一个独立的商业部门是发挥企业信息技术潜力的重要的战略手段，而建立一种针对信息服务收费的方法将是该战略的一个重要的组成部分。他宣称将公司的信息服务功能转变为利润中心可以为企业带来非常大的好处，其中包括减少高层管理者的抱怨和提高信息技术供应的效率。除此之外，转移定价还具有激励和竞争的作用。转移定价通过利润可以激励子部门经理的工作热情，研究表明子部门经理的企业家热情通常与其所经营的部门的自主程度密切相关（Thomas，1980）。Hamada 和 Monden（1989）通过一家日本公司分析了转移定价在支持公司内部竞争方面的作用。他指出在公司内部创造竞争比外部市场竞争对企业更有益。例如，当购买部门由于价格和质量达不到要求而拒绝订货时对企业的成本降低与质量提高将会有很大的促进作用。

4. 经济目的

Abdel-khalik 和 Lusk（1974）将转移定价的目的与企业资源配置的效率联系起来，研究表明转移定价对企业内部资源配置决策具有重要的影响。主要原因是部门的盈利能力一般作为企业分配资源的主要指标，而转移商品的价格将直接影响到各部门的利润状况。例如，如果给购买部门一个很低的转移价格将直接导致该部门得到高利润，而高利润将使该部门得到企业稀缺资源的绝大部分。Anthony（1980）建议转移定价应该能够激励经理做出好的决策，同时应能够合理地度量管理者绩效，而又能确保部门权力不被削弱。Abdel-khalik 和 Lusk（1974）建议转移定价应该能够通过部门利益促进企业整体利益，即最优的转移定价应该确保："建立的转移定价系统能够达到激励、协调，以及控制经济资源和生产要素的合理配置，最终达到整个组织的目标一致"（Abdel-khalik and Lusk，1974）。

1.1.4　转移定价的原则

制定转移价格应遵循三种基本原则：全局性原则、激励原则和相对稳定性原则，具体内容描述如下。

1. 全局性原则

制定转移价格强调企业的整体利益高于各分权部门的利益。由于转移价格直接关系到各部门经济利益的大小，因而每个部门必然会要求把内部转移价格定得对自己有利。但是，某个部门的最大利益并不一定就能带来整个企业的最大利益，甚至有时还会妨碍实现整体的最大利益。因此制定内部转移价格时要从企业全局出发，使其有助于实现企业整体利润最大化。

2. 激励原则

由于企业内部各部门具有相对独立性，具有各自的责任和利益，因而，转移价格应制定得公正、合理，以防止某些部门因价格上的不公正、不合理而获得额外的利益或损失。也就是说，转移价格的制定应能激励各部门生产经营的积极性，激励各部门改善管理，提高效益。

3. 相对稳定性原则

转移价格一经制定就应保持相对稳定，否则就会影响部门的成本和效益。由于制定的内部转移价格已经把影响不同部门成本升降的不可控价格因素加以剔除，同时各部门的成本核算工作无须相互等待，可根据预先制定的转移价格及时算出成本，如果频繁调整，将会失去其功效，从而很难分清部门之间的责任。但相对稳定并不是一成不变，转移价格还应定期进行调整，以适应情况的变化。

1.1.5　转移定价的影响因素

转移定价决策要受到多种因素的影响，本书根据各个因素的影响程度不同将其分为核心因素和环境因素两大类，然后根据环境因素的具体特征又进一步分为外部环境因素和内部环境因素。核心因素主要包括战略、渠道协调和激励等因素，是影响转移定价决策的最主要因素；内部环境因素包括企业组织结构、交易稳定性、企业产品特点、信息分享程度、专业化投资程度和绩效考核体系等因素，主要是影响转移定价决策的企业内部的因素；外部环境因素包括行业特点、市场环境、税收政策、外汇政策、国际环境和法律环境等因素，是影响转移定价决策的企业外部的因素。各个因素之间相互关联、相互影响，如图 1-2 所示。下面将对一些主要的因素进行重点分析。

1. 核心因素

1）经营战略

经营战略与转移定价间的关系，主要取决于以下两个方面。一是在各子公司的产品依存关系上，是否存在纵向一体化战略。如果存在纵向一体化战略，则其内部交易就需要按集团公司管理当局统一部署进行，就需要实行内部转移定价，以确保集团公司一体化战略的实现；如果不存在纵向一体化战略，则各子公司（即

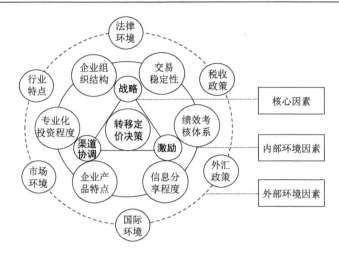

图 1-2 转移定价影响因素图

利润中心）可以自由选择购销对象，这样，只有当各子公司自愿相互交易，才有可能发生相互间的转移定价问题。二是在集团公司的内部和外部交易上，各子公司是否被视为一个独立的企业，也就是说，如果一个子公司仅仅在对企业集团外部销售时才被视为一个独立的企业，而在集团内部销售时却作为一个非独立单位或机构，那么在交易时不需要执行转移定价策略。

2）组织战略

公司的集权或分权程度对转移定价系统的影响很大。集权化程度较高的公司往往要求集中确定内部交易的转移定价，一般情况下，采用以成本为基础的定价方法，而分权化程度较高的公司则往往将转移定价权下放给各下属公司或部门，一般情况采用市场定价法或协议转移定价法。还有一些公司对一部分产品的生产实行集权化管理而对其他的产品实行分权化管理，在这类企业中，往往同时运用多种转移定价方法。集团公司在确定转移定价系统时，为保证公司组织管理体制的有效运行，需要考虑公司的集权、分权程度。

2. 内部环境因素

1）业绩评价

集团公司业绩评价体系的实施过程，对转移定价系统有着明显的影响。转移定价制定得如何，决定着各利润中心业绩的好坏。无论采用哪一种转移定价方法，都应该能对公司下属的各子公司或分支机构及其主管人员在其控制范围内的经营业绩进行充分和科学的测量，同时应能激励各下属公司取得更好的成绩。因此，公司的业绩评价体系成为转移定价系统的重要影响因素和决定因素。

2）信息系统

在以电脑和通信网络为代表的信息技术飞速发展的信息时代，一个有着良好管理信息系统的集团公司有可能将下属各个公司或部门的相关信息集中到公司总部，并将转移定价的决策权也集中到总部，由总部根据各下属公司适时反馈的相关信息进行统一的制定，并根据实际情况及时修订，这样可以保证部门目标与公司整体目标的一致性。相反，目前相当一部分的公司依赖于手工的管理信息系统，使得处于复杂运营环境的集团公司和它们的下属公司难以建立完善的管理信息系统，也就谈不上在此基础之上的转移定价的统一制定和适时调整。因此，良好的管理信息系统和先进的信息技术手段是影响转移定价制定与管理的非常重要的因素。

3）企业目标和管理者偏好

不同的集团公司和集团公司的不同时期，其当期的主要目标都有所不同。控制和占领市场、避免或减轻税负、防范和化解外汇风险等，都制约着转移定价的制定，另外，不同国家或地区的不同管理者，其文化背景和管理偏好存在差异。据国外有关人士的调查，美国、英国、日本、法国等国的财务主管都偏向于以成本为基础的定价，加拿大、意大利等国的财务主管则倾向于以市价为基础的定价。同时，美国、加拿大、法国和意大利的财务主管大多看重所得税，日本的财务主管则关注企业所在国的通货膨胀等因素。

3. 外部环境因素

1）税负差异

由于大部分国家的税制差异较大，因而跨国公司管理当局有可能利用转移定价人为地调减企业的总体税负，以增加整体利润。但是，这种做法会影响有关国家的纳税收入，从而有可能引起有关国家政府部门对此采取某些干预措施。例如，有的国家采用按"局外价格"的原则来检查、监督转移定价，有的国家则采取"比较定价"的原则对跨国公司的转移定价进行监督。无疑，这些都将迫使跨国公司对转移定价持慎重态度。

（1）考虑所得税的影响。国家之间不同所得税政策的存在影响着跨国公司转移定价的确定。跨国公司内部交易的价值主要是由跨国公司所确定的转移定价来决定的。如果跨国公司内部交易的转移定价确定得好，就会使公司的收入集中到低所得税的国家，而公司的成本则集中到高所得税的国家，从而降低企业的整体所得税负。因此跨国公司在确定其转移定价时一般要考虑各公司所在国之间不同所得税税率的影响，力图使公司的整体所得税税负最低。

（2）考虑关税的影响。关税可分为从量关税和从价关税，对跨国公司内部国际转移定价产生影响的主要是从价关税。由于关税计算时所依据的关税完税价格主要是由交易的价格所决定的，所以跨国公司在确定转移定价时要充分考虑各国关税税率以及关税政策之间的差异，力争减少公司整体支付的关税，从而降低跨国公司的经营成本，使其整体利润最大。一般情况下，跨国公司对进入低关税国家的货物制定较高的转移定价，而对进入高关税国家的货物制定较低的转移定价。但如果跨国公司下属的两个位于不同国家的子公司之间进行内部交易，除了买方公司要向其所在国交纳进口关税外，卖方公司也要就这批货物向其所在国交纳出口关税。这就存在着一个权衡的问题，因为跨国公司制定的内部转移定价不能同时既减少这宗交易的出口关税，又减少其进口关税。不过，由于大部分国家都鼓励出口，出口税率一般较低，有的甚至是零税率政策，因此跨国公司在制定内部转移定价时主要考虑买方公司所在国的进口关税因素。

2）竞争因素

集团公司在运用转移定价以增强其整体竞争能力时，有可能会导致子公司所在国政府采取反托拉斯和反倾销行动，同时也可能会遭到所在国其他竞争对手的报复，其结果会使其处境更为不利。另外，出于竞争的考虑而对子公司所采取的转移定价，实际上是给予该子公司的一种价格补贴，这有可能使子公司产生懒惰情绪和依赖思想，最终与集团公司的初衷相背离，与此同时，由于各利润中心都有着各自独立的利益，而内部转移定价是一种非公平交易价格，由此会滋生出各种不满情绪，从而对公司业绩产生短期和长期的消极影响。再有，当国外子公司采取合资经营时，母公司往往有通过转移定价转入母公司利润的动机，这就会影响到国外合资子公司的利益，而招致东道国一方投资者的限制，实际上，合资子公司已跨越了跨国公司的内部经营范围。综上所述，竞争因素在一定程度上也制约着转移定价决策。

3）通货膨胀

跨国公司在转移定价中往往人为地进行调整，使设在高通货膨胀率国家子公司的货币性资产保持最低限度，以使其货币购买力不因通货膨胀而发生损失。但这种做法所引起的资产或资金的转移，可能会受到子公司所在国家的限制。因此，对这种转移定价可能产生的后果，跨国公司应予以充分考虑。

4）外汇交易风险

跨国公司外汇交易风险是指国际金融市场的汇率和利率的变化，对公司以外币计量的资产和负债带来损失的可能性。在浮动汇率制下如何避免外汇交易风险是每一个跨国公司都必须慎重考虑的问题。跨国公司在外国设立的子公司的资产和负债一般都是用外币来计价的，而在浮动汇率制下，外币与母公司所在国的货币的汇率并不总是稳定的，这就使得跨国公司面临着较大的外汇交易风险。而跨国公司通过控制内部交易的转移定价，可以将资金进行转移，从而减少外汇交易风险。

5）政府政策

跨国公司母公司及其下属公司所在国的政府，出于对本国利益的考虑，往往对跨国公司在本国的经营行为做出种种限制。这主要体现在以下两个方面。

（1）限制跨国公司所属子公司的"利润返还"。从子公司所在国的立场来看，它希望跨国公司在本国设立更多的子公司，但不希望子公司将所赚取的利润都汇出国外，因为大量的利润返还会造成本国外汇的严重流失，影响本国经济的发展。所以，许多国家都制定相应措施来限制子公司的利润返还，鼓励它们将利润用于再投资。显然，跨国公司如果想硬性将利润返还是困难的，但是，跨国公司可以通过控制内部交易的价格等方式将子公司的利润转移出来。

（2）限制跨国公司内部转移定价的制定。目前，大部分国家都采取了相应的措施来限制跨国公司内部转移定价的制定，特别是与本国利益相关的跨国公司的内部交易转移定价。绝大部分国家的税收机关都要求紧密相连的实体之间发生的交易所运用的转移定价的制定应该以公平市场价格为基础。

总之，转移定价要受到诸多因素的影响，以上讨论的这些因素之间是相互影响和相互作用的，其影响程度各不相同，且处于不断的变化之中。

1.2　常用的转移定价方法

转移定价方法的研究对于从业者进行转移定价决策至关重要，特定的转移定价方法的选择将预示着企业特定的经营策略。国内外专家学者关于转移定价方法的研究大概可以归结为五种：经济模型（economic models）、行为模型（behavioral models）、特定转移定价方法（ad hoc transfer pricing approaches）和数学模型（mathematical models）。

1.2.1　经济模型

最早关于转移定价的研究是通过建立经济模型来进行的（Hirshleifer，1956；Gould，1964）。经济模型的思想是所制定的转移价格能够激励买卖双方交易的中间产品数量达到集团的总体利润最大化。该类文献通过研究得出，中间产品的转移价格一般应该采用高竞争性的外部市场价格，如果不存在外部竞争性价格，则应采用边际成本定价法。

1. 市场基础转移定价法

市场基础转移定价（market-based transfer pricing）是指集团公司在进行内部转移产品时，将所属各子公司都视为独立经营的企业，所确定的转移价格基本上接近于正常的市场交易价格。1777 年 9 月，Robert Hamilton（罗伯特·汉密尔顿）发表了关于苏格兰麻纺业会计实物的名为《商品学概论》（*A Introduction to Merchandize*）的著作。在书中，他建议同一企业内部各部门间的交易价格应随行就市。这可能是第一次引入转移价格等于市价这一概念。后来，Cook（1955）和 Hirshleifer（1956）等通过建立经济模型，提出当中间产品存在完全竞争外部市场的条件下，转移价格应等于外部市场价格。March 和 Shapira（1987）从风险分担的角度进行考虑，引入部门经理的风险偏好，提出如果一个以成本为基础的转移定价系统被用于内部交易，上游子企业知道虽然从内部交易中不会有利润可得，但全部成本将被收回，而下游子企业承担全部市场风险。相反，对于市场基础转移定价来说，上游子企业必须考虑市场供需状况，从而上下游子企业共同承担市场风险。Gatti 等（1997）比较了确定性条件下市场基础转移定价法和成本基础转移定价法，得出当中间产品存在较大的外部需求时，市场基础转移定价能够提高集团公司的整体利润。Baldenius（2000a）提出在信息不对称条件下，以外部市价为内部交易价格的企业集团，当上游子企业对中间产品具有垄断能力时，通过对内部交易价格实行一定折扣，可以增加企业集团以及各子企业的利润。

Wu 和 Sharp（1979）对 61 家企业进行研究发现，市场基础转移定价是应用最广的定价方法。实际应用中市场基础转移定价法主要有两种形式：完全市场价格定价法和市场价格扣减法。完全市场价格定价法所确定的价格和出售给公司外部的购买者所采用的市场价格一样，是完全的市场价格；市场价格扣减法是在市价的基础上减去一定百分比的扣减额后作为转移价格的定价方法。理论上说，在这种定价方法下，转移定价并不决定交易是在企业内部还是在其外部进行。

以市场价格为基础的转移定价需具备三个条件：①存在一个竞争的中间产品市场；②各子公司在生产经营方面有较大的独立性和自主权，有权对外销售其产品和从外部采购其所需的原材料等物资与各种劳务；③有市场价格可供参考。

只有满足上述条件，运用市场价格确定转移定价才具有真正的意义。

总体来说，以市场价格作为转移价格时，分权部门的盈利接近于该分权部门对整个企业的真实的经济贡献，因而基于市场价格的转移定价机制与各分权部门是一个独立的利润中心这一观念相吻合。这种转移定价机制可以使企业内各个分权部门能够以利润、投资收益或其他类似指标来衡量业绩，避免了在基于成本的转移定价机制下各个分权部门业绩衡量标准不一致的弊端；市场价格可以确保企业内部形成良性竞争，使得转移价格接近于市场价格，因此，基于市场价格的转移定价机制能够比较客观地衡量各分权部门的业绩。在企业内部如果存在激烈的市场竞争且部门间相互独立，则市场价格能实现整个企业的利润最大化。但是，基于市场价格的转移定价机制包含着一个前提，就是分权部门是自主的利润中心，其管理者应能够自主地决策。然而，对于跨国公司或者一般的企业集团而言，往往并非如此。市场价格的困难在于部门间提供的中间产品常常很难确定其市价，市场价格变动往往较大，或市场价格没有代表性。如果不存在转移商品的中间市场，很难确定一个自由竞争的市场价格。由于市场基础转移定价机制可以节省上游部门的销售费用，因而其往往对上游部门有利。但使用市场价格作为转移价格不利于高层管理者为实现各种战略目标而灵活地调整利润和现金流量。

归纳起来，市场基础转移定价法的优点如下。

（1）有利于发挥子公司的自主权，达到企业分权经营的目的。

（2）由于市场价格较好地代表着产品的真实价值，该方法有利于有效地利用其有限的资源，取得正常的收益。

（3）有利于子公司管理人员充分利用市场，增强其适应市场的能力。

（4）在采用市场价格的情况下，业绩报告上的营业利润反映的是实际经营情况，其确定的子公司收益较为真实，从而有利于业绩的考评。

（5）在很大程度上排除了人为因素的影响，较为客观公平。

（6）由于市场价格往往是一种公允价格，会被有关国家政府认为是"正常交易"价格，这样，采用市场价格法确定转移定价可以避免有内部交易的公司与本国政府有关法规之间发生冲突。

埃姆哈特公司的转移定价政策是"如果由各种原料，劳动力，可变的管理费用和运输费用……所得的总成本超过了外面卖主的售价，或者在运送上有问题，那么应该考虑外面的卖主"。与之相类似，汽车零部件制造商，A.O.史密斯公司宣布出售某产品的部门"提供给买入部门的价格至少要同从任何可能的渠道所获得价格一样令人满意"（Mansfield，1999）。

市场基础转移定价法的缺点如下。

（1）采用以市价为基础的定价方法，跨国公司管理当局在利用转移定价人为调整收益时会受到一定的限制。

（2）许多内部交易的中间产品往往很难找到中间产品市场和公允市价，即使存在这样的市场，也很少是完全竞争性的，因而也难以选定一个公正的市场价格作为其定价的基础。

（3）采用这种定价方法，也有可能导致对成本数据搜集工作的忽视。

（4）由于市场瞬息万变，所处的时间、地点不同，市场价格也就不同，所以较难建立以一个稳定的市场价格为基础的转移定价系统。

2. 成本基础转移定价法

转移定价经济分析的先驱者 Hirshleifer（1956）分析并论证了确定性环境下当企业外部存在不完全竞争性市场时，以边际成本作为内部转移价格能够实现企业整体利润的最大化，这是最早的成本基础转移定价法（cost-based transfer pricing）。在确定变动成本时，他还进一步考虑了分权部门间进行内部交易时所放弃的与外部市场交易可能产生的机会收益，这样就得出不完全竞争市场条件下转移价格的一般公式，即转移定价应等于单位变动成本与相应放弃的与外部市场交易可能产生的机会收益之和。这一观点被随后的一些学者所支持(Solomons,1965;Horngren and Foster,1987)。唐小我(2002)将研究扩展到由 n 个子企业组成的垂直一体化企业集团内部,假设在一般成本函数和需求函数以及成本函数与需求函数未知的条件下,得出最优转移定价等于中间产品的边际成本。

　　然而,现实情况下几乎没有企业使用边际成本进行定价,究其原因主要是边际成本转移定价法在实际应用中存在很大的局限性(Ronen and McKinney,1970)。该定价方法是从经济学利润最大化的角度得出的,没有考虑现实企业中人的行为以及企业存在的内外部环境(Abdel-khalik and Lusk,1974)。一般情况下,企业集团对下属子企业管理者的业绩评价是以他们各自管理的子企业的利润状况为基础的,如果将转移价格限定为边际成本,则会导致下属子企业为了自己利益而操纵成本或虚报成本数据。如果企业集团不直接按照子企业的利润状况进行资产配置和经理人员报酬支付,则必须建立一套完善的管理信息系统来评价各个下属子企业管理者的绩效(Gould,1964),从而导致管理过程复杂化,并且转移价格等于边际成本,上游子企业不会有积极性去进行产品革新。因为假如上游子企业进行了产品改革,增强了最终产品的市场竞争力,为总公司获得了超额利润,但上游子企业得不到任何好处,利润全部转移给了下游子企业,并且上游子企业也不会进行技术改造,或采用先进的生产技术和工艺流程去降低变动成本(Abdel-khalik and Lusk,1974),不能保证集团公司采用最合适的技术方法。因此,在该转移定价系统下,要保证下属子企业与企业集团目标一致,必须建立一套高效的监控系统,监控各子企业的行为,而这种监控系统需要搜集大量的信息,涉及管理的各个层面,花费高昂的成本(Gordon,1964),同时会伤害下属子企业的自主权。另外,边际成本转移定价是在一个孤立的企业环境下研究内部转移定价问题的,没有将企业放入一个竞争的大环境中去考虑。因此,导致研究结果与现实情况出现偏差(Alles and Datar,1998)。Eccles(1985)恰当地评论了该转移价格在实践中很少被运用这一现象,他认为这主要是由于经济学家认为固定成本是与决策无关的沉没成本,而企业却希望从生产经营中得到补偿。沿着这一思路,Kaplan(1983)进一步指出基于变动成本的转移定价机制并不为上游生产部门分配任何利润,这事实上违背了转移定价作为一种业绩衡量机制存在的基本理由。分配给上游生产部门一定利润可以激励其通过采取一定措施(这无疑要发生一定成本)来提高生产效率和降低成本,很显然从企业整体的利益来看这是非常必要的。基于变动成本的转移定价机制放弃了将分权部门设置为利润中心所带来的激励效果,这只可能为企业带来短期利润最大化。Kaplan(1983)实质上确定了转移定价机制的精髓就在于协调最优的资源分配机制(企业整体利益)和分权部门业绩评价之间的冲突,但实际上基于变动成本的转移定价机制无法对上游分权部门产生激励。

　　通过结合现实企业的具体情况，进一步放松假设条件，一些专家学者提出了其他的成本基础转移定价法。Arrow（1964）、Dopuch 和 Drake（1964）、Samuels（1965）等在考虑企业自主权、产品多样性等特征的基础上，提出以机会成本为基础的转移定价策略。Benke 和 Edwards（1980）提出了其他的成本基础转移定价法：实际总成本定价、标准总成本定价、标准总成本加成定价、实际成本加成定价。Harris 等（1982）通过引入信息不对称，建立了由一个委托人（集团总部）、一个上游子企业、N 个下游子企业组成的企业集团的转移定价模型。上游子企业的经理通过使用委托人的资金和自己的努力生产中间产品，下游子企业使用中间产品和自己的努力生产出最终产品并销售给消费者。各子企业的经理拥有关于自己努力程度和前阶段资源相对产率的私人信息。研究发现各个子企业经理都试图夸大前一阶段资源提供的好处以减少自己的努力程度。他们对前一阶段资源的索取量超过了他们的实际需求。因此为了避免下游子企业对资源的索取量超过实际需求，提供给下游子企业的转移价格应高于中间产品的成本。Amershi 和 Cheng（1990）与 Vaysman（1996）提出信息不对称条件下最优转移定价为成本加成法，即由标准成本加上信息价值和代理人的报酬。Yeom 和 Balachandran（2000）分别就完全信息、纯逆向选择、逆向选择与道德风险建立了三个转移定价模型，得出最优的转移定价方法应是标准平均成本加成法。

　　在实际应用中，成本基础转移定价机制主要体现为以下几种形式。

　　全额生产成本法指集团公司将生产子公司所提供的中间产品或服务的全额成本作为内部交易价格的转移定价方法。全额生产成本中包括直接材料、直接人工和制造费用。全额生产成本法按照成本确定的方式不同又可分为全额实际生产成本法和全额标准生产成本法。全额实际成本法最大的优点是它的简便性，降低了运用这一方法的成本。同时，由于企业的经营经理操纵完全成本比操纵变动成本的计算要难得多，企业的高层管理人员就不必常常去协调关于什么样的成本项目应计入转移价格的争端。但运用全额实际生产成本法确定转移定价也有一定的缺陷。首先，如果生产子公司确信其全部生产成本可以通过转移定价转移到购买方公司中时，那么生产子公司就失去了控制产品成本、提高生产效率的动力，从而对公司的整体利益造成损害；其次，如果生产子公司所提供的中间产品的全额实际生产成本高于市场价格，那么作为购买方公司在其权限范围内就会做出从外部市场购买该中间产品的决策，这样便会导致公司部分生产能力的闲置，长期下去会损害公司的整体利益；最后，在这种方法下，购买方公司将生产子公司生产中间产品所耗费的固定成本视为其变动成本，而对公司整体来说，这部分应视为固定成本，这种情况会导致购买方公司根据其会计信息所做出的决策对企业整体来说不一定是最优决策。为克服这些缺陷，有些集团公司制定合理的成本标准，采用全额标准生产成本法制定转移价格，这可以在一定程度上避免上述情况的出现。

全额标准生产成本法可以使公司主动控制所生产产品的成本，有利于降低成本。但全额标准生产成本法的难点在于制定准确的标准成本。

贝尔核心实验室运用的以完全成本为基础的转移定价

　　贝尔核心实验室是美国电话电报公司的一个研究机构，需要就相关的文书服务制定一个转移价格。当科学家或工程师们需要打印一份文件或是信件时，文书服务部门就会完成这些工作。要对此项工作收取的费用中既包括文书服务部门的人工支出也包括管理成本（办公地点的租金、设备和税收），所有这些成本将根据提供服务的时间加以分摊，并对每个服务工时收取基于完全成本的转移价格。

　　在制定了有关的转移价格以后，那些享受着高额薪金的研究人员都开始处理自己所需的文件了，其原因是打印一页文件的转移价格高达 50 美元。因为大部分的管理成本和薪金是固定的，所以当打印服务的用户开始自己打印其手稿以后，文书服务部门的成本并未得到相应的下降，而每页文件服务的转移价格再次上升。

　　贝尔核心实验室通过从文书服务的转移价格中扣除了一些固定成本解决了这一问题。

　　资料来源：Kovac E J, Troy H P. 1989. Getting transfer prices right : what Bellcore did. Harvard Business Review, 67(5): 148-150, 152, 154.

　　变动成本法指集团公司将生产子公司所提供的中间产品或服务的变动成本作为内部交易价格的一种转移定价方法。产品的变动生产成本包括直接材料、直接人工和变动制造费用。变动成本法又可分为实际变动成本法和标准变动成本法。一般来讲，后者要优于前者。运用变动成本法确定转移定价可以使购买方公司所生产的最终产品的变动成本与从集团公司整体来看的该产品变动成本保持一致，从而使下属公司所做的决策是代表公司整体最大利益的。但是，利用变动成本法确定转移定价，会使得生产子公司的利润为零或呈现出数额相当于生产该产品所耗费的固定成本的亏损。因而，这种定价方法使生产部门会有意地虚报变动成本的金额，如将固定成本计入变动成本等。举例来讲，在电费中，有多少属于固定成本，又有多少属于变动成本，是十分难以区分的，由于从某种程度上讲这种分类具有一定的任意性，因此生产部门的经理与分销部门的经理就往往会对各种成本的属性及其应用产生争论。此时，企业的高层管理人员不得不花时间来解决这一争端，这就造成了影响成本的发生。进一步讲，在以变动成本为基础的转移定价法下，生产部门甚至会将 1 美元的固定成本转化为不止 1 美元的变动成本。例如，通过从外部购入高价零配件，而不选用价格较低的内部生产的零配件。这样做可以降低生产部门发生的固定成本，但变动成本却大幅上升了。很显然，这一做法会损害公司利益。对于生产部门而言，使用外购的零件能使本部门不必承担任何固定成本，而分销部门及整个公司就必须承担这一决策带来的额外成本。

成本加成法是指集团公司将生产子公司所提供的中间产品或服务的实际或标准的生产成本再加成一定利润作为内部交易价格的一种转移定价方法。加成的部分一般是成本的一个统一比例，如加成 10%。这里的成本既可以是全额生产成本（实际或标准），也可以是变动成本（实际或标准）。成本加成法的优点在于其近似于市场价格，特别是在中间产品不存在外部市场时，显得尤其有意义，成本加成法在成本的基础上加了一块利润，比较有利于业绩评价目标的实现，因此，成本加成法在实务中得到了广泛的应用。但成本加成法中的加成比例是人为规定的，不可避免地带有主观色彩，难以保证符合客观的最优决策。

成本基础转移定价法有以下优点。

（1）使用简单，能克服以市场价格为基础制定转移价格的各种限制。

（2）数据易得，有现有成本资料作为基础，有据可依，经得起税务当局审查，跨国公司也可以有正当理由申辩。

（3）容易形成日常惯例，可以避免由于定价上的随意性造成各部门之间的不融洽。

成本基础转移定价法也存在着很大的缺陷。

（1）以产品的实际成本作为基础制定转移价格，会使生产子公司的低效率和经营管理不善所造成的高成本的经营责任转嫁给购买方子公司，这样，就不能正确反映购买方子公司的经营成果，难以促进生产子公司重视和加强成本管理。

（2）以成本为基础制定转移价格，可能会导致集团公司难以实现整体利益最大化的目标。当以成本为基础制定的转移价格大于外部市场上类似产品或服务的价格时，购买方子公司将不愿选择生产子公司的产品或服务，转而向外部市场购买。

（3）成本的各种概念并不统一，选择何种成本方法，完全实际成本、完全标准成本、实际变动成本或边际成本，研究和开发成本是否应包含在内，固定成本是怎样被吸收进来的，利润因素怎样进入到计算中，不同成本排列可能会产生差异很大的转移价格。因此，无论从实际操作上，还是从官方审核的角度上，都要根据具体企业结构和外部环境状况，对这种转移定价方法的可行性进行慎重的考虑。

1.2.2　行为模型

由于经济模型的前提假设是信息完全充分，忽略了诸如不确定性、管理者风险偏好等对转移定价决策的影响。因此，一些专家学者提出了行为模型。行为模型强调在考虑个人行为的基础上通过谈判确定转移定价策略。Dean（1955）最早提出，企业集团下属的各子企业是相互独立的利益主体，各主体之间的交易价格应建立在双方公平独立的基础上通过谈判达成。Cyert 和 March（1963）提出通过双方谈判确定转移价格，可以达到各方的利益最优。行为模型通常研究的转移定价方法是协议转移定价法（negotiated transfer pricing）。

协议转移定价法是分权部门根据交易商品、交易数量和交易程序，通过协商制定企业内部产品或劳务交易价格的转移定价机制，它与企业分权经营所要求的分权部门拥有自主经营权的精神相吻合。Watson 和 Baumler（1975）、Spicer（1988）认为协议转移定价不仅有利于部门间交易的公平性，而且可以激励下属部门的积极性。Lawrence 和 Lorsch（1967）指出谈判是一种解决冲突和控制企业差异化与一体化程度的重要手段。Baldenius 等（1999）和 Baldenius（2000b）通过建立集团总部与各子企业之间信息不对称的不完全合约模型，对协议转移定价法和成本基础转移定价法进行了比较，得出当下游子企业的特定关系投资对集团公司特别重要，且上游子企业上报成本时不能有太多的活动余地时，则选择成本基础转移定价法较优；当上游子企业具有垄断优势，采用成本基础转移定价法会造成交易效率低下时，选择协议转移定价法效果较好。另外，由于这种方法是由购买单位和生产单位自主协商一个彼此可以接受的价格，而每一单位必须对自己的经营成果负责，因此这种定价方法可以激励各营业单位实现成本最小化，也可激励各营业单位去寻求一个能获得合理利润回报的转移价格。

然而，很多学者认为协议转移定价法存在很大的缺陷。因为协议转移定价机制的前提是以参与决策的分权部门之间不存在信息不对称为条件的，在该机制下高层管理者将制定内部交易规则的权力授予了分权部门，分权部门为了各自利益必然会展开激烈的讨价还价。在这种机制下，转移价格对于上游部门而言是收入，而对于下游部门则是成本，因此协商的结果必然是某一部门的收益以另一部门的损失为代价，这样企业内部交易就会在激烈的分权部门竞争中相持不下，最终的转移价格往往需要高层管理者的裁定，因而必然会导致企业整体利益的损失。同时，他们指出协议转移定价法评估的部门业绩，更多地体现了经理们的谈判能力，而不是业务水平（Dopuch and Drake，1964）。同时，协议转移定价消耗了经理们大量的管理时间（Kaplan，1983）。在谈判过程中，当双方发生冲突时，需要设立仲裁机制，而仲裁机制的存在又削弱甚至剥夺了部门的自主权（Drury，1988）。

"……有时候会因为产品出售部门想得到一个较高的价格，产品买入部门想得到一个较低的价格，而在部门之间产生什么是最优的转移价格的争论。在福特汽车公司就存在一个特殊的公司内部定价协调人，他是公司的财政部成员，负责管理转移定价策略并且调节纷争。曾一度有六七个雇员几乎全职处理此类工作……"（Mansfield，1999）。

Siegel 和 Fouraker（1960）通过实证研究表明，对会计信息和相关"公平性"的关注，不仅影响预期转移价格，而且也影响达成协议转移定价的成本，谈判者对交易商品价值的不确切了解，会导致谈判过程的延长和谈判成果的次优。另外，当部门业绩评估与奖励建立在各部门的利润基础上时，各部门不得不承担全部成本而只获得投资收益的一部分，因此，部门的投资量往往少于最优额，这就造成了"投资套牢"问题（Williamson，1985；Holmstrom and Tirole，1991；Rogerson，1992；Hermalin and Katz，1993；Anctil and Dutta，1999）。

在实际应用中，协议转移价格的上限一般是市场价格，下限一般是单位变动成本，双方在上下限之间通过协商确定最终的转移价格。以内部协商价格作为转移价格，可以照顾双方利益并得到双方的认可，使价格具有一定的弹性。

1.2.3　特定转移定价方法

特定转移定价方法指适用于特定企业环境和特定组织结构的中间产品内部交易方法。讨论较多的主要有双重转移定价法、两部转移定价法和三度歧视转移定价法等。

1. 双重转移定价法

当单一转移定价方法不能保证各方的目标一致时，通过对上游子企业和下游子企业实施不同的转出价与转入价可以保证各主体利益的协调一致（Ronen and Mckinney，1970；Adelberg，1986），转出价与转入价之间的差额由总公司通过会计方法进行处理，即双重转移定价法（dual transfer pricing），该方法试图达到相关各方的"双赢"模式。例如，为了激励上游子企业进行投资，而给其一个高的转移价格，将不会减少下游子企业对中间产品的需求（Lambert，2001）。双重价格是指对产品的购销双方分别采用不同的内部转移价格。例如，对产品的出售方按市场价格计价，而对买入方则按卖方的单位变动成本计价，两种价格产生的差额由会计部门调整计入管理费用。这种价格机制可以较好地满足买卖双方不同的需要，避免内部定价过高，导致买入方向外部购买，造成企业内部供应方部分生产能力闲置、无法充分利用的情况出现，同时也能调动双方生产经营的主动性和积极性。因此，双重价格是一种既不直接干预所属各责任中心的管理决策，又能消除职能失调行为的定价方法。

但是，双重转移定价机制的缺陷在于实行双重转移定价机制后，企业的上游和下游分权部门都可有较大的贡献边际，而由于对转出单位和转入单位采用不同的计价方式，企业整体实际的贡献边际要小于各分权部门的贡献边际之和，因而出现了一种事实上不存在的虚增收益，各分权部门不容易清楚地理解其自身的生产经营与企业整体和其他分权部门利益的关系，从而会放松成本控制，造成企业整体长远利益的损失。因此，双重转移定价机制虽然能够促进内部交易的发生，但可能对企业整体利益造成损失。

2. 两部转移定价法

两部转移定价法（two-part transfer pricing）指在双方交易时，下游子企业转入中间产品时，除了每单位缴纳变动成本或边际成本外，每个会计期还需要交付一笔固定费用以弥补总成本与变动成本之间的差额（Solomons，1965；Baldenius，2000b）。这种定价方法的主要目的是实现上下游子企业间的风险分担，增加企业集团的整体利润。

3. 三度歧视转移定价法

三度歧视转移定价法（third-degree discrimination transfer pricing）指如果上游子企业对中间产品具有垄断能力，则可以针对中间产品的内部各部门以及外部市场需求的不同分别采用歧视定价，这会增加企业集团和各下属子企业的利润。这种定价方法主要是通过实行差别转移定价达到各子企业和集团公司的"双赢"。

特定转移定价方法从理论上讲，具有很大的优势，并且很早就被一些专家学者提出并推荐（Grabski，1985；Benke and Edwards，1980）。然而，从目前的实际调查来看，结果并不与理论研究相符，几乎没有企业采用特定转移定价方法。

1.2.4 数学模型

在前述转移定价方法局限性的基础上，Arrow（1964）、Dopuch 和 Drake（1964）、Bailey 和 Boe（1976）等通过建立数学规划模型，运用分解程序来求解最优转移定价问题。数学分解算法的出现为分析和解决内部定价问题提供了有利的工具。Samuels（1965）运用数学规划验证边际成本定价法，得到了和 Hirshleifer（赫舒拉发）相似的结论。Charnes 等（1967）在上述研究的基础上，运用二次规划模型来研究转移定价问题。Hass（1968）和 Jennergren（1972）通过给予子部门价格函数而不是单一价格的方式，得到了规划模型的唯一最优解。

然而，这些模型共同的特点是在运行过程中需要子部门提供完备的信息，这一问题使得会计师在实际应用中，更多的是忙于应付数学模型而不是转移定价或资源配置问题。另外，对于上下游在偏好、稀缺资源竞争程度、外部性以及资源配置效率等方面的差异，上述的数学模型都不能很好地反映（Abdel-khalik and Lusk，1974）。同时，这些文献提出设定单一目标模型，然后通过在子部门自己制定完备准确的合同来达到这一目标。然而，由于信息的不完备会引起内部冲突，同时组织内部的稀缺资源竞争程度和外部性的影响会加重这种冲突。因此，需要一个综合部门通过数据评估达到组织目标的资源配置效率。在这种环境下，组织结构的选择，主要标准是便于搜集和处理数据。同时，假定其他结果不变，下属部门能够将自己的利益服从组织的目标和约束，同时不会有欺骗或信息管理的博弈行为发生，外部环境是确定的。

实际上，这些假定是很不合理的，它强调在实现组织目标的过程中，所有人的行为是无私的。现实中，这种环境是不存在的。现实中的组织是由分部门组成的，每个分部门的经理都具有一定的自主决策权。这种自主决策权包括重复预算程序、目标谈判等方面。Watson 和 Baumler（1975）将引起内部冲突的原因总结为三点：①目标和行为的协同程度；②环境的稳定程度；③上下游企业的合作类型。

差异程度越大，稳定程度越低，环境越不确定，因而控制的难度越高。同样，下属子部门的合作类型也会影响控制的难易程度。

Watson 和 Baumler（1975）、Freeland 和 Baker（1972，1974）与 Ruefli（1971a，1971b，1971c，1973，1974）针对组织结构和管理者行为问题提出以下的解决框架：①中心化程度（完全，混合，非中心化）；②相关程度（汇聚，有序，互惠）；③合作程度（合作，非合作）；④联合方式（规则、程序；组织层次；计划；直接合约；联合角色；临时委员会；综合者；联合部门；矩阵型组织）。

Ruefli（1971b）将上述结论通过规范的方法描述了出来。首先设定了一个三层次的组织，最上层是中心管理层（center manage，CM）项目的协调者，第二层是子公司管理层（division manage，DM），包括职能部门，主要负责为项目服务，第三层是运作管理层（operations manage，OM），具体负责项目的执行。在这种组织框架下通过建立数学规划模型来描述具体问题，Ruefli（1971b）将这种模型称为一般目标分解（generalized goal decomposition，GGD）模型。这一模型与 Baumol 和 Fabian（1964）及 Whinston（1964）模型的主要差别在于，这是一个多目标模型，它强调组织结构的依赖性。

假设一个公司存在一个中心管理层（CM），M 个子公司管理层（DM）对 CM 负责，N_k 个运作管理层（OM）向子公司 k 负责，则具体的模型如下。

1. CM

$$\max \sum_{f=1}^{F} \sum_{k=1}^{M} \Pi_{kf} G_{kf}$$

s.t.

$$\sum_{k=1}^{M} P_{kf} G_{kf} \leqslant G_{of}$$

$$G_{kf} \geqslant 0$$

$$k = 1, 2, \cdots, M, \ f = 1, 2, \cdots, F$$

CM 负责制定公司的目标，公司目标 F 的价值用 G_{of} 来表示，$f = 1, 2, \cdots, F$。这些目标可能包括利润、资源利用、最大或最小的产量水平，价格等。CM 通过线性规划模型决定 M 子公司在达到公司目标过程中的职责。子公司 k 在完成目标 f 过程中的职责用 G_{kf} 表示。子公司 k 在达到目标 f 过程中所付出的贡献用 P_{kf} 表示。子公司的目标在最大化目标价值的基础上由 CM 决定，价格由 Π_{kf} 表示。

2. DM$_k$

$$\min \sum_{f=1}^{F} (W_{kf}^{+} Y_{kf}^{+} + W_{kf}^{-} Y_{kf}^{-}) + \sum_{r=1}^{R_k} (V_{kr}^{+} E_{kr}^{+} + V_{kr}^{-} E_{kr}^{-})$$

s.t.

$$\sum_{j=1}^{N_k} A_{jkf} X_{jk} - Y_{kf}^{+} + Y_{kf}^{-} = G_{kf}$$

$$\sum_{j=1}^{N_k} B_{jkr} X_{jk} - E_{kr}^{+} + E_{kr}^{-} = C_{kr}$$

$$X_{jk}, \ Y_{kf}^{+}, \ Y_{kf}^{-}, \ E_{kr}^{+}, \ E_{kr}^{-} \geqslant 0$$

$$j = 1, 2, \cdots, N_k, \ f = 1, 2, \cdots, F, \ r = 1, 2, \cdots, R_k$$

每个 DM 由 CM 给定运作目标，DM 接下来决定应如何利用资源，如何达到 CM 给定的目标。DM 有多个目标可以通过目标规划问题来解决。子公司 k 对应下属操作部门 N_k。操作部门 j 确定了生产批量或达到项目的某一进度水平，这便需要提供一个回报或利润以满足目标 f。子公司 k 的操作部门 j 利用目标 f 的数量用 A_{jkf} 来表示。子公司可能除了 CM 制定的目标之外还有其他的目标，这种目标 R_k 的价值用 C_{kr} 表示。与 A_{jkf} 相对应的用 B_{jkr} 表示。DM 通过模型确定应该生产多少操作部门 j 的产品，这种数量用 X_{jk} 表示。每一个 DM 寻求最小的目标偏差，各种目标偏差用 Y_{kf}^{+}、Y_{kf}^{-}、E_{kr}^{+} 和 E_{kr}^{-} 表示，然后按照各个目标的优先等级确定权重，权重用 W_{kf}^{+}、W_{kf}^{-}、V_{kr}^{+} 和 V_{kr}^{-} 表示。

3. OM$_{jk}$

$$\min \sum_{f=1}^{F} \Pi_{kf} A_{jkf} + \sum_{r=1}^{R_k} \Pi_{kr}' B_{jkr}$$

s.t.

$$\sum_{f=1}^{F} D_{jkfq} A_{jkf} + \sum_{j=1}^{N_k} D'_{jkfq} B_{jkr} \geqslant S_{jkq}$$

$$A_{jkf}, B_{jkr} \geqslant 0$$

$$f = 1, 2, \cdots, F, \quad r = 1, 2, \cdots, R_k, \quad q = 1, 2, \cdots, Q_{jk}$$

操作部门是通过产品、产品组或项目来确定 OM，OM 的任务是确定使用在产品或项目上的原材料和其他资源。OM 关于不同生产方式选择的 Q_{jk} 约束可能是线性关系，系数 D_{jkfq}、D'_{jkfq} 和 S_{jkq} 很好地表示了这种关系。操作部门模型是一个线性规划模型，OM 的任务是选择合理的生产批量和最优的资源投入以达到成本最小。成本 Π_{kf} 和 Π'_{kr} 是 DM 给予 OM 的影子价格。

然而数学模型策略在执行时要求管理者有很强的数学功底，操作起来非常困难。

1.2.5　实证调研结果

关于转移定价策略在实践中的应用情况，许多学者进行了大量的实证研究。表 1-2 列举了不同国家的转移定价策略实证研究结果。

表 1-2　不同国家的转移定价策略实证研究结果

研究	国家	市场基础转移定价	成本基础转移定价		协议转移定价	其他
			变动成本加成	变动成本		
Tang 等（1979）	美国国内企业	30%	45%	4%	18%	2%
Tang 等（1979）	美国跨国集团	38%	42%	3%	14%	4%
Tang 等（1979）	日本国内企业	34%	44%	2%	19%	1%
Tang 等（1979）	日本跨国集团	37%	38%	3%	22%	
Vancil 和 Buddrus（1979）	美国	31%	42%	5%	22%	
Chenhall（1979）	澳大利亚	46%	36%	8%	9%	
Tang（1979）	加拿大跨国集团	37%	26%	5%	26%	4%
Tang（1980）	加拿大国内企业	34%	37%	6%	18%	2%
Mostafa 等（1984）	英国国内企业	41%	19%	6%	24%	6%
Mostafa 等（1984）	英国跨国集团	31%	28%	5%	20%	11%

资料来源：Gray S, Coenenberg A, Gordon P. 1993. International Group Accouting: Issues in European Harmonization. London: Routledge: 472

在 1978 年，财务管理人员研究基金会对 300 家美国制造企业及非制造企业进行了调查，在表 1-3 中反映了此次调查的结果，这些结果是根据产品是从其他公司购入还是从公司的其他利润中心购入进行分类的。随着生产是作为公司的一项职能还是单独组建一个利润中心的不同，各种转移定价运用频率的变动也很大。当生产部门作为一个利润中心时，更常选用协议转移定价法以及市场基础转移定价法，而不论在企业中生产职能处于何种地位，对以变动成本为基础的转移定价法的运用都较少，在全部被调查企业中所占的比例不足 10%。当生产在全公司范围内进行，而非组建为利润中心时，对以完全成本为基础的转移定价法的选用程度高于在组建利润中心情况下的一倍有余（58%∶25%）。

表 1-3　不同的采购方法下的转移定价法

转移定价法	从其他公司购入中间产品	从公司的其他利润中心购入中间产品
市场基础转移定价法	18%	31%
成本加成法	16%	17%
完全成本法	58%	25%
变动成本法	8%	5%
协议转移定价法	0	22%
总计	100%	100%

资料来源: Vancil R F, Buddrus L E. 1979. Decentralization, Managerial Ambiguity by Design: A Research Study and Report. Homewood: Dow Jones-Irwin: 114

　　从上述的分析中我们可以看到一个十分有趣的现象，即尽管变动成本法在理论上能使转移价格更正确地反映增加生产一单位产品造成的机会成本，但在实践中，这一方法却很少得到应用。尽管我们不能准确地指出变动成本法为什么在实践中没能得到广泛采用的原因，但我们可以提出一些可能的原因。完全成本法通过加入固定成本使该指标更接近于成本（不考虑通货膨胀和生产能力的变化）。同时，在运用变动成本法时，需要对固定成本和变动成本进行区分，而这一区分是较难实现的。最后，正如在前面所讨论的，运用以变动成本为基础的转移定价法将授予售出部门极大的决策权从而使其可以通过对固定成本和变动成本重新分类而对转移价格产生影响。

　　根据这一调查结果，我们还发现，绝大多数利润中心的经理具有决定是否从公司外进行采购的权力，有 63% 的经理人员拥有经其上级管理人员批准从公司外购入所需的产品。拥有从公司外部进行采购或销售的权力是对转移定价计划的一个重要的控制工具，不论内部转移价格是如何制定的，能够从公司外进行采购的权力都可以有效地限制公司的某一利润中心通过将费用转嫁给另一利润中心以获取"垄断利润"。

　　在表 1-4 中给出的数据是关于《财富》杂志排名前 500 的公司在 1977 年及

1990 年运用转移定价方法的调查结果，在绝大多数公司中运用了不止一种转移定价方法。有些公司对在当地转移的产品采用了与在国际转移的产品不同的转移定价方法。在 1990 年，对于在当地进行转移的产品，以成本为基础的转移定价法的运用比以市场为基础的转移定价法的运用更为普遍；而对于在国际上进行转移的产品而言，以市场为基础的转移定价法的运用更普遍。在 1990 年，以成本为基础的转移定价法的运用在全部方法中占到 46.2%，以变动成本法为基础的转移定价法则只占到 4.5%，同时以完全成本为基础的转移定价法占到了 40.8%。对于在国际进行转移的交易而言，运用以变动成本为基础的转移定价法占了 2.5%。在这一调查下，我们同样发现以变动成本为基础的转移定价法在国际转移交易中也并未能得到广泛的运用。

表1-4 《财富》杂志排名前 500 的公司在 1977 年与 1990 年运用的转移定价方法的对比

转移定价方法	当地的转移定价 (占总数的百分比)		国际的转移定价 (占总数的百分比)	
	1990 年	1977 年	1990 年	1977 年
以成本为基础的转移定价	46.2%	50.4%	41.4%	46.6%
以变动成本为基础的转移定价	4.5%	na	2.5%	na
以完全成本为基础的转移定价	40.8%	na	37.6%	na
其他	0.9%	na	1.3%	na
以市场为基础的转移定价	36.7%	31.5%	45.9%	39.0%
协议转移定价	16.6%	18.1%	12.7%	13.6%
其他	0.5%	0	0	0.8%
总计	100%	100%	100%	100%

资料来源：Tang R Y W. 1992. Transfer pricing in the 1990s. Management Accounting, 73(8): 22-26
注："na"表示无此数据

在对那些在企业拥有制定转移价格决策权的人进行描述时，一项由普华永道会计师事务所进行的调查报告中这样写道："几乎在每一个公司中都有一个专门制定与监督转移价格的机构，在许多情况下，公司的财务人员参与或影响着转移价格制定的过程，并能反映转移价格可能对整个企业的获利能力的影响。除此以外，还存在一些技术考虑因素（包括税收问题），必须在进行关于转移价格的协商时由财务人员提醒大家考虑。"

另外，Waterhouse（1984）通过对《财富》500 强中使用转移定价的最大的51 家企业进行研究得出，31%的企业使用总成本定价法，44%的企业使用成本加成法。Benvignati（1985）对美国联邦贸易委员会关于美国生产型多国企业 1975 年公司内部有形财产转让资料的分析，发现有 24.04%的跨国内部交易以市场为基础进行定价，另有 75.96%的交易则不以市场为基础进行定价。在不以市场为基础的定价中，有 57.24%采用成本加成法。Al-Eryani 等（1990）也做了一个调查，他们选择了 164 家美国跨国企业，对其转移定价政策进行分析，发现有 65%的内部交易不是以市场为基础进行定价的，以市场为基础进行定价的交易占 35%，且以市场为基础经过调整的占一半以上，完全采用市场价的交易只占总交易的 7%。

其他专家和学者也对各个国家的转移定价策略进行了大量的实证调研和比较分析，总结如下。

（1）Vancil 和 Buddrus（1979）以及 Govindarajan（1994）分别对美国公司的转移定价方法进行了调查，结果如表 1-5 所示。

表 1-5　美国公司的转移定价方法

项目	接受调查者中使用转移价格方法的情况	
	Vancil 和 Buddrus（1979）	Govindarajan（1994）
接受调查的人数/人	249	470
成本基础法		
可变成本法		
标准	3%	6%
实际	2%	5%
完全成本法		
标准	12%	13%
实际	13%	12%
成本加上加价		
销售利润	3%	12%
投资利润	3%	5%
其他加价	11%	—
总计	47%	53%
市场价格		
竞争者的价格	12%	17%
市场价格——名录	17%	9%
市场价格——招投标	2%	5%
总计	31%	31%
协议价格	22%	16%
总计	100%	100%

（2）Joye 和 Blayney（1990）、Tang（1992）、Tang 等（1979）、Govindarajan 和 Ramamurthy（1983）与 Drury（1993）分别对澳大利亚、加拿大、日本、印度和英国的转移定价方法进行了调查研究，结果如表 1-6 所示。

表 1-6　其他国家转移定价方法对比

项目	澳大利亚	加拿大	日本	印度	英国
成本基础转移定价法					
变动成本法	—	6%	2%	6%	10%
完全成本法	—	37%	44%	47%	38%
其他	—	3%	0	0	1%
总计	65%	46%	46%	53%	49%
市场价格	13%	34%	34%	47%	26%
协议价格	11%	18%	19%	0	24%
其他	11%	2%	1%	0	1%
总计	100%	100%	100%	100%	100%

（3）Wu 和 Sharp（1980）与 Yunker（1982）分别对美国跨国公司的转移定价方法应用状况进行了排序，结果如表 1-7 所示。

表 1-7　美国跨国公司使用转移定价方法表

调查方法	Wu 和 Sharp（1980）		Yunker （1982）
	有市场价格可采用的	无市场价格可采用的	
市场基础法	—	—	—
调整后的市场基础法	1.0	—	1.0
变动成本法	4.0	—	3.0
标准	7.0	5.5	—
实际	—	—	11.0
全额生产成本法	—	—	12.0
标准	5.0	3.0	—
实际	—	—	7.0
全额生产成本加成利润法	—	—	8.0
标准	2.0	1.0	—
实际	—	—	2.0
变动成本加成利润法	—	—	5.0
标准	8.0	5.5	—
实际	—	—	9.0
协议定价法	3.0	2.0	10.0
其他	—	—	4.0
线性模型法	9.0	7.0	—
边际成本法	6.0	4.0	—

从上述的分析可以看出，公司进行分权性管理，并通过组建利润和投资中心利用部门经理掌握的专门知识进行公司的管理。利润中心与投资中心的经理进行有关的决策，同时这些部门经理不必为每项决策都达到最优负责，而只需对整个部门的经营业绩负责。转移定价体系为管理人员管理部门业绩提供了一个十分可取的机制。

参 考 文 献

唐小我. 2002. 无外部市场条件下中间产品转移价格的研究[J]. 管理科学学报, 5(1): 12-18.

Abdel-khalik A R, Lusk E J. 1974. Transfer pricing-a synthesis[J]. The Accounting Review, 49(1): 8-23.

Adelberg. 1986. A resolving conflicts in intracompany transfer pricing[J]. Accountancy, 98(11): 86-89.

Al-Eryani M F, Alam P, Akhter S H. 1990. Transfer pricing determinants of U.S. multinationals[J]. Journal of International Business Studies, 21: 409-425.

Allen B. 1987. Make information services pay its way[J]. Harvard Business Review, 65(1): 57-63.

Alles M, Datar S. 1998. Strategic transfer pricing[J]. Management Science, 44(4): 451-461.

Amershi A H, Cheng P. 1990. Intrafirm resource allocation: the economics of transfer pricing and cost allocations in accounting[J]. Contemporary Accounting Research, 7(1): 61-99.

Anctil R M, Dutta S. 1999. Negotiated transfer pricing and divisional vs. firm-wide performance evaluation[J]. The Accounting Review, 74(1): 87-104.

Anthony R N. 1980. Management Control Systems[M]. Homewood: R. D. Irwin.

Arrow K J. 1964. Control in large organizations[J]. Management Science, 10(3): 397-408.

Bailey A D, Jr, Boe W J. 1976. Goal and resource transfers in the multigoal organization[J]. The Accounting Review, 51(3): 559-573.

Baldenius T. 2000a. Market-based transfer prices and intracompany discounts[R]. Working Paper, Columbia University.

Baldenius T. 2000b. Intrafirm trade, bargaining power, and specific investments[J]. Review of Accounting Studies, 5(1): 27-56.

Baldenius T, Reichelstein S, Sahay S A. 1999. Negotiated versus cost-based transfer pricing[J]. Review of Accounting Studies, 4: 67-91.

Baumol W J, Fabian T. 1964. Decomposition, pricing for decentralization and external economies[J]. Management Science, 11(1): 1-32.

Benke R L, Jr, Edwards J D. 1980. Transfer Pricing: Techniques and Uses[M]. New York: National Association of Accountants.

Benvignati A M. 1985. An Empirical Investigation of International Transfer Pricing by US Manufacturing firms[M]. New York: St Martin's Press.

Charnes A, Clower R W, Kortanek K O. 1967. Effective control through coherent decentralization with preemptive goals[J]. Econometrica: Journal of the Econometric Society, 35(2): 294-320.

Chenhall R H. 1979. Some elements of organisational control in Australian divisionalised firms[J]. Australian Journal of Management, 4(1_suppl): 1-36.

Cook P W, Jr. 1955. Decentralization and the transfer price problem[J]. The Journal of Business, 28(4): 15-21.

Cyert R, March J. 1963. A Behavioural Theory of The Firm[M]. London: Prentice Hall.

Dean J. 1955. Decentralization and intracompany pricing[J]. Harvard Business Review, 33(4): 65-74.

Dopuch N, Drake D F. 1964. Accounting implications of a mathematical programming approach to the transfer pricing problem[J]. Journal of Accounting Research, 2(1): 10-24.

Drury J C. 1988. Management and Cost Accounting[M]. 2nd ed. London: Chapman and Hall.

Drury J C. 1993. A survey of management accounting practices in U.K. manufacturing companies[D]. London: Certified Accountants Educational Trust for the Chartered Association of Certified Accountants.

Eccles R G. 1985. The Transfer Pricing Problem: A Theory for Practice[M]. New York: Lexington Books.

Freeland J R, Baker N R. 1972. Mathematical models of resource allocation decision making in hierarchical organizations[C]. Invited Paper at National ORSA Meeting, Atlantic City, NJ.

Freeland J R, Baker N R. 1974. A Framework for Analysis of Coordination Mechanisms in Decentralized Organizations[M]. Stanford: Graduate School of Business, Stanford University.

Galbraith J R. 1974. Organization design: an information processing view[J]. Interfaces, 4(3): 28-36.

Gatti J F, Grinnell D J, Jensen O W. 1997. Replicating a free market for alternative approach to transfer pricing[J]. Journal of Business & Economic Studies, 3(2): 43-62.

Gordon M J. 1964. The use of administered price systems to control large organizations[M]//Bonini C P, Jaedicke R K, Wagner H M. Management Controls: New Directions in Basic Research. New York: McGraw-Hill: 1-26.

Gould J R. 1964. Internal pricing in firms when there are costs of using an outside market[J]. The Journal of Business, 37(1): 61-67.

Govindarajan V. 1994. Profit center measurement: an empirical study[C]. The Amos Tuck School of Business Administration, Dartmouth College.

Govindarajan V, Ramamurthy B. 1983. Transfer pricing policies in Indian companies: a survey[R]. IIMA Working Papers.

Grabski S V. 1985. Transfer pricing in complex organizations: a review and integration of recent empirical and analytical research[J]. Journal of Accounting Literature, 5(1): 33-75.

Hamada K, Monden Y. 1989. Profit management at Kyocera corporation: the amoeba system[M]//Yasuhiro M. Japanese Management Accounting: A World Class Approach to Profit Management. Cambridge: Productivity Press: 197-210.

Harris M, Kriebel C H, Raviv A. 1982. Asymmetric information, incentives, and intrafirm resource allocation[J]. Management Science, 28(6): 604-620.

Hass J E. 1968. Transfer pricing in a decentralized firm[J]. Management Science, 14(6): B310-B331.

Heflebower R B. 1960. Observations on decentralization in large enterprises[J]. The Journal of Industrial Economics, 9(1): 7-22.

Hermalin B E, Katz M L. 1993. Judicial modification of contracts between sophisticated parties: a more complete view of incomplete contracts and their breach[J]. The Journal of Law, Economics, and Organization, 9(2): 230-255.

Hirshleifer J. 1956. On the economics of transfer pricing[J]. The Journal of Business, 29(3): 172-184.

Hirshleifer J. 1964. Internal pricing and decentralized decisions[M]//Bonini C P, Jaedicke R K, Wagner H M. Management Controls: New Directions in Basic Research. New York: McGraw-Hill: 27-37.

Holmstrom B, Tirole J. 1991. Transfer pricing and organizational form[J]. The Journal of Law, Economics, and Organization, 7(2): 201-228.

Horngren C T, Foster G. 1987. Cost Accounting: A Managerial Emphasis[M]. Englewood Cliffs: Prentice Hall.

Jennergren P. 1972. Decentralization on the basis of price schedules in linear decomposable resource-allocation problems[J]. Journal of Financial and Quantitative Analysis, 7(1): 1407-1417.

Joye M P, Blayney P J. 1990. Cost and Management Accounting Practices in Australian Manufacturing Companies: Survey Results[C]. Sydney: University of Sydney Accounting and Finance Foudation Research Centre.

Kaplan R S. 1983. Measuring manufacturing performance: a new challenge for managerial accounting research[J]. The Accounting Review, 58(4): 686-705.

Lambert R A. 2001. Contracting theory and accounting[J]. Journal of Accounting and Economics, 32(1/3): 3-87.

Lawrence P R, Lorsch J W. 1967. Differentiation and integration in complex organizations[J]. Administrative Science Quarterly, 12(1): 1-47.

Mansfield E. 1999. Managerial Economics: Theory, Applications, and Cases[M]. 4th ed. New York: Norton.

March J G, Shapira Z. 1987. Managerial perspectives on risk and risk taking[J]. Management Science, 33(11): 1404-1418.

McAulay L, Tomkins C R. 1992. A review of the contemporary transfer pricing literature with recommendations for future research[J]. British Journal of Management, 3(2): 101-122.

Mostafa A, Sharp J A, Howard K. 1984. Transfer pricing: a survey using discriminant analysis[J]. Omega, 12(5): 465-474.

Rogerson W P. 1992. Contractual solutions to the hold-up problem[J]. The Review of Economic Studies, 59(4): 777-793.

Ronen J, McKinney G. 1970. Transfer pricing for divisional autonomy[J]. Journal of Accounting Research, 8(1): 99-112.

Ruefli T W. 1971a. A generalized goal decomposition model[J]. Management Science, 17(8): B505-B518.

Ruefli T W. 1971b. Behavioral externalities in decentralized organizations[J]. Management Science, 17(10): B649-B657.

Ruefli T W. 1971c. Decentralized transshipment networks[J]. Operations Research, 19(7): 1619-1631.

Ruefli T W. 1973. Linked multi-criteria decision models[C]//Cochran J, Zeleny M. Multiple Criteria Decision Making. Columbia: University of South Carolina Press: 406-415.

Ruefli T W. 1974. Analytic models of resource allocation in hierarchical multi-level systems[J]. Socio-Economic Planning Sciences, 8(6): 353-363.

Samuels J M. 1965. Opportunity costing: an application of mathematical programming[J]. Journal of Accounting Research, 3(2): 182-191.

Siegel S, Fouraker L E. 1960. Bargaining and Group Decision Making: Experiments in Bilateral Monopoly[M]. New York: McGraw-Hill.

Solomons D. 1965. Divisional Performance, Measurement and Control[M]. New York: Financial Executives Research Foundation.

Spicer B H. 1988. Towards an organizational theory of the transfer pricing process[J]. Accounting, Organizations and Society, 13(3): 303-322.

Tang R. 1979. Transfer Pricing in the United States and Japan[M]. Westprot: Praeger Publishers.

Tang R Y W. 1980. Canadian transfer pricing practices[J]. CA Magazine, 113: 32-38.

Tang R Y W. 1992. Transfer pricing in the 1990s[J]. Management Accounting, 73(8): 22-26.

Tang R, Walter C, Raymond R. 1979. Transfer pricing: Japanese vs. American style[R]. Management Accounting.

Thomas A L. 1980. A Behavioural Analysis of Joint-Cost Allocation Andtransfer Pricing[M]. Champaign: Stipes.

Vancil R F, Buddrus L E. 1979. Decentralization, Managerial Ambiguity by Design: A Research Study and Report[M]. Homewood: Dow Jones-Irwin.

Vaysman I. 1996. A model of cost-based transfer pricing[J]. Review of Accounting Studies, 1(1): 73-108.

Waterhouse P. 1984. Transfer Pricing Practices of American Industry[M]. New York: Price Waterhouse.

Watson D J H, Baumler J V. 1975. Transfer pricing: a behavioural context[J]. The Accounting Review, 50(3): 466-474.

Whinston A B. 1964. A decomposition algorithm for quadratic programming[R]. Cowles Foundation Discussion Papers.

Williamson O E. 1985. The Economic Institutions of Capitalism[M]. New York: Free Press.

Wu F H, Sharp D. 1979. An empirical study of transfer pricing practice[J]. The International Journal of Accounting, 14: 71-99.

Wu F H, Sharp D. 1980. An empirical study of transfer pricing practice[J]. The International Executive, 22(2): 12-15.

Yeom S, Balachandran K R. 2000. The role of transfer price for coordination and control within a firm[J]. Review of Quantitative Finance and Accounting, 14(2): 161-192.

Yunker P J. 1982. Transfer Pricing and Performance Evaluation in Multinational Corporations: A Survey Study[M]. New York: Praeger.

第2章　垄断环境下的转移定价

自从 Hirshleifer（1956）最先开创性地提出了边际成本转移定价方法以来，对于成本基础转移定价法的研究就成为学术界讨论的热点问题。Arrow（1964）、Dopuch 和 Drake（1964）、Samuels（1965）等提出以机会成本为基础的转移定价策略。Amershi 和 Cheng（1990）和 Vaysman（1996）提出信息不对称条件下的最优转移定价为标准成本加上信息价值和代理人的报酬。Yeom 和 Balachandran（2000）分别就完全信息、纯逆向选择、逆向选择与道德风险建立了三个转移定价模型，得出最优转移定价方法应是标准平均成本加成法。唐小我（2002）研究了垂直一体化的多节点企业集团的最优转移定价为边际成本转移定价法。然而，这些关于中间产品转移定价策略的研究中，都假定中间产品不存在外部市场，或存在完全竞争的外部市场，这种假定虽然简化了研究过程，但在现实应用中存在一定的局限性。现实的企业更多的是面对不完全竞争的中间产品外部市场。本章通过放松假定条件，分析了存在垄断外部市场的中间产品转移定价问题。结合产品定价理论中差别转移定价的思想，提出了差别转移定价法，即当中间产品存在垄断的外部市场时，可以将集团公司内部和外部看成两个完全隔离的子市场，并根据两个子市场的不同需求实行差别转移定价。分别从信息对称和信息不对称两方面出发，比较了差别转移定价法与边际成本转移定价法和单一转移定价法的优劣，得出差别转移定价策略较边际成本转移定价策略完全保留了上游子企业的决策自主权，而较单一转移定价策略，使上游子企业获取了更大的消费者剩余，增加了企业集团的整体利润。

2.1　信息对称的转移定价

2.1.1　中间产品外部市场完全竞争的转移定价

如果中间产品存在完全竞争的外部市场，则中间产品的供求会存在两种不同情况：过多的内部供给，即生产部门具有中间产品的生产能力大于营销部门的要求，需要在外部竞争市场中出售多余的产品；过多的内部需求，即营销部门所要求中间产品的数量大于生产部门内部提供的数量，需要在外部竞争市场中购买产品。

1. 过多的内部供给

如果存在一个中间产品的完全竞争市场，用下标 p 表示生产部门的情况，下标 m 表示营销部门的情况，那么生产部门的产量就会面对一条水平的外部需求曲线 D_p。使边际收益 MR_p 与边际成本 MC_p 相等，就决定了中间产品的利润最大化产量 Q_p^*。营销部门不管是从公司内部还是从外部市场，都必须以 T 价格购买这种中间产品，它的边际成本曲线 MC_m 是单位产品的营销边际成本 MC_m 与给定转移价格 T 之和。另外，使边际收益为 MR_m 与边际成本 MC_m 相等，表明营销部门以 P_m^* 价格向外部出售 Q_m^* 单位的最终产品将使利润最大。这种解决办法还表明生产部门应该生产 Q_p^* 单位的中间产品，向营销部门出售 Q_m^* 单位的产品，差额部分（$Q_p^* - Q_m^*$）在中间产品外部市场中销售。

上述分析中的转移价格是很明确的，竞争市场中的价格 T 成了公司内部销售中间产品的最优转移价格 T^*。由于生产部门能以此价格向外部出售任意数量的产品，所以也就没有积极性以低于 T^* 的价格在公司内部出售给营销部门。

2. 过多的内部需求

与前面讨论的存在过多的内部供给情况相似，生产部门也会力图通过使边际收益 MR_p 等于边际成本 MC_p 而获得最大利润。由此决定的中间产品的最优产量为 Q_p^* 单位。因为营销部门的边际成本曲线 MC_m 等于单位产品的营销边际成本 MC_m 与给定的转移价格 T 之和，所以也会力图通过使本事业部的边际收益 MR_m 与边际成本 MC_m 相等来谋求利润最大。这样就决定了它应以每件 T^* 的价格向外部出售这种最终产品，最优数量为 Q_m^*。这个结果表明生产部门应该把它生产的全部中间产品 Q_p^* 都出售给营销部门，营销部门还要在外部中间产品市场中购买其余的产量，即 $Q_m^* - Q_p^*$。

与前面讨论过的存在过多的内部供给的情况一样，公司内部转移这种中间产品的最优转移价格 T^* 等于完全竞争市场中的价格 T。营销部门能按此价格购买它所希望的任何数量的中间产品，因而将不愿意以高于 T^* 的价格从生产部门购买中间产品。

2.1.2 中间产品外部市场完全垄断的转移定价

前面分析了存在完全竞争外部市场条件下的转移定价决策问题。但某些情况下可能存在完全垄断的中间产品外部市场。例如，拥有专利技术的生产企业，其生产的专利产品除了提供给自己的下游子企业进一步加工生产之外，还向外部市场销售，而在专利的有效期内，这种专利产品的外部市场几乎是完全垄断的。下面我们将对这种情况下的转移定价策略进行分析。

假定集团公司下属有两个子公司，子公司 1 和子公司 2，共同参与完成一种产品，子公司 1 生产中间产品提供给子公司 2，子公司 2 加工中间产品为最终产品并销往外部市场。假设中间产品存在完全垄断外部市场。设子公司 1 销售给子公司 2 的中间产品数量为 Q_1，销往中间产品外部市场的数量为 Q_e，下标 e 表示中间产品外部市场情况，子公司 1 的成本函数为 $TC_1 = \alpha_1 + \beta_1(Q_1 + Q_e)$，子公司 2 生产的最终产品的销售量为 Q_2，不包括中间产品价值在内的成本函数为 $TC_2 = \alpha_2 + \beta_2 Q_2$。$Q_2 = kQ_1$（$k=1,2,\cdots$），表示子公司 2 生产一件最终产品需要子公司 1 提供的 k 件中间产品，为了分析方便，假设子公司 2 每生产一件最终产品刚好需要子公司 1 提供一件中间产品，即 $k=1$，$Q_2 = Q_1$。设最终产品的市场逆需求函数为 $P_2 = a_2 - b_2 Q_2$，中间产品的外部市场逆需求函数为 $P_e = a_e - b_e Q_e$，P_2 为最终产品的市场价格，P_e 为中间产品的外部市场价格，设 T 为中间产品的内部转移价格。上述各参数中，α_1、β_1、α_2、β_2、a_e、b_e、a_2、b_2 均为正数。

1. 实行边际成本转移定价时的利润分析

根据 Hirshleifer（1956）的研究结论，假定转移价格等于边际成本时，分析集团公司和各子公司的利润状况。

设子公司 1、子公司 2 和集团公司的利润函数分别为 π_{11}、π_{12} 与 π_1，则

$$\pi_{11} = T \cdot Q_1 + P_e Q_e - TC_1 = T \cdot Q_1 + (a_e - b_e Q_e)Q_e - \alpha_1 - \beta_1(Q_1 + Q_e) \tag{2-1}$$

$$\pi_{12} = P_2 Q_2 - T \cdot Q_2 - TC_2 = (a_2 - b_2 Q_2)Q_2 - T \cdot Q_2 - \alpha_2 - \beta_2 Q_2 \tag{2-2}$$

$$\pi_1 = \pi_{11} + \pi_{12} = (a_2 - b_2 Q_2)Q_2 + (a_e - b_e Q_e)Q_e \\ - \alpha_2 - \beta_2 Q_2 - \alpha_1 - \beta_1(Q_1 + Q_e) \tag{2-3}$$

根据极值定理 $\pi'_{1i} = 0$（$i=1, 2$），得出最优销售量 Q_1、Q_2、Q_e，最优价格 T、P_2、P_e 的计算公式如下：

$$Q_1 = Q_2 = \frac{a_2 - \beta_2 - \beta_1}{2b_2} \tag{2-4}$$

$$Q_e = \frac{a_e - \beta_1}{2b_e} \tag{2-5}$$

$$T = \beta_1 \tag{2-6}$$

$$P_2 = \frac{a_2 + \beta_2 + \beta_1}{2} \tag{2-7}$$

$$P_e = \frac{a_e + \beta_1}{2} \tag{2-8}$$

将上述最优量代入式（2-1）～式（2-3），得出转移价格等于边际成本条件下各子公司和集团公司的最大利润计算公式分别为

$$\pi_{11} = \frac{(a_e - \beta_1)^2}{4b_e} - \alpha_1 \tag{2-9}$$

$$\pi_{12} = \frac{(a_2 - \beta_2 - \beta_1)^2}{4b_2} - \alpha_2 \tag{2-10}$$

$$\pi_1 = \frac{b_2(a_e - \beta_1)^2 + b_e(a_2 - \beta_2 - \beta_1)^2}{4b_e b_2} - \alpha_1 - \alpha_2 \tag{2-11}$$

2. 实行单一转移定价时的利润分析

假设集团公司实行分权化管理，将转移定价的决策权下放给子公司 1，但要求子公司 1 对子公司 2 和外部市场销售中间产品时必须采用同样的价格。在这种限制条件下中间产品价格将由子公司 1 根据内部需求和外部需求的总和来确定。由于子公司 2 对中间产品的需求依赖于市场对最终产品的需求大小，因此中间产品的内部需求函数由最终产品的需求函数决定。根据子公司 2 的利润最大化条件 $a_2 - 2b_2Q_2 - T - \beta_2 = 0$，求出中间产品的内部逆需求函数为 $T = a_2 - \beta_2 - 2b_2Q_2$。令 $a_1 = a_2 - \beta_2$，$b_1 = 2b_2$，得 $T = a_1 - b_1Q_2$。

设子公司 1、子公司 2 和集团公司的利润函数分别为 π_{21}、π_{22} 与 π_2，则

$$\pi_{21} = (a_1 - b_1Q_2)Q_1 + (a_e - b_eQ_e)Q_e - \alpha_1 - \beta_1(Q_1 + Q_e) \tag{2-12}$$

$$\pi_{22} = (a_2 - b_2Q_2)Q_2 - (a_1 - b_1Q_2)Q_2 - \alpha_2 - \beta_2Q_2 \tag{2-13}$$

$$\begin{aligned}\pi_2 = \pi_{11} + \pi_{12} &= (a_2 - b_2Q_2)Q_2 + (a_e - b_eQ_e)Q_e \\ &\quad - \alpha_2 - \beta_2Q_2 - \alpha_1 - \beta_1(Q_1 + Q_e)\end{aligned} \tag{2-14}$$

当中间产品的内部转移价格等于外部销售价格时，求解子公司 1 的最大利润应满足约束条件 $T = P_e$，即 $a_1 - b_1Q_2 = a_e - b_eQ_e$，即 $a_1 - a_e - b_1Q_2 + b_eQ_e = 0$，引入拉格朗日乘子 λ，则 π_{21} 可表示为

$$\pi_{21} = (a_1 - b_1Q_2)Q_2 + (a_e - b_eQ_e)Q_e - \alpha_1 - \beta_1(Q_2 + Q_e) + \lambda(a_1 - a_e - b_1Q_2 + b_eQ_e)$$

根据极值条件 $\pi_{21}' = 0$，得出最优销量 Q_1、Q_2、Q_e，最优价格 T、P_e、P_2 的计算公式如下：

$$Q_e = \frac{-a_1b_e + 2a_eb_e + a_eb_1 - \beta_1(b_e + b_1)}{2b_e(b_e + b_1)} \tag{2-15}$$

$$Q_1 = Q_2 = \frac{a_1b_e + 2a_1b_1 - a_eb_1 - \beta_1(b_e + b_1)}{2b_1(b_e + b_1)} \tag{2-16}$$

$$T = P_e = \frac{a_1b_e + a_eb_1 + \beta_1(b_e + b_1)}{2(b_e + b_1)} \tag{2-17}$$

$$P_2 = \frac{3a_2b_e + 4a_2b_2 + 2a_eb_2 + \beta_2(4b_2 + b_e) + \beta_1(2b_2 + b_e)}{4b_e + 8b_2}$$

$$= \frac{3a_1b_e + 2a_1b_1 + a_eb_1 + 4\beta_2(b_1 + b_e) + \beta_1(b_1 + b_e)}{4(b_e + b_1)} \tag{2-18}$$

将上述最优量分别代入式（2-12）～式（2-14），得中间产品实行单一转移定价条件下各子公司和集团公司的最大利润计算公式分别为

$$\pi_{21} = \frac{\left[b_e(a_1 - \beta_1) + b_1(a_e - \beta_1)\right]^2}{4b_eb_1(b_e + b_1)} - \alpha_1 \tag{2-19}$$

$$\pi_{22} = \frac{\left[b_e(a_1 - \beta_1) + b_1(2a_1 - a_e - \beta_1)\right]^2}{8b_1(b_e + b_1)^2} - \alpha_2 \tag{2-20}$$

$$\pi_2 = \frac{b_e(a_1 - \beta_1)^2(4b_1^2 + 7b_eb_1 + 3b_e^2) + b_1(a_e - \beta_1)^2(b_e^2 + 3b_eb_1 + 2b_1^2) - b_e^2b_1(a_e - a_1)^2}{8b_eb_1(b_e + b_1)^2}$$

$$- \alpha_1 - \alpha_2 \tag{2-21}$$

3. 实行差别转移定价时的利润分析

假设集团公司实行分权化管理，完全将中间产品的转移定价决策权下放给子公司 1，由子公司 1 自主决策。此时子公司 1 可以将集团公司内部和外部看作两个完全独立的子市场，然后根据各个子市场的需求不同采用不同的价格，即实行差别转移定价策略（假设集团总部有能力限制子公司 2 和外部市场的套利行为）。

根据最终产品的需求函数求出中间产品的内部需求函数 $T = a_1 - b_1Q_2$（理由同单一转移定价时的利润分析），其中 $a_1 = a_2 - \beta_2$，$b_1 = 2b_2$。

设子公司 1、子公司 2 和集团公司的利润函数分别为 π_{31}、π_{32} 与 π_3，则

$$\pi_{31} = (a_1 - b_1Q_2)Q_1 + (a_e - b_eQ_e)Q_e - \alpha_1 - \beta_1(Q_1 + Q_e) \tag{2-22}$$

$$\pi_{32} = (a_2 - b_2Q_2)Q_2 - (a_1 - b_1Q_2)Q_2 - \alpha_2 - \beta_2Q_2 \tag{2-23}$$

$$\pi_3 = \pi_{31} + \pi_{32} = (a_2 - b_2Q_2)Q_2 + (a_e - b_eQ_e)Q_e \\ - \alpha_2 - \beta_2Q_2 - \alpha_1 - \beta_1(Q_2 + Q_e) \tag{2-24}$$

根据极值条件 $\pi'_{31} = 0$，得出最优销售量 Q_1、Q_2、Q_e，最优价格 T、P_2、P_e 的计算公式如下：

$$Q_1 = Q_2 = \frac{a_1 - \beta_1}{2b_1} \tag{2-25}$$

$$Q_e = \frac{a_e - \beta_1}{2b_e} \tag{2-26}$$

$$T = \frac{a_1 + \beta_1}{2} \tag{2-27}$$

$$P_e = \frac{a_e + \beta_1}{2} \tag{2-28}$$

$$P_2 = \frac{3a_2 + \beta_2 + \beta_1}{4} = \frac{3a_1 + 4\beta_2 + \beta_1}{4} \tag{2-29}$$

将上述最优量分别代入式（2-22）～式（2-24），得出在对中间产品实行差别价格条件下各子公司和集团公司的最大利润计算公式分别为

$$\pi_{31} = \frac{b_1(a_e - \beta_1)^2 + b_e(a_1 - \beta_1)^2}{4b_e b_1} - \alpha_1 \tag{2-30}$$

$$\pi_{32} = \frac{(a_1 - \beta_1)^2}{8b_1} - \alpha_2 \tag{2-31}$$

$$\pi_3 = \frac{2b_1(a_e - \beta_1)^2 + 3b_e(a_1 - \beta_1)^2}{8b_e b_1} - \alpha_1 - \alpha_2 \tag{2-32}$$

4. 不同转移定价策略下的利润比较

1）集团公司利润比较

设 Δ_1 为中间产品实行差别转移定价策略与实行边际成本转移定价策略时，集团公司利润之差，即

$$\Delta_1 = \pi_3 - \pi_1 = \frac{b_1(a_e - \beta_1)^2 + b_e(a_1 - \beta_1)^2}{8b_e b_1} \tag{2-33}$$

由于中间产品生产子公司具有垄断优势，因此 $a_e - \beta_1 > 0$、$a_1 - \beta_1 > 0$ [①]。b_e、b_1 均为正数，由式（2-33）可知 $\Delta_1 > 0$，即 $\pi_3 > \pi_1$，即与边际成本转移定价策略相比，实行差别转移定价策略可以增加集团公司的利润。

设 Δ_2 为中间产品实行单一转移定价策略与实行边际成本转移定价策略时，集团公司利润之差，即

$$\Delta_2 = \pi_2 - \pi_1 = -\left(\frac{b_e(a_1 - \beta_1)^2 + b_1(a_e - \beta_1)^2}{8b_1(b_e + b_1)} + \frac{b_e(a_e - a_1)^2}{8(b_e + b_1)^2} \right) \tag{2-34}$$

因为 $a_e - \beta_1 > 0$、$a_1 - \beta_1 > 0$，且 b_e、b_1 为正数，由式（2-34）可知 $\Delta_2 < 0$，

① 根据子公司 1 的边际收益等于边际成本可得 $a_e - 2b_e Q_e = \beta_1$，$a_1 - 2b_1 Q_2 = \beta_1$，因 b_e、b_1 均为正数，故可证得 $a_e - \beta_1 > 0$，$a_1 - \beta_1 > 0$。

即 $\pi_2 < \pi_1$，即集团公司在中间产品实行单一转移定价策略时所获得的利润小于实行边际成本转移定价策略时所获得的利润。

联立式（2-33）、式（2-34），得 $\pi_3 > \pi_1 > \pi_2$。

结论 2-1　当中间产品存在外部垄断市场时，中间产品生产企业对外部市场和下游子企业分别实行差别价格将增加集团公司的利润。

2）上游子公司利润比较

设 Δ_{11} 为中间产品实行差别转移定价策略与实行边际成本转移定价策略时，子公司 1 的利润之差，即

$$\Delta_{11} = \pi_{31} - \pi_{11} = \frac{(a_1 - \beta_1)^2}{4b_1} \tag{2-35}$$

因为 $a_1 - \beta_1 > 0$，且 b_1 为正数，由式（2-35）可知 $\Delta_{11} > 0$，即 $\pi_{31} > \pi_{11}$，即与边际成本转移定价策略相比，中间产品实行差别转移定价策略将增加子公司 1 的利润。

设 Δ_{12} 为中间产品实行差别转移定价策略与实行单一转移定价策略时，子公司 1 的利润之差，即

$$\Delta_{12} = \pi_{31} - \pi_{21} = \frac{(a_e - a_1)^2}{4(b_e + b_1)} \tag{2-36}$$

当 $a_e \neq a_1$ 时，$\Delta_{12} > 0$，即 $\pi_{31} > \pi_{21}$，即当内部和外部市场满足条件 $a_e \neq a_1$ 时，中间产品实行差别转移定价策略时子公司 1 的利润大于实行单一转移定价策略时子公司 1 的利润。

结论 2-2　当中间产品存在外部垄断市场，且内外部市场满足 $a_e \neq a_1$ 时，中间产品实行差别转移定价策略将使上游子企业的利润增加。

3）下游子公司利润比较

设 Δ_{21} 为中间产品实行差别转移定价策略与实行边际成本转移定价策略时，子公司 2 的利润之差，即

$$\Delta_{21} = \pi_{32} - \pi_{12} = -\frac{3(a_1 - \beta_1)^2}{8b_1} \tag{2-37}$$

因为 $a_1 - \beta_1 > 0$，且 b_1 为正数，由式（2-37）可知 $\Delta_{21} < 0$，即 $\pi_{32} < \pi_{12}$，即与边际成本转移定价策略相比，中间产品实行差别转移定价策略将减少子公司 2 的利润。

由此可以看出，当集团公司制定中间产品转移价格等于边际成本时，实际上将上游子公司的大部分应得利润转移给了下游子公司，从而损害了上游子公司的利益。

设 Δ_{22} 为中间产品实行差别转移定价策略与实行单一转移定价策略时，子公

司 2 的利润之差，即

$$\Delta_{22} = \pi_{32} - \pi_{22} = \frac{2(b_e + b_1)(a_1 - \beta_1)(a_e - a_1) - b_1(a_e - a_1)^2}{8(b_e + b_1)^2} \quad (2\text{-}38)$$

因 $a_1 - \beta_1 > 0$，b_e、b_1 均为正数，由式（2-38）可得如下结论。

（1）当 $a_e = a_1$ 或 $a_e = \dfrac{2(b_e + b_1)(a_1 - \beta_1)}{b_1} + a_1$ 时，$\Delta_{22} = 0$，即 $\pi_{32} = \pi_{22}$，即中间产品实行差别转移定价策略或实行单一转移定价策略，子公司 2 的利润没有差别。

（2）当 $a_e < a_1$ 或 $a_e > \dfrac{2(b_e + b_1)(a_1 - \beta_1)}{b_1} + a_1$ 时，$\Delta_{22} > 0$，即 $\pi_{32} > \pi_{22}$，即子公司 2 在中间产品实行差别转移定价条件下的利润优于实行单一转移定价条件下的利润。

（3）当 $a_1 < a_e < \dfrac{2(b_e + b_1)(a_1 - \beta_1)}{b_1} + a_1$ 时，$\Delta_{22} < 0$，即 $\pi_{32} < \pi_{22}$，即子公司 2 在中间产品实行差别转移定价条件下的利润低于实行单一转移定价条件下的利润。

综合上述分析可以看出，当中间产品存在外部垄断市场时，实行差别转移定价策略完全赋予了下属子企业自主决策的权力，不仅充分发挥了下属子企业的主观能动性，起到了激励的作用，而且较其他转移定价策略增加了集团公司的整体利润。

2.2　信息不对称的转移定价

在前面的讨论中，假设每个决策者都了解：①生产部门生产该产品的单位变动成本；②中间产品的外部价格；③营销部门的单位收益；④生产部门是否还拥有剩余的生产能力。如果所有上述信息都是可知的，则不必在公司中将相关决策的制定分散化。企业的核心管理层即掌握制定决策所需的信息，他们或者可以保留决策权，或者将相关决策权授予下级的管理人员，以极低的成本对这一过程进行监督。但在实际的情况中，企业的核心管理层并不能掌握到许多相关的信息，尤其是在那些大型的多部门企业中，这类信息通常存在于企业的较低层次中，而且通常这种信息是不公开的。公司的高层管理人员要掌握这些信息或对之进行验证的成本都很高昂，而且在某些情况下，较低层的管理人员在向高层管理人员汇报有关信息时还会有意加以扭曲，从而将影响总部转移定价决策的合理性，进一步影响企业的整体利润。假设在某种情况下，生产部门经理是唯一了解其部门的变动成本信息的人，同时假设生产部门经理希望能使其部门的利润达到最大化。即使营销部门有可能从公司外购入相同的产品，生产部门也会试图制定一个高于其变动成本的内部转移价格（就像由市场来确定其转移价格一样），从而促进生产部门可衡量利润的提高。当出现这种情况时，公司生产并销售的产品的数量过少，而生产部门由于独占了制定相关决策必需的信息，因此其行为与寡头相似，通过生产低于理想产量的产品来获得较高的部门利润，但损害了公司的总体利润。

关于信息不对称的转移定价决策问题，大量的文献从委托-代理方面进行了分析。Baron 和 Myerson（1982）分析了针对垄断企业的激励相容定价规则的设计。他们假设垄断成本是数量的线性函数，且不为规制者知道。规制者追求消费者预期收益与企业预期利润加权之和最大。结果表明为了达到激励的目的，最优规制价格高于公司的边际成本。Heavner（1999）通过引入特定关系投资和信息成本建立模型，得出当特定关系投资对企业集团很重要，进行投资激励比利用经理人的私人信息更重要时，应该实行中心化转移定价，即由总公司统一制定转移价格；当经理人不需要投资激励，或特定关系投资对总公司利润影响不大，或者经理人拥有重要的私人信息时，应该实行非中心化的转移定价，即由下属子公司自己制定转移价格，并且当存在外部市场竞争时，应实行转移定价权利的分散化，即各部门独立决定转移价格，当不存在外部竞争时，应采用中心化的转移定价方式，即由总公司决定转移价格。Ackelsberg 和 Yukl（1979）、Chalos 和 Haka（1990）提出通过部门之间的相互谈判可以避免这种现象，尤其对于交易环境具有很大不确定性的交易，诸如，交易环境经常发生变化，通过谈判可以减少各部门之间的信息不对称。为了避免长时间谈判造成的成本太大，甚至冲突，管理中心可以通过建立仲裁委员会来解决。

Yeom 和 Balachandran（2000）分别建立了信息充分、逆向选择以及逆向选择和道德风险三种情形下的转移定价模型，在委托-代理的框架下研究转移定价的运行机制。

模型假设存在包括一个委托人（总部）和代理人（子公司）的企业，代理人以成本 $c = C(q, e; \theta)$ 生产 q 数量的中间产品，并以转移价格 t 卖给委托人，委托人通过一定的处理并以 $R(q)$ 销售出去。$e \in [\underline{e}, \overline{e}]$ 为努力程度，$V(e)$ 代表委托人努力的成本，$\theta \in \Theta$ 为代理人的类型，具体模型如下。

模型 1（信息充分）：假定委托人能够观察到 q、e 和 θ，则委托人的利润函数 $G(t, q)$ 为

$$\max_{t, q, e} G(t, q) = R(q) - t$$

s.t.

$$t - C(q, e; \theta) - V(e) \geqslant 0$$

$$q \geqslant 0$$

模型 2（逆向选择）：假定委托人能够观察到 q 和 e，有

$$\max_{t(\theta), q(\theta), e(\theta)} \int_a^b (R(q(\theta)) - t(\theta)) f(\theta) \mathrm{d}\theta$$

s.t.

$$t(\theta) - C(q(\theta), e(\theta); \theta) - V(e(\theta)) \geqslant 0, \quad \forall \theta \in \Theta$$

$$\theta \in \arg \max_{\hat{\theta} \in \Theta} \{t(\hat{\theta}) - C(q(\hat{\theta}), e(\hat{\theta}); \theta) - V(e(\hat{\theta}))\}, \quad \forall \theta, \hat{\theta} \in \Theta$$

$$q(\theta) \geqslant 0, \quad \forall \theta \in \Theta$$

模型 3（逆向选择和道德风险）：假定委托人仅能观察到 q，有

$$\max_{t(\theta), q(\theta), e(\theta)} \int_a^b (R(q(\theta)) - t(\theta)) f(\theta) \mathrm{d}\theta$$

s.t.

$$t(\theta) - C(q(\theta), e(\theta); \theta) - V(e(\theta)) \geqslant 0, \quad \forall \theta \in \Theta$$

$$(e(\theta), \theta) \in \arg \max_{e', \hat{\theta} \in \Theta} \{t(\hat{\theta}) - C(q(\hat{\theta}), e'; \theta) - V(e')\}, \quad \forall \theta, \hat{\theta} \in \Theta$$

$$q(\theta) \geqslant 0, \quad \forall \theta \in \Theta$$

通过分析得出，在信息不对称的条件下，企业的最优转移定价决策应是标准平均成本加成，并且转移价格与中间产品数量之间不一定必须是单调递减的。

Li 和 Balachandran（1997）从经理的角度分析了信息不对称和努力降低效用的条件下非中心化的转移定价问题。模型假设经理在观察到某些私人信息之前需要做出能力程度的选择，当他选择了努力程度之后，能够获得关于成本参数的私人信息。

假设一企业由两个子公司组成，生产子公司 M 和分销子公司 D，签订合同后，每个子公司经理能够观察到自己子公司的边际成本 α 或 β，但任一子公司都不能观察到对方的成本参数，总部完全不了解目前的成本状况。各子公司的成本函数为

$$C_D(q) = (\alpha - e_D)q, \quad \alpha \in [1, 2], \quad e_D \in [0, 1]$$

$$C_M(q) = (\alpha - e_M)q, \quad \alpha \in [1, 2], \quad e_M \in [0, 1]$$

其中，e_D 和 e_M 为经理的努力使成本减少的数量。

最终产品市场的需求函数为 $p(q) = a - bq$。假设子公司的经理拥有私人信息并做决策，如果总部和子公司经理之间允许进行交流，总公司的任务就是建立一套激励相容约束机制 H，以确定子公司的资金转移和数量选择的函数 (t_D, q_D) 与 (t_M, q_M)。转移定价函数 $t_D(\hat{\alpha}, \hat{\beta})$ 描述了在 D 和 M 汇报的 $\hat{\alpha}$ 与 $\hat{\beta}$ 的基础上转移给子公司 D 的资金，而 $t_M(\hat{\alpha}, \hat{\beta})$ 是转移给 M 的资金。$q_M(\hat{\alpha}, \hat{\beta})$ 是推荐给 M 的产量水平，而 $q_D(\hat{\alpha}, \hat{\beta})$ 是推荐给 D 的产量水平。

他们的论文分别从经理获得私人信息的次序建立了两个模型，具体模型如下。

模型 1：假定经理人在签订合同之后观察到私人信息，但没有机会重新修订合同。

$$\max_H E_\alpha E_\beta \{aq(\alpha,\beta) - bq^2(\alpha,\beta) - t_D(\alpha,\beta) - t_M(\alpha,\beta)\}$$

s.t. $\quad e_D^* \max\{E_\alpha E_\beta [t_D(\alpha,\beta) - (\alpha - e_D)q(\alpha,\beta)] - e_D^2\}, \quad e_D \in [0,1]$

$\quad e_M^* \max\{E_\alpha E_\beta [t_M(\alpha,\beta) - (\beta - e_M)q(\alpha,\beta)] - e_M^2\}, \quad e_M \in [0,1]$

$\quad E_\beta [t_D(\alpha,\beta) - (\alpha - e_D^*)q(\alpha,\beta)] - e_D^{*2} \geqslant E_\beta [t_D(\hat{\alpha},\beta) - (\alpha - e_D^*)q(\hat{\alpha},\beta)] - e_D^{*2}, \alpha, \hat{\alpha} \in [1,2]$

$\quad E_\alpha [t_M(\alpha,\beta) - (\beta - e_M^*)q(\alpha,\beta)] - e_M^{*2} \geqslant E_\alpha [t_M(\alpha,\hat{\beta}) - (\beta - e_M^*)q(\alpha,\hat{\beta})] - e_M^{*2}, \quad \beta, \hat{\beta} \in [1,2]$

$$E_\alpha E_\beta [t_D(\alpha,\beta) - (\alpha - e_D^*)q(\alpha,\beta)] - e_D^{*2} \geqslant 0$$

$$E_\alpha E_\beta [t_M(\alpha,\beta) - (\beta - e_M^*)q(\alpha,\beta)] - e_M^{*2} \geqslant 0$$

$$q(\alpha,\beta) \geqslant 0, \quad \alpha, \quad \beta \in [1,2]$$

模型 2：假定经理人在签订合同之后观察到私人信息，但有机会根据获得的私人信息重新修订合同。

$$\max_H E_\alpha E_\beta \{aq(\alpha,\beta) - bq^2(\alpha,\beta) - t_D(\alpha,\beta) - t_M(\alpha,\beta)\}$$

s.t. $\quad e_D^* \max\{E_\alpha E_\beta [t_D(\alpha,\beta) - (\alpha - e_D)q(\alpha,\beta)] - e_D^2\}, \quad e_D \in [0,1]$

$\quad e_M^* \max\{E_\alpha E_\beta [t_M(\alpha,\beta) - (\beta - e_M)q(\alpha,\beta)] - e_M^2\}, \quad e_M \in [0,1]$

$\quad E_\beta [t_D(\alpha,\beta) - (\alpha - e_D^*)q(\alpha,\beta)] - e_D^{*2} \geqslant E_\beta [t_D(\hat{\alpha},\beta) - (\alpha - e_D^*)q(\hat{\alpha},\beta)] - e_D^{*2},$

$$\alpha, \hat{\alpha} \in [1,2]$$

$\quad E_\alpha [t_M(\alpha,\beta) - (\beta - e_M^*)q(\alpha,\beta)] - e_M^{*2} \geqslant E_\alpha [t_M(\alpha,\hat{\beta}) - (\beta - e_M^*)q(\alpha,\hat{\beta})] - e_M^{*2},$

$$\beta, \hat{\beta} \in [1,2]$$

$$E_\alpha E_\beta [t_D(\alpha,\beta) - (\alpha - e_D^*)q(\alpha,\beta)] - e_D^{*2} \geqslant 0$$

$$E_\alpha E_\beta [t_M(\alpha,\beta) - (\beta - e_M^*)q(\alpha,\beta)] - e_M^{*2} \geqslant 0$$

$$E_\beta [t_D(\alpha,\beta) - (\alpha - e_D^*)q(\alpha,\beta)] \geqslant 0, \quad \alpha \in [1,2]$$

$$E_\alpha [t_M(\alpha,\beta) - (\beta - e_M^*)q(\alpha,\beta)] \geqslant 0, \quad \beta \in [1,2]$$

$$q(\alpha,\beta) \geqslant 0, \quad \alpha, \quad \beta \in [1,2]$$

研究表明，通过一定的转移定价机制，在一定的需求条件下，即使给经理人在获得私人信息后重新签订合约的机会，经理人也不可能得到任何信息租金。

Wagenhofer（1994）在信息不对称的条件下，分别分析了成本基础转移定价法（无信息交流和充分信息交流）、协议转移定价法、双重转移定价法和市场基础转移定价法四种转移定价方法的适用条件。研究得出如果内部交易有利可图的话，市场基础转移定价法不能达到最优的结果，成本基础转移定价法能够达到最优结果；如果交流无成本的话，成本基础转移定价法会优于协议转移定价法；只要合谋不能被防止，双重转移定价法就不能达到最优的结果。具体分析结果如表 2-1 所示。其中 H 表示高的信息拥有水平，L 表示低的信息拥有水平，Π 表示利润。

表 2-1　信息不对称条件下转移定价方法比较分析表

转移定价方法	能否达到最优	最大预期损失	特定的执行条件
成本基础转移定价法 ——无信息交流	否	$\min\{\Pi_{LL};\Pi_{HH}\}$	无
成本基础转移定价法 ——充分信息交流	是	$\min\{\Pi_{LL};\Pi_{LH};\Pi_{HH}\}$	需要总部和子公司进行信息交流
协议转移定价法	是	$\geqslant \min\{\Pi_{LL};\Pi_{LH};\Pi_{HH}\}$（依赖于谈判机制）	需要子公司之间进行信息交流
双重转移定价法	否（如果能够阻止合谋，则可以达到）	$-\Pi_{HL}$	需要总部和子公司进行信息交流，补贴，合谋
市场基础转移定价法	否（除完全竞争市场外）	$\min\{\Pi_{LL};\Pi_{HH}\}$	无

在实践中，由于企业集团所面对的是不同的市场和领域，并且可能面对多市场环境，因此在设计转移定价系统的时候，信息不对称是必须考虑的问题。首先，上层管理部门对专业的内部转移不可能拥有足够的信息。如果所有的决策都由上层管理者来做出，由于信息传输的延误，决策将会很慢，并且打击了部门管理者的积极性，而且上下层管理者之间存在信息不对称，容易促使机会主义行为发生。因此决策必须由那些拥有充足市场环境知识的部门来做出。van der Meer-Kooistra（1993）调查发现，转移价格，甚至大量的专门投资都是由部门经理来做决定的。但是如果一味地由单个部门根据自己的利益来做决策，不考虑其他部门或总公司的利益，将会损害企业集团的整体利润。

本节将在成本函数和需求函数为一般函数形式的假设前提下，以集团利润最大化为目标，以监控和激励为选择手段，对信息不对称条件下的最优转移定价策略进行分析。

假定集团公司由两个子公司组成，子公司 1 和子公司 2。子公司 1 生产一种中间产品提供给子公司 2，同时销往外部市场，子公司 2 将中间产品进一步加工成最终产品，并销售给消费者。假设子公司 1 对中间产品具有垄断能力，设中间产品的单位生产成本为 $c(\theta)$，θ 为一任意分布的随机变量，代表下属子公司拥有的私人信息，集团总部不能观察到，但在两个子公司之间是共同信息。

设中间产品的外部销售价格为 p_e，销售数量为 $Q_e(p_e,\theta)$。子公司 2 的净收益（总收益扣除加工中间产品所花费的成本）为 $R_2(q_2,\theta)$，q_2 为下游子公司 2 所需中间产品的数量，内部转移价格为 T，则子公司 1 的利润为

$$\pi_1 = \pi_e + \pi_i = (p_e - c(\theta)) \cdot Q_e(p_e,\theta) + (T - c(\theta)) \cdot q_2$$

其中，π_e 为子公司 1 从外部市场获取的利润；π_i 为子公司 1 从内部交易中获取的

利润。

子公司 2 的利润为

$$\pi_2 = R_2(q_2,\theta) - T \cdot q_2$$

假设子公司 1 具有足够的生产能力满足子公司 2 和外部市场的需求。用 $Q_2(T,\theta)$ 表示下游子公司 2 在给定的转移价格 T 和状态 θ 下的最优需求量,则 $Q_2(T,\theta)$ 满足:

$$Q_2(T,\theta) \in \arg\max_{q_2}\{R_2(q_2,\theta) - T \cdot q_2\}$$

企业集团的期望利润为

$$\pi = E_\theta[(p_e - c(\theta)) \cdot Q_e(p_e,\theta) + R_2(Q_2(T,\theta),\theta) - c(\theta) \cdot Q_2(T,\theta)]$$

2.2.1　实行差别转移定价时的利润分析

假设集团公司将转移定价决策权完全下放给子公司 1,并且限制子公司 2 从外部市场获取中间产品,由于子公司 1 对中间产品具有垄断能力,因此子公司 1 可以将企业集团内部和外部看成两个完全独立的子市场,分别对两个子市场实行差别价格,并根据各子市场的利润最大化来确定最优的外部销售价格 $p_e^m(\theta)$ 和转移价格 $T^m(\theta)$,上标 m 表示差别转移定价策略:

$$\max\{\pi_e(p_e^m,\theta) = (p_e^m - c(\theta)) \cdot Q_e(p_e^m,\theta)\} \tag{2-39}$$

$$\max\{\pi_i(T^m,\theta) = (T^m - c(\theta)) \cdot Q_2(T^m,\theta)\}$$

$$\text{s.t.}\quad Q_2(T^m,\theta) \in \arg\max_{q_2}\{R_2(q_2,\theta) - T^m \cdot q_2\} \tag{2-40}$$

企业集团的期望利润为

$$\begin{aligned}\pi^m = E_\theta[&(p_e^m(\theta) - c(\theta)) \cdot Q_e(p_e^m(\theta),\theta) + R_2(Q_2(T^m(\theta),\theta),\theta)\\ &- c(\theta) \cdot Q_2(T^m(\theta),\theta)]\end{aligned} \tag{2-41}$$

2.2.2　实行单一转移定价时的利润分析

假设集团公司将转移定价决策权完全下放给子公司 1,但规定内部转移价格必须等于外部销售价格,子公司 1 将按照中间产品内外部价格相等的原则,确定最优的转移价格 $T(\theta)$ 以最大化自己的利润,上标 p 表示单一转移定价策略:

$$\begin{aligned}\pi_1^p(T,\theta) &= \pi_i(T,\theta) + \pi_e(T,\theta)\\ &= (T - c(\theta)) \cdot Q_2(T,\theta) + (T - c(\theta)) \cdot Q_e(T,\theta)\end{aligned} \tag{2-42}$$

$$\text{s.t.}\quad Q_2(T,\theta) \in \arg\max_{q_2}\{R_2(q_2,\theta) - T \cdot q_2\}$$

企业集团的期望利润为

$$\pi^p = E_\theta[(T(\theta) - c(\theta)) \cdot Q_e(T(\theta), \theta) + R_2(Q_2(T(\theta), \theta), \theta) \\ - c(\theta) \cdot Q_2(T(\theta), \theta)] \tag{2-43}$$

2.2.3　实行边际成本转移定价时的利润分析

假设中间产品的转移定价决策权完全由集团总部做出，集团总部根据 Hirshleifer（1956）的结论规定转移价格 T 必须等于边际成本 $c(\theta)$，这种情况下，可能会出现两种情况。

情况 1：假设集团总部不能观察到中间产品的真实边际成本，仅按照子公司 1 的上报成本确定转移价格，并且不对子公司 1 的上报成本进行审核，则子公司 1 为了追求自己的利润最优，上报成本往往会脱离真实成本，为 $v(\theta)$，则 $v(\theta)$ 满足：

$$v(\theta) \in \arg\max_v \{[v - c(\theta)] \cdot Q_2(v, \theta)\} \tag{2-44}$$

用上标 c 表示边际成本转移定价策略，则子公司 1 的利润为

$$\pi_1^c = \pi_i(v(\theta), \theta) + \pi_e(p_e^m(\theta), \theta) \\ = (v(\theta) - c(\theta)) \cdot Q_2(v(\theta), \theta) + (p_e^m(\theta) - c(\theta)) \cdot Q_e(p_e^m(\theta), \theta) \tag{2-45}$$

企业集团的期望利润为

$$\pi^c = E_\theta[(p_e^m(\theta) - c(\theta)) \cdot Q_e(p_e^m(\theta), \theta) + R_2(Q_2(v(\theta), \theta), \theta) \\ - c(\theta) \cdot Q_2(v(\theta), \theta)] \tag{2-46}$$

情况 2：假设集团总部不能观察到中间产品的真实边际成本，但对子公司 1 的上报成本要进行审核，并且设定一个汇报误差界限 Δ，限定子公司 1 的汇报成本 $v(\Delta, \theta)$ 不能超过真实成本 $c(\theta) + \Delta$，则 $v(\Delta, \theta)$ 满足：

$$v(\Delta, \theta) \in \arg\max_v \{[v - c(\theta)] \cdot Q_2(v, \theta)\} \\ \text{s.t.} \qquad v \leqslant c(\theta) + \Delta$$

子公司 1 的利润为

$$\pi_1^c = \pi_i(v(\Delta, \theta), \theta) + \pi_e(p_e^m(\theta), \theta) \\ = (v(\Delta, \theta) - c(\theta)) \cdot Q_2(v(\Delta, \theta), \theta) + (p_e^m(\theta) - c(\theta)) \cdot Q_e(p_e^m(\theta), \theta) \tag{2-47}$$

集团公司的期望利润为

$$\pi^c = E_\theta[(p_e^m(\theta) - c(\theta)) \cdot Q_e(p_e^m(\theta), \theta) + R_2(Q_2(v(\Delta, \theta), \theta), \theta) \\ - c(\theta) \cdot Q_2(v(\Delta, \theta), \theta)] \tag{2-48}$$

2.2.4　差别转移定价与单一转移定价比较分析

由于差别转移定价法是子公司 1 根据企业集团内部和外部的需求不同对中间产品实行的差别转移定价，因此会有两种情况出现：一种情况，外部销售价格

$p_e^m(\theta)$ 大于内部转移价格 $T^m(\theta)$；另一种情况，外部销售价格 $p_e^m(\theta)$ 小于内部转移价格 $T^m(\theta)$，下面分别针对两种情况进行讨论。

结论 2-3 对于任意的 θ，当 $p_e^m(\theta) > T^m(\theta)$ 时，实施差别转移定价企业集团和各下属子企业的利润均大于实施单一转移定价的利润。

由式（2-39）、式（2-40）可知：

$$\pi_i'(T^m(\theta), \theta) = \pi_e'(p_e^m(\theta), \theta) = 0 \tag{2-49}$$

由式（2-42）可知：

$$\pi_i'(T(\theta), \theta) + \pi_e'(T(\theta), \theta) = 0 \tag{2-50}$$

当 $p_e^m(\theta) > T^m(\theta)$ 时，假设利润函数为严格凹函数，由式（2-49）、式（2-50）可以得到：

$$\pi_i'(T(\theta), \theta) < 0 < \pi_e'(T(\theta), \theta) \tag{2-51}$$

由式（2-51）可以看出，实行单一转移定价方法时，上游子公司 1 未能达到利润最优。

由式（2-50）、式（2-51）可得

$$p_e^m(\theta) > T(\theta) > T^m(\theta) \tag{2-52}$$

与单一转移定价法相比较,差别转移定价法提高了中间产品的外部销售价格，降低了内部转移价格。在子公司 1 达到利润最优的同时，也增加了子公司 2 的利润。因此集团公司的整体利润增大。结论 2-3 成立。

结论 2-4 对于任意的 θ，当 $p_e^m(\theta) < T^m(\theta)$ 时，在线性需求条件下，实施差别转移定价企业集团的利润大于实施单一转移定价的利润。

当 $p_e^m(\theta) < T^m(\theta)$ 时，假设利润函数为严格凹函数，由式（2-49）、式（2-50）可得

$$\pi_i'(T(\theta), \theta) > 0 > \pi_e'(T(\theta), \theta) \tag{2-53}$$

由式（10-59）、式（10-63）可得

$$p_e^m(\theta) < T(\theta) < T^m(\theta) \tag{2-54}$$

可见当 $p_e^m(\theta) < T^m(\theta)$ 时，与单一转移定价法相比，差别转移定价法降低了中间产品的外部销售价格，提高了内部转移价格。子公司 1 达到了利润最优，但由于内部转移价格的提高，子公司 2 的利润减少。

下面讨论企业集团的利润情况。

由式（2-41）得

$$\begin{aligned} \pi^{m'} = E_\theta [&(p_e^m(\theta) - c(\theta)) \cdot Q_e'(p_e^m(\theta), \theta) + (R_2'(Q_2(T^m(\theta), \theta), \theta) \\ &- c(\theta))Q_2'(T_2^m(\theta), \theta) + Q_e(p_e^m(\theta), \theta)] \end{aligned} \tag{2-55}$$

由式（2-43）得

$$
\begin{aligned}
\pi^{p'} = E_\theta[&(T(\theta) - c(\theta)) \cdot Q_e'(T(\theta),\theta) + (R_2'(Q_2(T(\theta),\theta),\theta) \\
&- c(\theta))Q_2'(T(\theta),\theta) + Q_e(T(\theta),\theta)]
\end{aligned}
\tag{2-56}
$$

设市场需求函数为线性的，中间产品外部市场和最终产品的需求函数分别为

$$
Q_e(p_e,\theta) = \alpha_e(\theta) - \beta_e(\theta) \cdot p_e, \quad Q_2(T,\theta) = \alpha_2(\theta) - \beta_2(\theta) \cdot T
\tag{2-57}
$$

设相应的逆需求函数为 $p_e(q_e,\theta) = a_e(\theta) - b_e(\theta) \cdot q_e$，下游子企业净收益的导数为 $R_2'(q_2,\theta) = a_2(\theta) - b_2(\theta) \cdot q_2$，则

$$
a_e(\theta) = \frac{\alpha_e(\theta)}{\beta_e(\theta)}, \quad b_e(\theta) = \frac{1}{\beta_e(\theta)}
$$

$$
a_2(\theta) = \frac{\alpha_2(\theta)}{\beta_2(\theta)}, \quad b_2(\theta) = \frac{1}{\beta_2(\theta)}
$$

将上述参数代入式（2-39）、式（2-40）、式（2-42）求得

$$
T(\theta) = \frac{1}{2}\left[\frac{\alpha_e(\theta) + \alpha_2(\theta)}{\beta_e(\theta) + \beta_2(\theta)} + c(\theta)\right]
$$

$$
p_e^m(\theta) = \frac{1}{2}\left[\frac{\alpha_e(\theta)}{\beta_e(\theta)} + c(\theta)\right]
$$

$$
T^m(\theta) = \frac{1}{2}\left[\frac{\alpha_2(\theta)}{\beta_2(\theta)} + c(\theta)\right]
$$

对式（2-57）求导得

$$
Q_e'(\cdot) = -\beta_e(\theta), \quad Q_2'(\cdot) = -\beta_2(\theta)
$$

将以上求得的结果分别代入式（2-55）、式（2-56），并计算：

$$
\begin{aligned}
\pi^{m'} - \pi^{p'} = E_\theta[&(p_e^m(\theta) - c(\theta))Q_e'(p_e^m(\theta),\theta) \\
&- (T(\theta) - c(\theta))Q_e'(T(\theta),\theta) + (T^m(\theta) - c(\theta))Q_2'(T^m(\theta),\theta) \\
&- (T(\theta) - c(\theta))Q_2'(T(\theta),\theta) + Q_e(p_e^m(\theta),\theta) - Q_e(T(\theta),\theta)] \\
= E_\theta[&2\beta_e(\theta)(T(\theta) - p_e^m(\theta)) - \beta_2(\theta)(T^m(\theta) - T(\theta))] \\
= E_\theta&\left[\frac{1}{2(\beta_e(\theta) + \beta_2(\theta))}(\alpha_2(\theta) \cdot \beta_e(\theta) - \alpha_e(\theta) \cdot \beta_2(\theta))\right] \\
= E_\theta&\left[\frac{\beta_e(\theta) \cdot \beta_2(\theta)}{2(\beta_e(\theta) + \beta_2(\theta))}\left(\frac{\alpha_2(\theta)}{\beta_2(\theta)} - \frac{\alpha_e(\theta)}{\beta_e(\theta)}\right)\right] \\
= E_\theta&\left[\frac{(a_2(\theta) - a_e(\theta))}{2(b_e(\theta) + b_2(\theta))}\right] \\
> 0&
\end{aligned}
$$

由式（2-55）、式（2-56）可知：$\pi^{m'} < 0$，$\pi^{p'} < 0$。

因此 $\pi^m > \pi^p$。结论 2-4 成立。

由结论 2-4 可以看出，由于内部和外部的需求不一致，内部的最优转移价格高于外部销售价格，虽然下游子公司 2 损失了部分利润，但集团公司仍然可以从中获益。这种情况在现实中可以解释为当集团公司的中间产品外部市场需求旺盛，而最终产品的外部需求一般时，集团公司可以调整生产战略，转移生产重心，扩大中间产品的生产规模，降低中间产品的外部销售价格，而减小或保持最终产品的生产规模，可以达到增加集团公司整体利润的目的。

2.2.5　差别转移定价与边际成本转移定价比较分析

结论 2-5　对于任意的 θ，当集团总部不对下属子公司的上报成本进行审核，或者进行审核，但限定的误差界限 $\Delta \geq T^m(\theta) - c(\theta)$ 时，实行差别转移定价与边际成本转移定价对企业集团的利润没有影响，只影响集团内部各子公司之间的利润分配方式。

情况 1：集团总部对子公司 1 的真实边际成本观察不到，仅按照子公司 1 的上报成本确定转移价格，并且对子公司 1 的上报成本不进行审核，则子公司 1 的汇报成本 $v(\theta)$ 与差别转移定价策略下的最优转移价格 $T^m(\theta)$ 相同。由于在边际成本转移定价策略下，中间产品的外部销售价格也是最优价格 $p_e^m(\theta)$，因此这种情况下，两种转移定价策略下企业集团的利润相同，即 $\pi^m = \pi^c$。

情况 2：集团总部对子公司 1 的真实边际成本观察不到，但集团公司根据历史数据和原材料市场的情况对中间产品制定标准成本。然后按照子公司 1 的上报成本与标准成本的偏离程度对子公司 1 进行监控，并设定一个汇报的误差界限 Δ。由于集团总部要对子公司 1 进行监控，必然会发生监控成本，设每单位中间产品的监控成本为 Δ^*。

这种情况下，集团公司的期望利润为

$$\pi^c = E_\theta[(p_e^m(\theta) - c(\theta)) \cdot Q_e(p_e^m(\theta), \theta) + R_2(Q_2(v(\Delta, \theta), \theta), \theta) \\ - c(\theta) \cdot Q_2(v(\Delta, \theta), \theta) - \Delta^* \cdot Q_2(v(\Delta, \theta), \theta)] \tag{2-58}$$

由式（2-58）得

$$\pi^{c'} = E_\theta[\pi_e'(p_e^m(\theta), \theta) + (R_2'(Q_2(v(\Delta, \theta), \theta), \theta) - c(\theta) - \Delta^*) \cdot Q_2'(v(\Delta, \theta), \theta)] \\ = E_\theta[\pi_e'(p_e^m(\theta), \theta) + (\Delta - \Delta^*) \cdot Q_2'(v(\Delta, \theta), \theta)] \tag{2-59}$$

由式（2-59）可以看出，当 $\Delta = \Delta^*$ 时，$\pi^{c'} = 0$，集团利润达到最大。

当集团总部设定的上报误差界限与监控成本相等时，实行边际成本转移定价策略能达到企业集团的利润最优。

当集团总部设定的上报误差界限不等于监控成本时，边际成本转移定价法和差别转移定价法的优劣取决于设定的误差界限 Δ 和监控成本 Δ^* 的相对大小。对于集团总部来说，误差界限 Δ 和监控成本 Δ^* 呈负相关关系，误差界限设定得越小，下属企业虚报成本的动机越大，花费的监控成本就越大。反之，误差界限定得越大，监控成本将会越小。当集团设定的误差界限 Δ 很大，满足 $\Delta \geqslant T^m(\theta) - c(\theta)$ 时，子公司 1 完全没有虚报成本的动机，因为该误差界限使得子公司 1 的最优转移价格满足 $T^m(\theta) \leqslant c(\theta) + \Delta$。这种情况下，集团总部对子公司 1 的监控成本 Δ^* 也会非常小，甚至趋于 0，即 $\Delta^* \to 0$。此时，实施边际成本转移定价与差别转移定价各主体的利润情况没有差别。结论 2-5 成立。

结论 2-6 当 $\Delta < T^m(\theta) - c(\theta)$ 时，根据误差界限 Δ 与监控成本 Δ^* 之间的相互关系，可以得到如下结果：

$$\begin{cases} \pi^m > \pi^c, & \Delta^* > \Delta + z(\theta) \\ \pi^m = \pi^c, & \Delta^* = \Delta + z(\theta) \text{ 或 } \Delta^* = \Delta \\ \pi^m < \pi^c, & \Delta < \Delta^* < \Delta + z(\theta) \text{ 或 } \Delta^* < \Delta \end{cases}$$

当集团总部设定的误差界限 Δ 小于子公司 1 的最优转移价格与真实边际成本之差，但仍然大于监控成本，即 $T^m(\theta) - c(\theta) > \Delta > \Delta^*$ 时，实施差别转移定价与边际成本转移定价时企业集团的利润情况比较如下。

由式（2-59）知，当 $\Delta^* < \Delta$ 时，$\pi^{c'} < 0$，得出：

$$\begin{aligned} \pi^{m'} - \pi^{c'} &= E_\theta[(T^m(\theta) - c(\theta))Q_2'(T^m(\theta)) - (\Delta - \Delta^*)Q_2'(v(\Delta, \theta), \theta)] \\ &= E_\theta[(T^m(\theta) - c(\theta) - \Delta + \Delta^*)(-\beta_2(\theta))] < 0 \end{aligned} \tag{2-60}$$

因此，当 $T^m(\theta) - c(\theta) > \Delta > \Delta^*$ 时，$\pi^m < \pi^c$，即集团总部设定的误差界限 Δ 小于子公司 1 的最优转移价格与真实边际成本之差，但仍然大于监控成本时，实施边际成本转移定价法使企业集团的利润大于实施差别转移定价法时的利润。

当集团总部设定的上报成本误差界限很小，使得监控成本超过设定的误差界限，即 $\Delta^* > \Delta$ 时，实施差别转移定价法与边际成本转移定价法时企业集团的利润情况比较如下。

由式（2-59）知，当 $\Delta^* > \Delta$ 时，$\pi^{c'} > 0$，得出：

$$\begin{aligned} \left| \pi^{m'} \right| - \pi^{c'} &= E_\theta[\beta_2(\theta)(T^m(\theta) - c(\theta) - \Delta^* + \Delta)] \\ &= E_\theta[\beta_2(\theta)((T^m(\theta) - c(\theta) + \Delta) - \Delta^*)] \end{aligned} \tag{2-61}$$

令 $z(\theta) = T^m(\theta) - c(\theta)$，（$z(\theta) \geqslant 0$），则式（2-61）有如下结果：

$$\left| \pi^{m'} \right| - \pi^{c'} \begin{cases} < 0, & \Delta^* > \Delta + z(\theta) \\ = 0, & \Delta^* = \Delta + z(\theta) \\ > 0, & \Delta^* < \Delta + z(\theta) \end{cases} \tag{2-62}$$

综合式（2-60）、式（2-61）的结果可得如下结论。

当 $\varDelta^* > \varDelta + z(\theta)$ 时， $\pi^m > \pi^c$ 。

当 $\varDelta^* = \varDelta + z(\theta)$ 时， $\pi^m = \pi^c$ 。

当 $\varDelta < \varDelta^* < \varDelta + z(\theta)$ 时， $\pi^m < \pi^c$ 。

当 $\varDelta^* = \varDelta$ 时， $\pi^m = \pi^c$ 。

当 $\varDelta^* < \varDelta$ 时， $\pi^m < \pi^c$ 。

随着监控成本 $\varDelta^*$ 取值不同，实施差别转移定价法与边际成本转移定价法时企业集团的利润关系可以用数轴的形式表示（图 2-1）。

图 2-1　实施差别转移定价法与边际成本转移定价法时企业集团利润关系图

由上述结论可以看出，当子公司拥有重要的私人信息并且子公司与集团总部存在很大程度的信息不对称时，如果实行集权化的转移定价策略，监控成本 $\varDelta^*$ 必定会很大。因此应实行分权化的转移定价策略，即差别转移定价法，将转移定价决策权下放给生产该中间产品的子公司。反之，当子公司拥有的私人信息并不重要，或者集团总部与子公司之间信息不对称的程度不是很深，则采用集权化的转移定价策略，即边际成本定价法，将转移定价决策权完全控制在集团总部手中，可以增加集团公司的整体利润。

在实际操作中，集团公司可以采用以下简化步骤决定转移价格。

首先，根据集团总部对下属企业私人信息的了解程度，估算企业集团的单位监控成本 $\varDelta^*$ 。

其次，根据企业集团利润最大化条件 $\varDelta = \varDelta^*$ ，确定最优的误差界限 $\varDelta$ 。

最后，比较 $\varDelta$ 与 $T^m(\theta) - c(\theta)$ 的大小。

当 $\varDelta \geqslant T^m(\theta) - c(\theta)$ 时，应采用差别转移定价策略，将决策权下放给下属子公司。

当 $\varDelta < T^m(\theta) - c(\theta)$ 时，应采用边际成本转移定价策略，集中转移定价决策权。

2.3　本 章 小 结

本章分析了存在中间产品外部垄断市场的企业集团转移定价决策问题。提出了差别转移定价法，即当上游子企业对中间产品具有垄断能力时，集团公司将转移定价决策权下放给上游子企业，上游子企业根据内外部市场需求的不同，分别采用差别转移定价。通过与其他转移定价方法相比较，发现在信息对称条件下，上游子企业对外部市场和下游子企业分别实行差别定价，将会增加集团公司和上游子企业的利润。在信息不对称条件下，考虑虚报成本和监控成本的问题，得出当下属子企业与集团总部存在严重的信息不对称时，应采用分权化的转移定价策略，即差别转移定价法，将转移定价决策权下放给生产该中间产品的子企业。反之，当子企业拥有的私人信息不重要，或者子企业与集团总部之间信息不对称的程度不太深，则应采用集权化的转移定价策略，即边际成本转移定价法，将转移定价决策权完全控制在集团总部手中，这样可以增加集团公司的整体利润。

参 考 文 献

唐小我. 2002. 无外部市场条件下中间产品转移价格的研究[J]. 管理科学学报, 5(1): 12-18.

Ackelsberg R, Yukl G. 1979. Negotiated transfer pricing and conflict resolution in organizations[J]. Decision Sciences, 10(3): 387-398.

Amershi A H, Cheng P. 1990. Intrafirm resource allocation: the economics of transfer pricing and cost allocations in accounting[J]. Contemporary Accounting Research, 7(5): 61-99.

Arrow K J. 1964. Control in large organizations[J]. Management Science, 10(3): 397-408.

Baron D P, Myerson R B. 1982. Regulating a monopolist with unknown costs[J]. Econometrica, 50(4): 911-930.

Chalos P, Haka S. 1990. Transfer pricing under bilateral bargaining[J]. The Accounting Review, 65(3): 624-641.

Dopuch N, Drake D F. 1964. Accounting implications of a mathematical programming approach to the transfer pricing problem[J]. Journal of Accounting Research, 2(1): 10-24.

Heavner D L. 1999. Allocating transfer pricing authority[R]. Working Paper, Yale School of Management's Economics Research Network: 1-33.

Hirshleifer J. 1956. On the economics of transfer pricing[J]. The Journal of Business, 29(3): 172-184.

Li S H, Balachandran K R. 1997. Optimal transfer pricing schemes for work averse division managers with private information[J]. European Journal of Operational Research, 98(1): 138-153.

Samuels J M. 1965. Opportunity costing: an application of mathematical programming[J]. Journal of Accounting Research, 3(2): 182-191.

van der Meer-Kooistra J. 1993. Coordinating, Motivating and Transfer Pricing: Interaction Between Environment, Organization and People[M]. Groningen: Wolters-Noordhoff.

Vaysman I. 1996. A model of cost-based transfer pricing[J]. Review of Accounting Studies, 1(1): 73-108.

Wagenhofer A. 1994. Transfer pricing under asymmetric information: an evaluation of alternative methods[J]. European Accounting Review, 3(1): 71-103.

Yeom S, Balachandran K R. 2000. The role of transfer price for coordination and control within a firm[J]. Review of Quantitative Finance and Accounting, 14(2): 161-192.

第3章 竞争环境下的转移定价

第 2 章分析的垄断环境下的转移定价策略问题，主要是在一个孤立的企业环境下进行研究的，没有考虑其他竞争对手的相关决策对自己企业转移定价决策的影响。然而，现实世界中，几乎没有一家企业是孤立存在的，它都和周围的环境有着一定的联系。Tang（1992）做了一个关于企业转移定价方法使用的实证研究。他通过对世界 500 强中 143 家使用转移定价的企业的调查发现，46.2%的企业使用成本基础转移定价，其中，仅仅 7.7%的企业使用变动成本转移定价，53.8%的企业使用总成本定价，38.5%的企业使用总成本加成或补贴的定价方法。这一实证结果与理论研究得出孤立企业内部的边际成本转移定价策略存在很大差异。Kaplan 和 Atkinson（1989）也发现了一些公司往往故意将公司的一般管理费用全部分配给运作部门，这样做并不是消费量或者管理成本方面的原因，而是高层想让运作部门意识到中心的决定并且控制成本。这种决定有可能是鼓励部门经理进行更具侵略性的定价决策。针对这一问题，Alles 和 Datar（1998）正式提出了战略转移定价（strategic transfer pricing）的概念，他们指出转移定价的制定不只是孤立的内部价格选择，而应该是在充分考虑企业竞争环境的基础上做出的一种战略决策。在此基础上他们研究了不存在中间产品外部市场，最终产品具备线性需求的条件下，价格竞争的双头垄断企业，最优转移价格为中间产品的边际成本加成。他指出加成的大小与企业的固定成本无关，而取决于最终产品的市场力（market power）。后来，Göx（2000）在 Alles 和 Datar（1998）的基础上研究了存在完全竞争的中间产品外部市场，最终产品为一般需求函数的条件下价格竞争的双头垄断企业，当双方信息完全时最优转移价格应大于中间产品的边际成本。由上述的研究可以看出，转移定价不仅仅是企业进行内部交易的一种工具，更是一个企业进行战略决策的手段。本章结合最终产品市场的不同竞争模式，包括价格竞争、产量竞争和不对称竞争三种情况，研究了存在寡头竞争外部市场的企业集团转移定价决策问题。

3.1 价格竞争下的转移定价

本节主要研究终端产品市场为价格竞争时的转移定价决策问题。重点讨论存在中间产品寡头竞争外部市场条件下的集团转移定价问题。由于中间产品存在寡头竞争的外部市场，因此集团总部在进行中间产品价格决策时，将面临两种选择。

一种选择，对中间产品的内部转移和外部销售实行单一转移定价；另一种选择，对中间产品的内部转移和外部销售实行差别转移定价。本节分别从这两方面入手，分析对称性竞争条件下（即相互竞争的企业集团或者同时选择单一转移定价或者同时选择差别转移定价）企业集团的均衡转移定价策略，并对实施各转移定价策略时，企业集团以及各子公司的利润状况进行讨论。

　　本节假设中间产品市场和最终产品市场皆为双头垄断结构。设市场存在企业集团 i（$i=1,2$），每一个企业集团都由一个上游子公司和一个下游子公司构成。上游子公司生产一种中间产品，一部分提供给下游子公司进一步加工成为最终产品，另一部分销往外部市场。假定上游子公司的生产能力足以满足下游子公司和外部市场的需求。下游子公司由一个风险中性的经理来经营，经理的绩效以该下游子公司的利润为基础，因此下游子公司是追求利润最大化的。假定企业集团为部分非中心化的，中间产品的生产及价格决策由集团总部决定，最终产品的生产及价格决策由下游子公司的经理决定。假设中间产品市场和最终产品市场是相互独立的两个子市场。

　　由于市场是双头垄断的，因此任一企业的市场需求除了取决于自身的价格高低外，还要受到竞争对手价格的影响。设最终产品的市场需求函数为 $Q_i(p_i, p_j)$，其中 p_i 和 p_j 分别为两个下游子公司的最终产品价格。中间产品外部市场需求函数为 $Q_i^e(p_i^e, p_j^e)$，其中 p_i^e 和 p_j^e 分别为两个上游子公司的中间产品外部销售价格，上标 e 表示中间产品外部市场情况。设中间产品的生产成本为单位成本 C_i^u，上标 u 表示上游子公司，下游子公司加工中间产品成为最终产品的成本为单位成本 c_i^d，上标 d 表示下游子公司，假定竞争双方的市场需求函数和生产成本为彼此的共同知识。假设两个企业集团的产品同属于一个产品大类内的不同品牌，即两个企业集团的产品具有一定的替代性，但一方又不能完全替代另一方。如式（3-1）和式（3-2）所表示的条件，

$$\frac{\partial Q_i}{\partial p_i} < 0, \ \frac{\partial Q_i}{\partial p_j} > 0, \ \frac{\partial Q_i}{\partial p_j} = \frac{\partial Q_j}{\partial p_i}, \ \frac{\partial Q_j}{\partial p_i} < \left| \frac{\partial Q_i}{\partial p_i} \right|, \ i, j \in \{1,2\}, \ i \neq j \qquad (3\text{-}1)$$

$$\frac{\partial Q_i^e}{\partial p_i^e} < 0, \ \frac{\partial Q_i^e}{\partial p_j^e} > 0, \ \frac{\partial Q_i^e}{\partial p_j^e} = \frac{\partial Q_j^e}{\partial p_i^e}, \ \frac{\partial Q_j^e}{\partial p_i^e} < \left| \frac{\partial Q_i^e}{\partial p_i^e} \right|, \ i, j \in \{1,2\}, \ i \neq j \qquad (3\text{-}2)$$

　　式（3-1）中前两个不等式表示双头垄断企业集团产品的替代性，即任一企业集团的最终产品需求随着自己本身价格的上升而下降，随着竞争对手价格的上升而上升。式（3-1）中的等式表示需求交叉效应的对称性，最后一个不等式表示两个企业集团的产品具有不完全替代性，即任一企业集团都不能通过削价而完全垄断整个市场。

同样，式（3-2）表示两个企业集团的中间产品具有替代性、交叉效应的对称性及不完全替代性的特征。

两个企业集团的决策过程为两阶段动态博弈，第一阶段，两个集团总部同时决定转移价格 T_i 和 T_j；第二阶段，两个下游子公司在集团总部制定的转移价格的基础上，同时决策最终产品的市场价格。

由于中间产品除了对下游子公司提供外，还存在独立的外部市场，因此集团总部在进行中间产品定价决策时将面临两种选择，一种选择是对中间产品的内部转移和外部销售实行单一转移定价，另一种选择是对中间产品的内外部实行差别转移定价。下面分别对两种决策条件下的转移价格、集团利润和子公司利润进行分析。

3.1.1　中间产品实行单一转移定价策略

如果两个集团总部同时对中间产品的内外部实行单一转移定价，即中间产品的外部销售价格 p_i^e 等于内部转移价格 T_i，则中间产品的外部市场需求函数变为 $Q_i^e(T_i,T_j)$。由于中间产品的转移价格等于外部销售价格，则当集团总部决定了转移价格后，两个下游子公司在进行最终产品价格决策时，可以观察到自己公司和对方公司的转移价格，即转移价格 T_i 和 T_j 为两个下游子公司的共同知识。因此，决策过程相当于两阶段的完美信息动态博弈，采用逆推归纳法求解均衡结果。为分析方便，假设下游子公司生产一单位最终产品刚好需要上游子公司提供一单位中间产品。

结论 3-1　寡头竞争市场结构下，当竞争双方同时对中间产品实行单一转移定价时，均衡转移价格为边际成本加成。

证明　首先从第二阶段开始，下游子公司根据自身利润最大化，确定最优的最终产品市场价格 p_i 和 p_j。

$$\max_{p_i} \pi_i^d = (p_i - c_i^d - T_i)Q_i(p_i, p_j), \quad i,j \in \{1,2\}, i \neq j \tag{3-3}$$

假设下游子公司的利润函数 π_i^d 是关于价格 p_i 的严格凹函数，对式（3-3）求偏导，得下游子公司的反应函数为

$$\frac{\partial \pi_i^d}{\partial p_i} = Q_i(p_i, p_j) + (p_i - c_i^d - T_i)\frac{\partial Q_i}{\partial p_i} = 0, \quad i,j \in \{1,2\}, i \neq j \tag{3-4}$$

根据式（3-4），可得出最终产品的均衡价格与转移价格之间的关系 $p_i^*(T_i, T_j)$。

其次进入第一阶段，集团总部根据第二阶段得到的最终产品价格与转移价格之间的关系，确定达到集团利润最优的转移价格。

$$\begin{aligned}
\max_{T_i} \pi_i = \pi_i^d + \pi_i^u = {} & (p_i^*(T_i, T_j) - c_i^d - T_i)Q_i(p_i^*(T_i, T_j), p_j^*(T_i, T_j)) \\
& + (T_i - C_i^u)(Q_i(p_i^*(T_i, T_j), p_j^*(T_i, T_j)) + Q_i^e(T_i, T_j))
\end{aligned} \tag{3-5}$$

令 $p_i^* = p_i^*(T_i, T_j)$，$p_j^* = p_j^*(T_i, T_j)$，并对式（3-5）求极值得

$$
\begin{aligned}
\frac{\partial \pi_i}{\partial T_i} &= (p_i^* - c_i^d - T_i)\frac{\partial Q_i}{\partial p_j}\frac{\partial p_j^*}{\partial T_i} + Q_i^e(T_i, T_j) \\
&+ (T_i - C_i^u)\left(\frac{\partial Q_i}{\partial p_i}\frac{\partial p_i^*}{\partial T_i} + \frac{\partial Q_i}{\partial p_j}\frac{\partial p_j^*}{\partial T_i} + \frac{\partial Q_i^e}{\partial T_i}\right) = 0
\end{aligned}
\tag{3-6}
$$

由中间产品的需求弹性 $\varepsilon_i^e = \dfrac{\partial Q_i^e}{\partial T_i}\dfrac{T_i}{Q_i^e}$ 得

$$
Q_i^e = \frac{\partial Q_i^e}{\partial T_i}\frac{T_i}{\varepsilon_i^e}
\tag{3-7}
$$

将式（3-7）代入式（3-6），并令 $\dfrac{\partial Q_i}{\partial p_i}\dfrac{\partial p_i^*}{\partial T_i} = m$，$\dfrac{\partial Q_i}{\partial p_j}\dfrac{\partial p_j^*}{\partial T_i} = n$，$\dfrac{\partial Q_i^e}{\partial T_i} = k$，化简得

$$
n(p_i^* - c_i^d - T_i) + k\frac{T_i}{\varepsilon_i^e} + (m + n + k)(T_i - C_i^u) = 0
\tag{3-8}
$$

求解式（3-8）得最优转移价格为

$$
T_i^* = C_i^u + \frac{n(C_i^u + c_i^d - p_i^*)}{m + k\left(1 - 1/\left|\varepsilon_i^e\right|\right)}
\tag{3-9}
$$

引理 3-1　下游子公司的市场均衡价格，随着转移价格的增加而严格递增，即

$$
\frac{\partial p_i}{\partial T_i} > 0,\ \frac{\partial p_j}{\partial T_i} > 0
\tag{3-10}
$$

引理 3-1 的第一个条件表示转移价格对自己公司最终产品价格的直接影响。直观上很容易理解，当转移价格增加时，下游子公司的边际成本将随之增加，边际成本曲线将向上移动，边际收益曲线保持不变，根据边际收益等于边际成本的均衡条件，均衡点将向上移动，给定竞争对手的价格，下游子公司将减少产量，提高价格。第二个条件表示转移价格对对方公司最终产品价格的间接影响。可以由 Bulow 等（1985）的研究结果来证明，他们发现，寡头竞争市场条件下，一家公司提高价格会导致对方公司的边际利润增加，即

$$
\frac{\partial^2 \pi_i}{\partial p_i \partial p_j} > 0
\tag{3-11}
$$

式（3-11）的条件表明，寡头竞争的市场条件下，公司提高价格，对竞争双方都有利，因此，当一方提高价格时，另一方的最优反应也是提高价格，引理 3-1 的第二个条件得证。

由式（3-1）、式（3-2）和式（3-10）知，$m<0$，$n>0$，$k<0$。由于垄断企业总是在需求有弹性处生产产品，即 $\varepsilon_i^e>1$，由式（3-9）可以看出，$\dfrac{n(C_i^u+c_i^d-p_i^*)}{m+k\left(1-1/\left|\varepsilon_i^e\right|\right)}>0$，即转移价格为边际成本加成。结论 3-1 得证。

由此可得，在寡头竞争市场条件下，当中间产品的内外部价格一致时，均衡转移价格为边际成本加成。

将式（3-9）的转移价格结果代入式（3-4）得最终产品的市场均衡价格为

$$p_i^*=\frac{\left|\varepsilon_i^*\right|}{\left|\varepsilon_i^*\right|-1}\left(c_i^d+T_i^*\right)=\frac{\left|\varepsilon_i^*\right|}{\left|\varepsilon_i^*\right|-1}\left[c_i^d+C_i^u+\frac{\left(n-\left|\varepsilon_i^*\right|/\left(\left|\varepsilon_i^*\right|-1\right)\right)(C_i^u+c_i^d)}{m+k\left(1-1/\left|\varepsilon_i^e\right|\right)+\left|\varepsilon_i^*\right|/\left(\left|\varepsilon_i^*\right|-1\right)}\right]\quad(3\text{-}12)$$

其中，$\varepsilon_i^*=\dfrac{\partial Q_i}{\partial p_i}\dfrac{p_i^*}{Q_i^*}$ 为最终产品市场达到均衡时的需求价格弹性。

由式（3-12）可以看出，最终产品的均衡价格与转移价格和需求价格弹性有关。

将最终产品的均衡价格 p_i^* 和均衡转移价格 T_i^* 代入式（3-3）、式（3-5）得下游子公司和集团的均衡利润为

$$\pi_i^{d*}=\frac{1}{\left|\varepsilon_i^*\right|-1}\left[c_i^d+C_i^u+\frac{\left(n-\left|\varepsilon_i^*\right|/\left(\left|\varepsilon_i^*\right|-1\right)\right)(C_i^u+c_i^d)}{m+k\left(1-1/\left|\varepsilon_i^e\right|\right)+\left|\varepsilon_i^*\right|/\left(\left|\varepsilon_i^*\right|-1\right)}\right]Q_i^*$$

$$\pi_i^*=\frac{1}{\left|\varepsilon_i^*\right|-1}\left[c_i^d+C_i^u+\frac{\left|\varepsilon_i^*\right|\left(n-\left|\varepsilon_i^*\right|/\left(\left|\varepsilon_i^*\right|-1\right)\right)(C_i^u+c_i^d)}{m+k\left(1-1/\left|\varepsilon_i^e\right|\right)+\left|\varepsilon_i^*\right|/\left(\left|\varepsilon_i^*\right|-1\right)}\right]Q_i^*$$
$$+\frac{\left(n-\left|\varepsilon_i^*\right|/\left(\left|\varepsilon_i^*\right|-1\right)\right)(C_i^u+c_i^d)}{m+k\left(1-1/\left|\varepsilon_i^e\right|\right)+\left|\varepsilon_i^*\right|/\left(\left|\varepsilon_i^*\right|-1\right)}Q_i^{e*}$$

3.1.2　中间产品实行差别转移定价策略

由于中间产品存在不完全竞争的外部市场，因此，如果寡头企业能够限制下游子公司的套利行为，则可通过对中间产品的内外部市场实行差别转移定价以赚取更多的利润。若对中间产品实行差别转移定价时，由于内外部市场的价格存在差别，因此下游子公司在进行最终产品的价格决策时，所观察到的对方企业的中间产品外部销售价格并不是内部转移价格。从而会出现两种情况，一种情况，双方集团总部相互公开自己企业的转移价格信息，则下游子公司在进行最终产品价格决策时，能够观察到对方企业的转移价格，决策过程相当于完美信息动态博弈；另一种情况，双方集团总部隐藏自己企业的转移价格信息，则下游子公司在进行

最终产品价格决策时，不能观察到对方企业的转移价格，决策过程相当于不完全信息动态博弈。下面分别讨论两种情况下，双头垄断企业的转移定价决策问题。

1. 转移价格为竞争双方的共同知识

若转移价格为竞争双方的共同知识，则下游子公司在进行最终产品的价格决策时，能够观察到自己企业和对方企业的转移价格 T_i 与 T_j，决策过程相当于两阶段完全信息动态博弈，采用逆推归纳法求解均衡价格。

结论 3-2　寡头竞争市场结构下，当竞争双方同时对中间产品实行差别转移定价，且转移价格为双方集团的共同知识，则均衡转移价格为边际成本加成。

证明　首先从第二阶段开始，下游子公司根据自身利润最大化，确定均衡的最终产品市场价格 $p_i^{**}(T_i, T_j)$。其次在第一阶段，集团总部根据第二阶段得到的下游子公司的最终产品均衡价格，确定最优的转移价格 T_i^{**}，即

$$\max_{T_i} \pi_i = \pi_i^d + \pi_i^u = (p_i^{**}(T_i, T_j) - c_i^d - T_i)Q_i(p_i^{**}(T_i, T_j), p_j^{**}(T_i, T_j))$$
$$+ (T_i - C_i^u)Q_i(p_i^{**}(T_i, T_j), p_j^{**}(T_i, T_j)) + (p_i^{e**} - C_i^u)Q_i^e(p_i^{e**}, p_j^{e**}) \tag{3-13}$$

对式（3-13）求偏导，并令 $\dfrac{\partial \pi_i}{\partial T_i} = 0$ 得

$$\frac{\partial \pi_i}{\partial T_i} = (p_i^{**} - c_i^d - C_i^u)\left(\frac{\partial Q_i}{\partial p_i}\frac{\partial p_i^{**}}{\partial T_i} + \frac{\partial Q_i}{\partial p_j}\frac{\partial p_j^{**}}{\partial T_i} \right)$$
$$+ Q_i^{**}(p_i^{**}(T_i, T_j), p_j^{**}(T_i, T_j))\frac{\partial p_i^{**}}{\partial T_i} = 0 \tag{3-14}$$

令 $\dfrac{\partial Q_i}{\partial p_i}\dfrac{\partial p_i^{**}}{\partial T_i} = m'$，$\dfrac{\partial Q_i}{\partial p_j}\dfrac{\partial p_j^{**}}{\partial T_i} = n'$，并结合式（3-4）下游子公司的反应函数，化简式（3-14）得

$$n'(p_i^{**} - c_i^d - C_i^u) + m'(T_i - C_i^u) = 0 \tag{3-15}$$

求解式（3-15），得均衡转移价格为

$$T_i^{**} = C_i^u + \frac{n'(C_i^u + c_i^d - p_i^{**})}{m'} \tag{3-16}$$

由式（3-1）和式（3-10）可知，$m' < 0$，$n' > 0$，则由式（3-16）得出，$\dfrac{n'(C_i^u + c_i^d - p_i^{**})}{m'} > 0$，即均衡转移价格为边际成本加成。结论 3-2 得证。

由上述的结果可以看出，寡头竞争市场条件下，当对中间产品内外部实行差别转移定价时，如果双方相互公开自己集团的转移价格信息，则转移价格为边际成本加成。

该结果与 Alles 和 Datar（1998）及 Göx（2000）的理论研究结论相一致。同时也符合实际情况，Waterhouse（1984）通过对《财富》500 强中使用转移定价的最大的 51 家企业进行研究得出，31%的企业使用总成本定价法，44%的企业使用成本加成法。Tang（1992）对《财富》500 强中使用转移定价的 143 家企业的实证研究表明，使用成本基础转移定价法的占 46.2%，其中 7.7%以变动成本为基础，53.8%以总成本为基础，38.5%以总成本加成为基础。

将式（3-16）的计算结果代入式（3-4），得最终产品的市场均衡价格为

$$p_i^{**} = \frac{\left|\varepsilon_i^{**}\right|(m'+n')}{\left(\left|\varepsilon_i^{**}\right|-1\right)m'+\left|\varepsilon_i^{**}\right|n'}(c_i^d + C_i^u) \tag{3-17}$$

其中，$\varepsilon_i^{**} = \dfrac{\partial Q_i}{\partial p_i}\dfrac{p_i^{**}}{Q_i^{**}}$ 为最终产品市场达到均衡时的需求价格弹性。

由式（3-17）可以看出，最终产品的均衡价格与转移价格和需求价格弹性有关。

由于中间产品在内外部实行差别转移定价，因此两个下游子公司在中间产品外部市场根据利润最优确定均衡价格 p_i^{e**}，即

$$\max_{p_i^e} \pi_i^e = (p_i^e - C_i^u)Q_i^e(p_i^e, p_j^e) \tag{3-18}$$

对式（3-18）求极值得中间产品外部市场的均衡价格为

$$\frac{\partial \pi_i^e}{\partial p_i^e} = (p_i^e - C_i^u)\frac{\partial Q_i^e}{\partial p_i^e} + Q_i^e(p_i^e, p_j^e) = 0$$

$$p_i^{e**} = \frac{\left|\varepsilon_i^{e*}\right|}{\left|\varepsilon_i^{e*}\right|-1}C_i^u \tag{3-19}$$

将最终产品均衡价格 p_i^{**}、中间产品外部市场均衡价格 p_i^{e**} 和中间产品转移价格 T_i^{**} 分别代入式（3-3）、式（3-13），得下游子公司和企业集团的均衡利润为

$$\pi_i^{d**} = \frac{m'+n'}{\left(\left|\varepsilon_i^{**}\right|-1\right)m'+\left|\varepsilon_i^{**}\right|n'}(c_i^d + C_i^u)Q_i^{**}$$

$$\pi_i^{**} = \frac{m'}{\left(\left|\varepsilon_i^{**}\right|-1\right)m'+\left|\varepsilon_i^{**}\right|n'}(c_i^d + C_i^u)Q_i^{**} + \frac{1}{\left|\varepsilon_i^{e*}\right|-1}C_i^u Q_i^{e**}$$

2. 转移价格为各集团的私人信息

当双方集团隐藏自己的转移价格信息时，在第一阶段集团总部进行了转移定价决策之后，第二阶段下游子公司在进行最终产品价格决策时，只能观察到自己

集团的转移价格，而不能观察到对方集团的转移价格决策结果。因此，决策过程相当于两阶段不完全信息动态博弈。

结论 3-3　寡头竞争市场结构下，当竞争双方同时对中间产品实行差别转移定价，若转移价格为各自集团的私人信息时，均衡转移价格等于边际成本。

证明　下游子公司在进行价格决策时，只能观察到自己集团的决策结果，而不能观察到竞争对手的转移价格，因此，只能对对方的转移价格给定一个估计值 $\tilde{T}_j$。从而最终产品的均衡价格只与自己集团的转移价格 T_i 和对方集团的最终产品价格 p_j 有关，即 $p_i^{***}(p_j^{***}(p_i^{***},\tilde{T}_j),T_i)$。

由于不存在子博弈，因此不能采用逆推归纳法求解均衡结果。首先从第一阶段开始，集团总部根据集团利润最大化确定最优的转移价格，即

$$\max_{T_i} \pi_i = \pi_i^d + \pi_i^u = (p_i^{***}(p_j^{***}(p_i^{***},\tilde{T}_j),T_i) - c_i^d - T_i)Q_i(p_i^{***}(p_j^{***}(p_i^{***},\tilde{T}_j),T_i),p_j^{***})$$
$$+ (T_i - C_i^u)Q_i(p_i^{***}(p_j^{***}(p_i^{***},\tilde{T}_j),T_i),p_j^{***}) + (p_i^{e**} - C_i^u)Q_i^e(p_i^{e**},p_j^{e**})$$

$$(3\text{-}20)$$

对式（3-20）求偏导，并令 $\dfrac{\partial \pi_i}{\partial T_i} = 0$ 得

$$\frac{\partial \pi_i}{\partial T_i} = (p_i^{***}(p_j^{***}(p_i^{***},\tilde{T}_j),T_i) - c_i^d - C_i^u)\frac{\partial Q_i}{\partial p_i}\frac{\partial p_i^{***}}{\partial T_i}$$
$$+ Q_i^{***}(p_i^{***}(p_j^{***}(p_i^{***},\tilde{T}_j),T_i),p_j^{***})\frac{\partial p_i^{***}}{\partial T_i} = 0$$

$$(3\text{-}21)$$

令 $p_i^{***} = p_i^{***}(p_j^{***}(p_i^{***},\tilde{T}_j),T_i)$，并结合式（3-4）下游子公司的反应函数，化简式（3-21）得

$$(T_i - C_i^u)\frac{\partial Q_i}{\partial p_i}\frac{\partial p_i^{***}}{\partial T_i} = 0 \qquad (3\text{-}22)$$

求解式（3-22），得均衡转移价格为

$$T_i^{***} = C_i^u \qquad (3\text{-}23)$$

由计算结果可以看出，寡头竞争市场条件下，当对中间产品内外部市场实行差别转移定价时，如果各集团总部隐藏自己的转移价格信息，则均衡转移价格等于中间产品的边际成本。结论 3-3 得证。

结论 3-3 表明当企业集团进行转移定价决策时，如果不能观察到竞争对手的转移价格，则它的转移定价决策只考虑自己企业的利润最大化，而不考虑其他竞争对手的反应，决策结果与只考虑独立企业转移定价决策的 Hirshleifer（1956）结论是一致的。

将式（3-23）的转移价格代入式（3-4），得最终产品的市场均衡价格为

$$p_i^{***} = \frac{\left|\varepsilon_i^{***}\right|}{\left|\varepsilon_i^{***}\right| - 1}(c_i^d + C_i^u) \qquad (3-24)$$

由于实行差别转移定价，因此中间产品的外部市场价格不受内部转移定价策略的影响，即中间产品的外部销售价格在转移价格为共同知识，或者转移价格为私人信息的条件下是相同的 $p_i^{e***} = p_i^{e**}$。

将最终产品均衡价格 p_i^{***}、中间产品外部市场均衡价格 p_i^{e***} 和中间产品转移价格 T_i^{***} 代入式（3-3）、式（3-20），得下游子公司和企业集团的均衡利润为

$$\pi_i^{d***} = \frac{1}{\left|\varepsilon_i^{***}\right| - 1}(c_i^d + C_i^u)Q_i^{***}$$

$$\pi_i^{***} = \frac{1}{\left|\varepsilon_i^{***}\right| - 1}(c_i^d + C_i^u)Q_i^{***} + \frac{1}{\left|\varepsilon_i^{e*}\right| - 1}C_i^u Q_i^{e**}$$

归纳上述研究结论，以表格的形式汇总如表 3-1 所示。

3.1.3　均衡策略比较分析

将不同转移定价策略下企业集团和下游子公司的利润状况进行比较分析，得出如下结论。

结论 3-4　当转移价格为竞争双方的共同知识时，对中间产品实行差别转移定价可以增加企业集团和子公司的利润。

证明

（1）在中间产品市场，当对中间产品内外部实行单一转移定价时，中间产品的外部销售价格为 $T_i^* = C_i^u + \dfrac{n(C_i^u + c_i^d - p_i^*)}{m + k\left(1 - 1/\left|\varepsilon_i^e\right|\right)}$；当对中间产品的内外部实行差别转

移定价时，中间产品的外部销售价格为 $p_i^{e*} = \dfrac{\left|\varepsilon_i^{e*}\right|}{\left|\varepsilon_i^{e*}\right| - 1}C_i^u$。由于实行差别转移定价，

中间产品外部市场达到了最优价格，而实行单一转移定价，中间产品外部市场只达到了次优价格。因此可以得到，实行差别转移定价使企业集团从中间产品外部市场获得了更多的利润。

（2）在最终产品市场，由上述分析结果知 $T_i^{**} > T_i^* > T_i^{***}$，即转移价格为竞争双方的共同知识时的差别转移价格大于单一转移价格，进一步大于转移定价为私人信息时的差别转移价格。由引理 3-1 转移价格与最终产品价格呈正相关关系可

表 3-1　不同条件下的转移定价策略及利润分析表

最优决策	单一定价	差别定价	
		转移价格为共同知识	转移价格为私人信息
中间产品转移价格	$T_i^* = C_i^{tu} + \dfrac{n(C_i^{tu} + c_i^d - p_i^*)}{m + k(1 - 1/|\varepsilon_i^e|)}$	$T_i^{**} = C_i^{tu} + \dfrac{n'(C_i^{tu} + c_i^d - p_i^{**})}{m'}$	$T_i^{***} = C_i^{tu}$
中间产品销售价格	$p_i^e = T_i^* = C_i^{tu} + \dfrac{n(C_i^{tu} + c_i^d - p_i^*)}{m + k(1 - 1/|\varepsilon_i^e|)}$	$p_i^{e**} = C_i^{tu} + \dfrac{|\varepsilon_i^{e}|}{|\varepsilon_i^{e}| - 1} C_i^{tu}$	$p_i^{e***} = p_i^{***} = \dfrac{|\varepsilon_i^{e}|}{|\varepsilon_i^{e}| - 1} C_i^{tu}$
最终产品价格	$p_i^* = \dfrac{|\varepsilon_i^*|}{|\varepsilon_i^*| - 1} c_i^d + C_i^{tu}$ $+ \dfrac{\left(n - |\varepsilon_i^*|/(|\varepsilon_i^*|-1)\right)(C_i^{tu} + c_i^d)}{m + k(1 - 1/|\varepsilon_i^e|) + |\varepsilon_i^*|/(|\varepsilon_i^*|-1)}$	$p_i^{**} = \dfrac{|\varepsilon_i^{**}|}{|\varepsilon_i^{**}| - 1}(m' + n') \cdot \dfrac{(c_i^d + C_i^t)}{m'}$	$p_i^{***} = \dfrac{|\varepsilon_i^{***}|}{|\varepsilon_i^{***}| - 1}(c_i^d + C_i^{tu})$
下游子公司利润	$\pi_i^{d*} = \dfrac{1}{|\varepsilon_i^*| - 1}\left[c_i^d + C_i^{tu} + \dfrac{\left(n - |\varepsilon_i^*|/(|\varepsilon_i^*|-1)\right)(C_i^{tu} + c_i^d)}{m + k(1 - 1/|\varepsilon_i^e|) + |\varepsilon_i^*|/(|\varepsilon_i^*|-1)} \right] Q_i^*$	$\pi_i^{d**} = \dfrac{m' + n'}{(|\varepsilon_i^{**}| - 1)m' + |\varepsilon_i^{**}| n'} \cdot (c_i^d + C_i^t) Q_i^{**}$	$\pi_i^{d***} = \dfrac{1}{|\varepsilon_i^{***}| - 1}(c_i^d + C_i^{tu}) Q_i^{***}$
集团总体利润	$\pi_i^* = \dfrac{1}{|\varepsilon_i^*| - 1}\left[\dfrac{|\varepsilon_i^*|\left(n - |\varepsilon_i^*|/(|\varepsilon_i^*|-1)\right)(C_i^{tu} + c_i^d)}{m + k(1 - 1/|\varepsilon_i^e|) + |\varepsilon_i^*|/(|\varepsilon_i^*|-1)} + \dfrac{\left(n - |\varepsilon_i^*|/(|\varepsilon_i^*|-1)\right)(C_i^{tu} + c_i^d)}{m + k(1 - 1/|\varepsilon_i^e|) + |\varepsilon_i^*|/(|\varepsilon_i^*|-1)} \right] Q_i^*$	$\pi_i^{**} = \dfrac{m'}{(|\varepsilon_i^{**}| - 1)m' + |\varepsilon_i^{**}| n'} \cdot (c_i^d + C_i^t) Q_i^{**} + \dfrac{1}{|\varepsilon_i^e| - 1} C_i^{tu} Q_i^{**}$	$\pi_i^{***} = \dfrac{1}{|\varepsilon_i^{***}| - 1}(c_i^d + C_i^{tu}) Q_i^{***} + \dfrac{1}{|\varepsilon_i^e| - 1} C_i^{tu} Q_i^{***}$

知 $p_i^{**} > p_i^* > p_i^{***}$，即转移价格为共同知识时的最终产品价格大于单一转移价格条件下的最终产品价格，进一步大于转移价格为私人信息时的最终产品价格。由式（3-11）及对称性可以得出，$\pi_i^{d**} > \pi_i^{d*} > \pi_i^{d***}$，即当企业集团相互公开自己的转移定价信息时，实行差别转移定价，下游子公司从最终产品市场获得了最大的利润，而当企业集团相互隐藏自己的转移定价信息时，实行差别转移定价，下游子公司从最终产品市场获得的利润最小，实行单一转移定价，下游子公司从最终产品市场的获利情况居于二者之间。

由（1）、（2）的分析可以看出，若转移价格为竞争双方的共同知识，则对中间产品内外部市场分别实行差别转移定价，无论从中间产品市场还是最终产品市场都可以获得最大的利润。因此对中间产品实行差别转移定价，使集团利润和下游子公司利润同时达到最大。这种市场结构接近于一种互相合谋的卡特尔结构，竞争双方都从中获得了最大的利益。结论 3-4 得证。

由（1）、（2）的分析可以看出，若转移价格为各自集团的私人信息，则实行差别转移定价，可以从中间产品外部市场获得大于单一转移定价的利润。但是，由于竞争各方不能观察到对方的转移价格，因此，集团总部在进行转移定价决策时，只考虑本企业的利润状况，而不考虑对方企业的反应，转移价格等于边际成本。由式（3-10）、式（3-11）可得，当转移价格为竞争企业的私人信息时，实行差别转移定价从最终产品市场获取的利润小于单一转移定价，即由于实行差别转移定价，企业在最终产品市场损失了部分利润。

因此，当转移价格为各自集团的私人信息时，是实行差别转移定价还是单一转移定价取决于在中间产品外部市场的"得"与在最终产品市场的"失"之间的相对大小。如果从中间产品外部市场多获得的利润大于在最终产品市场损失的利润，则应实行差别转移定价，否则实行单一转移定价。具体分析情况如下。

在中间产品外部市场，实行差别转移定价比单一转移定价多获得的利润为

$$\Delta\pi_i^e = (p_i^{e*} - C_i^u)Q_i^e(p_i^{e*}, p_j^e) - (T_i^* - C_i^u)Q_i(T_i^*, T_j^*) \qquad (3-25)$$

将 p_i^{e*} 和 T_i^* 代入式（3-25）得

$$\Delta\pi_i^e = \frac{C_i^u}{\left|\varepsilon_i^{e*}\right| - 1}Q_i^e(p_i^{e*}, p_j^e) - \frac{\left(n - \left|\varepsilon_i^*\right|/\left(\left|\varepsilon_i^*\right| - 1\right)\right)(C_i^u + c_i^d)}{m + k\left(1 - 1/\left|\varepsilon_i^e\right|\right) + \left|\varepsilon_i^*\right|/\left(\left|\varepsilon_i^*\right| - 1\right)}Q_i^e(T_i^*, T_j^*) \qquad (3-26)$$

由式（3-26）可以看出，实行差别转移定价比单一转移定价在中间产品外部市场多获得利润的大小取决于中间产品外部市场和最终产品市场的需求价格弹性。只要需求价格弹性确定，则实行差别转移定价比单一转移定价多获得的利润就可以确定。

在最终产品市场，实行单一转移定价比差别转移定价多获得的利润为

$$\Delta \pi_i^d = (p_i^* - C_i^u - c_i^d) Q_i(p_i^*, p_j^*) - (p_i^{***} - C_i^u - c_i^d) Q_i(p_i^{***}, p_j^{***}) \quad (3\text{-}27)$$

将 p_i^* 和 p_i^{***} 代入式（3-27）得

$$\Delta \pi_i^d = \frac{(n-1)\left|\varepsilon_i^*\right| + m + k\left(1 - 1/\left|\varepsilon_i^e\right|\right)(C_i^u + c_i^d)}{\left(m + k\left(1 - 1/\left|\varepsilon_i^e\right|\right)\right)\left(\left|\varepsilon_i^*\right| - 1\right)} Q_i(p_i^*, p_j^*)$$

$$- \frac{C_i^u + c_i^d}{\left|\varepsilon_i^{***}\right| - 1} Q_i(p_i^{***}, p_j^{***})$$

$$(3\text{-}28)$$

由式（3-28）可以看出，实行单一转移定价比差别转移定价在最终产品市场多获得利润的大小取决于最终产品市场和中间产品外部市场的需求价格弹性。只要需求价格弹性确定，则实行单一转移定价比差别转移定价多获得的利润就可以确定。

当 $\Delta \pi_i^e = \Delta \pi_i^d$ 时，无论实行差别转移定价还是单一转移定价，企业集团的整体利润不受影响。

当 $\Delta \pi_i^e > \Delta \pi_i^d$ 时，实行差别转移定价，企业集团可以获得更多的利润。

当 $\Delta \pi_i^e < \Delta \pi_i^d$ 时，实行单一转移定价，企业集团可以获得更多的利润。

因此可以看出，当转移价格为各企业集团的私人信息时，对中间产品实行差别转移定价还是单一转移定价，取决于中间产品外部市场和最终产品市场的需求价格弹性。

综上所述，对于存在寡头竞争的中间产品外部市场，且终端产品市场为价格竞争的企业集团，当转移价格为集团之间的共同知识时，对中间产品实行差别转移定价可以增加双方企业集团和子公司的利润。当转移价格为集团之间的私人信息时，对中间产品实行差别转移定价还是单一转移定价，取决于中间产品外部市场和最终产品市场的需求价格弹性。

3.1.4　算例分析

下面以线性需求函数为例，通过数值计算来分析分别对中间产品实行单一转移定价和差别转移定价时的转移价格与最终产品价格的特点，最后对两种定价策略下的集团转移价格及集团利润进行比较分析。

1. 中间产品实行单一转移定价

设最终产品市场和中间产品外部市场的需求函数分别为线性函数：$Q_i = a - p_i + \alpha p_j$，$Q_i^e = b - p_i^e + \beta p_j^e$。其中 a、b 分别表示两个市场的潜在需求量；α、β 分别表示两个市场的价格敏感性。首先下游子公司根据自身利润最大化，确定最优的最终产品市场价格 p_i 和 p_j。

$$\max_{p_i} \pi_i^d = (p_i - c_i^d - T_i)(a - p_i + \alpha p_j) \tag{3-29}$$

对式（3-29）求偏导，得下游子公司的反应函数为

$$\frac{\partial \pi_i^d}{\partial p_i} = a - 2p_i + c_i^d + T_i + \alpha p_j = 0 \tag{3-30}$$

求解上式方程组，得最终产品价格与转移价格之间的关系式为

$$p_i = \frac{(2+\alpha)a + 2(c_i^d + T_i) + \alpha(c_j^d + T_j)}{4 - \alpha^2} \tag{3-31}$$

其次，两个企业集团分别确定达到各自集团利润最大化的转移价格 T_i。由于中间产品内外部市场实行单一转移定价，因此 $p_i^e = T_i$，则

$$\max_{T_i} \pi_i = \pi_i^d + \pi_i^u = (p_i - c_i^d - T_i)(a - p_i + \alpha p_j)$$
$$+ (T_i - C_i^u)[(a - p_i + \alpha p_j) + (b - T_i + \beta T_j)] \tag{3-32}$$

对式（3-32）求极值得

$$\frac{\partial \pi_i}{\partial T_i} = \frac{1}{(\alpha^2 - 4)^2}[(4\alpha^2 - 2(\alpha^2 - 4)^2 - 8)T_i + (\alpha^3 + (\alpha^2 - 4)^2 \beta)T_j$$
$$+ (\alpha^2 - 4)(\alpha^2 - 3)C_i^u + (\alpha^4 - 2\alpha^2)c_i^d + \alpha^3 c_j^d + a(\alpha^3 + 2\alpha^2) + b(\alpha^2 - 4)^2] = 0$$

求解上式方程组，得

$$T_i^* = [4(\alpha^6 - 13\alpha^4 + 50\alpha^2 - 60)C_i^u + (2\alpha^5 - 6\alpha^3 + (2\alpha^6 - 22\alpha^4 + 80\alpha^2 - 96)\beta)C_j^u$$
$$+ (2\alpha^6 - 15\alpha^4 + 20\alpha^2 + (\alpha^5 - 4\alpha^3)\beta)c_i^d + (3\alpha^5 - 10\alpha^3 + (\alpha^6 - 6\alpha^4 + 8\alpha^2)\beta)c_j^d$$
$$+ a(2\alpha^5 + 5\alpha^4 - 10\alpha^3 - 20\alpha^2 + (\alpha^5 + 2\alpha^4 - 4\alpha^3 - 8\alpha^2)\beta)$$
$$+ b(\alpha - 2)^2(\alpha + 2)(2\alpha^3 + 5\alpha^2 - 10\alpha - 20 + (\alpha^3 + 2\alpha^2 - 4\alpha - 8)\beta)]/$$
$$[(4\alpha^6 - 65\alpha^4 + 300\alpha^2 - 400) - (2\alpha^5 - 8\alpha^3)\beta - (\alpha^6 - 12\alpha^4 + 48\alpha^2 - 64)\beta^2]$$

令 $C_i^u = C_j^u = 3$，$c_i^u = c_j^u = 1$，$a = b = 10$，分析转移价格和最终产品价格随中间产品外部市场和最终产品外部市场的产品竞争程度 β 和 α 的变化趋势。

当最终产品外部市场的竞争程度 $\alpha = 1/2$ 时，T_i^*、p_i^* 随 β 的变化趋势如图 3-1 所示。

$$T_i^* = \frac{667}{112 - 45\beta}$$

$$p_i^* = \frac{6(-211 + 55\beta)}{-112 + 45\beta}$$

由图 3-1 可以看出，在实行单一转移定价的条件下，中间产品转移价格和最终产品价格都随着中间产品外部市场的竞争程度 β 的增加而增加。

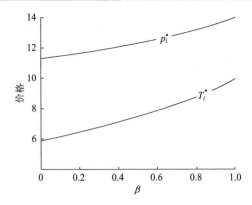

图 3-1　T_i^*、p_i^* 随 β 变化趋势图（ $\alpha = 1/2$ ）

当中间产品外部市场的竞争程度 $\beta = 1/2$ 时，T_i^*、p_i^* 随 α 的变化趋势如图 3-2 所示。

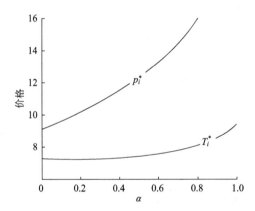

图 3-2　T_i^*、p_i^* 随 α 变化趋势图（ $\beta = 1/2$ ）

$$T_i^* = \frac{34\alpha^3 - 46\alpha^2 - 116\alpha + 232}{32 - 16\alpha - 8\alpha^2 + 3\alpha^3}$$

$$p_i^* = \frac{292 - 67\alpha^2}{32 - 16\alpha - 8\alpha^2 + 3\alpha^3}$$

由图 3-2 可以看出，在实行单一转移定价的条件下，中间产品转移价格和最终产品价格都随着最终产品市场的竞争程度 α 的增加而增加。

2. 中间产品实行差别转移定价

当中间产品内外部市场实行差别定价时，中间产品的外部销售价格为两个集团根据外部市场利润最大化确定的最优价格：

$$\max_{p_i^e} \pi_i^e = (p_i^e - C_i^u)(b - p_i^e + \beta p_j^e) \tag{3-33}$$

对式（3-33）求极值，计算得中间产品的外部均衡价格为

$$p_i^{e**} = \frac{b(2+\beta) + 2C_i^u + \beta C_j^u}{4 - \beta^2}$$

1）转移价格为竞争双方的共同知识

当转移价格为双方集团的共同知识时，集团的利润函数可表示为

$$\max_{T_i} \pi_i = \pi_i^d + \pi_i^u = (p_i - c_i^d - T_i)(a - p_i + \alpha p_j)$$
$$+ (T_i - C_i^u)(a - p_i + \alpha p_j) + (p_i^e - C_i^u)(b - p_i^e + \beta p_j^e) \tag{3-34}$$

对式（3-34）求极值得

$$\frac{\partial \pi_i}{\partial T_i} = \frac{1}{(\alpha^2 - 4)^2}[4(\alpha^2 - 2)T_i + \alpha^3 T_j + (\alpha^2 - 4)(\alpha^2 - 2)C_i^u$$
$$+ (\alpha^4 - 2\alpha^2)c_i^d + \alpha^3 c_j^d + a(\alpha^3 + 2\alpha^2)] = 0$$

求解上式方程组，得

$$T_i^{**} = [4(\alpha^2 - 2)^2 C_i^u + (\alpha^3 - 2\alpha)C_j^u + \alpha^2(4 - 3\alpha^2)c_i^d$$
$$+ (\alpha^3 - 2\alpha)c_j^d + a(\alpha^2 - 2\alpha - 4)] / (\alpha^4 - 12\alpha^2 + 16)$$

令 $C_i^u = C_j^u = 3$，$c_i^d = c_j^d = 1$，$a = 10$，分析转移价格和最终产品价格随最终产品市场的产品竞争程度 α 的变化趋势。

$$T_i^{**} = \frac{-4\alpha^3 - 3\alpha^2 + 6\alpha - 12}{\alpha^2 + 2\alpha - 4}$$

$$p_i^{**} = \frac{4(\alpha^2 - 7)}{\alpha^2 + 2\alpha - 4}$$

由图 3-3 可以看出，在实行差别转移定价的条件下，中间产品转移价格和最终产品价格都随着最终产品市场的竞争程度 α 的增加而增加。

2）转移价格为各集团的私人信息

当转移价格为各自集团的私人信息时，由式（3-32）可知，达到集团利润最优的转移价格为

$$T_i^{***} = C_i^u$$

令 $C_i^u = C_j^u = 3$，$c_i^d = c_j^d = 1$，$a = 10$，分析转移价格和最终产品价格随最终产品市场的产品竞争程度 α 的变化趋势。

$$T_i^{***} = 3$$

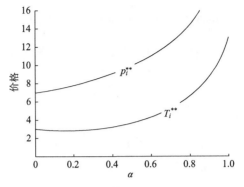

图 3-3　T_i^{**}、p_i^{**} 随 α 的变化趋势图

$$p_i^{***} = \frac{14\alpha + 28}{4 - \alpha^2}$$

由图 3-4 可以看出，在实行差别转移定价的条件下，中间产品转移价格和最终产品价格都随着最终产品市场的竞争程度 α 的增加而增加。

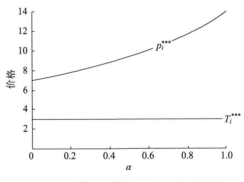

图 3-4　T_i^{***}、p_i^{***} 随 α 的变化趋势图

3. 比较分析

比较两种定价策略下转移价格和最终产品价格之间的变化关系如图 3-5、图 3-6 所示。

由图 3-5 和图 3-6 可以看出，随着最终产品市场竞争程度的增加，差别转移定价策略下的转移价格和最终产品价格的增加幅度要远远大于单一转移定价策略下的价格，并且在 α 超过大约 0.9 的时候，差别转移定价策略下的转移价格和最终产品价格分别超过单一转移定价策略下的价格。

当最终产品外部市场的竞争程度 $\alpha = 1/2$ 时，两种策略下集团利润随 β 的变化趋势如图 3-7 所示。

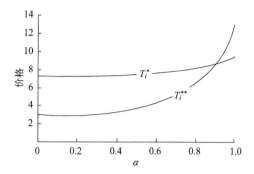

图 3-5　T_i^*、T_i^{**} 随 α 变化趋势图（$\beta = 1/2$）

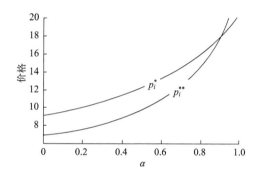

图 3-6　p_i^*、p_i^{**} 随 α 变化趋势图（$\beta = 1/2$）

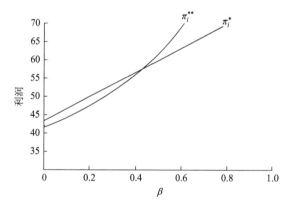

图 3-7　π_i^*、π_i^{**} 随 β 变化趋势图（$\alpha = 1/2$）

$$\pi_i^* = \frac{2(693\,643 + 531\,599\beta)}{32041}$$

$$\pi_i^{**} = \frac{20\,265 - 9254\beta + 4673\beta^2}{121(\beta - 2)^2}$$

$$\pi_i^{***} = \frac{1465 - 646\beta + 337\beta^2}{9(2-\beta)^2}$$

由图 3-7 可以看出，当最终产品市场竞争程度一定的情况下，集团利润随着中间产品外部市场竞争的提高而不断增加，因为在信息充分的条件下，相当于双方集团通过合谋策略来共同提高利润。

当中间产品外部市场的竞争程度 $\beta = 1/2$ 时，两种策略下下游子公司利润和集团利润随 α 的变化趋势如图 3-8、图 3-9 所示。

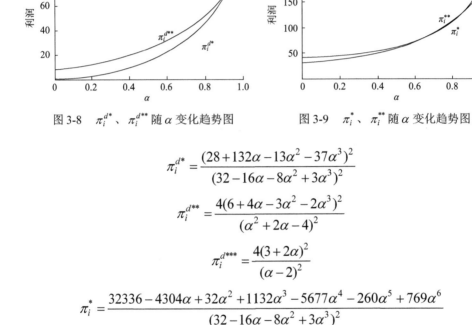

图 3-8　π_i^{d*}、π_i^{d**} 随 α 变化趋势图　　　　图 3-9　π_i^{*}、π_i^{**} 随 α 变化趋势图

$$\pi_i^{d*} = \frac{(28 + 132\alpha - 13\alpha^2 - 37\alpha^3)^2}{(32 - 16\alpha - 8\alpha^2 + 3\alpha^3)^2}$$

$$\pi_i^{d**} = \frac{4(6 + 4\alpha - 3\alpha^2 - 2\alpha^3)^2}{(\alpha^2 + 2\alpha - 4)^2}$$

$$\pi_i^{d***} = \frac{4(3 + 2\alpha)^2}{(\alpha - 2)^2}$$

$$\pi_i^{*} = \frac{32336 - 4304\alpha + 32\alpha^2 + 1132\alpha^3 - 5677\alpha^4 - 260\alpha^5 + 769\alpha^6}{(32 - 16\alpha - 8\alpha^2 + 3\alpha^3)^2}$$

$$\pi_i^{**} = \frac{5920 - 2896\alpha - 1228\alpha^2 + 292\alpha^3 + \alpha^4}{9(\alpha^2 + 2\alpha - 4)^2}$$

$$\pi_i^{***} = \frac{1480 - 724\alpha + 433\alpha^2}{9(\alpha - 2)^2}$$

通过图 3-8 和图 3-9 可以看出，随着外部竞争程度的增加，下游子公司和集团的利润都随之增加，但在差别转移定价策略和单一转移定价策略下，利润的增加幅度有所不同。对于下游子公司来说，在竞争程度相对较小的情况下，实行差别转移定价的利润大于实行单一转移定价的利润，但随着竞争程度的增加，当竞

争程度超过 0.9 时，单一转移定价策略的利润将会超过差别转移定价的利润。而集团总部由于要兼顾中间产品外部市场，因此利润的变化情况刚好与下游子公司相反。由此可以看出，从集团的整体利润最大化的角度出发，在最终产品市场竞争程度较低的情况下，实行单一转移定价比较有利，而当最终产品市场竞争程度很高的情况下，实行差别转移定价比较有利，在实际操作中，还要考虑对下游子公司的激励机制，以使其有积极性来执行这种定价策略。

3.2　产量竞争下的转移定价

价格竞争的条件只适合于最终产品之间具有差异化的企业集团。如果各企业集团的最终产品是同质的，则企业集团应如何进行转移定价决策？本节在最终产品市场为产量竞争的前提下，结合中间产品市场的不同竞争模式，分析了双头垄断竞争结构下，企业集团的转移定价决策问题。

设市场存在企业集团 i（$i=1,2$），每一个集团都由一个上游子公司和一个下游子公司构成。上游子公司生产一种中间产品，一部分提供给下游子公司进一步加工成为最终产品，另一部分销往中间产品外部市场。假定上游子公司的生产能力足以满足下游子公司和外部市场的需求。下游子公司由一个风险中性的经理来经营，经理的绩效以该子公司的利润为基础，因此下游子公司是追求利润最大化的。企业集团为部分非中心化管理，中间产品的生产及价格决策由集团总部决定，最终产品的生产及价格决策由下游子公司的经理决定。假设中间产品市场和最终产品市场是相互独立的两个子市场，且完全由这两个企业集团共同垄断。

因为最终产品市场为产量竞争，故设最终产品的市场逆需求函数为 $P(Q_i + Q_j)$，其中 Q_i 和 Q_j 分别为两个企业集团生产的最终产品的产量。假定中间产品的生产成本为单位变动成本 C_i^u，下游子公司加工中间产品为最终产品的成本为单位变动成本 c_i^d，中间产品的内部转移价格为 T_i，为简化分析过程，假设各企业生产的固定成本为 0。假设双方企业的市场需求函数和生产成本为彼此的共同知识。

假定中间产品的外部市场存在两种竞争模式：产量竞争和价格竞争。下面分别针对中间产品存在产量竞争外部市场和存在价格竞争外部市场条件下的转移定价决策问题进行分析。

3.2.1　中间产品存在产量竞争的外部市场

如果中间产品的外部市场为产量竞争，且上游子公司的生产能力足以满足下游子公司和外部市场的需要，则中间产品的转移价格不受外部市场的影响。因此，进行转移定价决策时，只需考虑中间产品的内部转移问题。

集团总部在决定了转移价格之后面临两种选择，一种选择是向竞争对手公开自己企业的转移定价策略，另一种选择是隐藏自己企业的转移定价策略。不同的选择会导致转移定价决策有所差异，下面分别针对两种情况进行论述。

1. 转移价格为双方的共同知识

若转移价格为共同知识，即集团总部向竞争对手公开自己企业的转移定价策略。当集团总部决定了转移价格之后，两个下游子公司在决策最终产品产量时可以观察到自己和对方企业的转移价格。因此，决策过程相当于两阶段完美信息动态博弈，可以采用逆推归纳法求解均衡结果。为分析方便，假设下游子公司生产一单位最终产品刚好需要上游子公司提供一单位中间产品。

结论 3-5　当中间产品存在产量竞争的外部市场，且转移定价策略为竞争双方的共同知识时，均衡转移价格小于中间产品的边际成本。

证明　首先从第二阶段下游子公司的决策开始，下游子公司根据自身利润最大化，确定最优的最终产品产量 Q_i。

$$\max_{Q_i} \pi_i^d = (P(Q_i + Q_j) - c_i^d - T_i)Q_i, \ i, j \in \{1, 2\}, \ i \neq j \tag{3-35}$$

假设下游子公司的利润函数 π_i^d 是关于产量 Q_i 的严格凹函数，对式（3-35）求偏导，得下游子公司的反应函数为

$$\frac{\partial \pi_i^d}{\partial Q_i} = \frac{\partial P}{\partial(Q_i + Q_j)} Q_i + P(Q_i + Q_j) - c_i^d - T_i = 0, \ i, j \in \{1, 2\}, \ i \neq j \tag{3-36}$$

根据式（3-36），可得出最终产品的均衡产量与转移价格之间的关系 $Q_i^*(T_i, T_j)$。

其次进入第一阶段，集团总部根据第二阶段得到的最终产品的均衡产量与转移价格之间的关系，确定达到集团利润最大化的转移价格。

$$\max_{T_i} \pi_i = (P(Q_i^*(T_i, T_j) + Q_j^*(T_i, T_j)) - c_i^d - C_i^u)Q_i^*(T_i, T_j) \tag{3-37}$$

令 $P^* = P(Q_i^*(T_i, T_j) + Q_j^*(T_i, T_j))$，对式（3-37）求极值得

$$\frac{\partial \pi_i}{\partial T_i} = \frac{\partial P}{\partial(Q_i + Q_j)} \frac{\partial(Q_i^* + Q_j^*)}{\partial T_i} Q_i^*(T_i, T_j) + (P^* - c_i^d - C_i^u)\frac{\partial Q_i^*}{\partial T_i} = 0 \tag{3-38}$$

将式（3-36）代入式（3-38），并令 $\dfrac{\partial Q_i^*}{\partial T_i} = m$，$\dfrac{\partial Q_j^*}{\partial T_i} = n$，化简得

$$-n(P^* - c_i^d - T_i) + m(T_i - C_i^u) = 0 \tag{3-39}$$

求解式（3-39），得均衡转移价格为

$$T_i^* = C_i^u + \frac{n(P^* - c_i^d - C_i^u)}{m + n} \tag{3-40}$$

由于最终产品市场相当于古诺竞争，因此转移价格对最终产品的产量具有直接效应。当转移价格 T_i 降低，使得下游子公司的成本降低，则下游子公司在竞争中更具进攻性，因而产量 Q_i 增加。反之，当转移价格 T_i 增大，使得下游子公司的成本增加，则产量 Q_i 减少。由此可得，$\frac{\partial Q_i^*}{\partial T_i} < 0$。同时，转移价格的高低对竞争对手的产量具有间接效应，即转移价格的战略效应。Tirole（1988）提出战略效应 $\frac{\partial Q_j^*}{\partial T_i}$ 可以表示为

$$\frac{\partial Q_j^*}{\partial T_i} = \frac{\partial Q_j^*}{\partial Q_i^*} \frac{\partial Q_i^*}{\partial T_i} \tag{3-41}$$

古诺竞争的双方，一方增加产量，另一方的最优反应是减少产量，即 $\frac{\partial Q_j^*}{\partial Q_i^*} < 0$。由式（3-41）可知 $\frac{\partial Q_j^*}{\partial T_i} > 0$。假定 $\frac{\partial Q_j^*}{\partial T_i} < \left| \frac{\partial Q_i^*}{\partial T_i} \right|$，即转移价格对最终产品的直接效应大于间接效应。

由上述条件可知，$m < 0$，$n > 0$，且 $n < |m|$。因此，由式（3-41）可以判断出，$\frac{n(P^* - c_i^d - C_i^u)}{m + n} < 0$，即 $T_i^* < C_i^u$，均衡转移价格小于边际成本。结论 3-5 成立。

该研究结果表明，在产量竞争的市场条件下，当转移价格为竞争双方的共同知识时，上游子公司以低于边际成本的价格向下游子公司提供中间产品，使下游子公司在竞争中更具进攻性，从而获取更大的市场份额。

2. 转移价格为各集团的私人信息

若转移价格为各集团的私人信息，即集团总部隐藏自己企业的转移定价策略，则下游子公司在进行最终产品价格决策时，不能观察到对方企业的转移价格。因此，决策过程相当于不完全信息动态博弈。

结论 3-6　当中间产品存在产量竞争的外部市场，且转移定价策略为竞争双方的私人信息时，均衡转移价格等于中间产品的边际成本。

证明　当转移定价策略为竞争双方的私人信息时，下游子公司在进行产量决策时，只能观察到自己企业的转移价格，而不能观察到竞争对手的转移价格，因

此，只能对对方企业的转移价格给定一个估计值 $\tilde{T}_j$，则均衡产量只与自己的转移价格 T_i 和对方的最终产品产量 Q_j 有关，即 $Q_i^*(Q_j^*(Q_i^*,\tilde{T}_j),T_i)$。

由于不存在子博弈，因此不能采用逆推归纳法求解均衡结果，首先从第一阶段开始，集团总部根据集团利润最大化确定最优的转移价格，即

$$\max_{T_i} \pi_i = (P(Q_i^*(Q_j^*(Q_i^*,\tilde{T}_j),T_i)+Q_j^*) - c_i^d - C_i^u)Q_i^*(Q_j^*(Q_i^*,\tilde{T}_j),T_i) \quad (3\text{-}42)$$

对式（3-42）求偏导，并令 $\dfrac{\partial \pi_i}{\partial T_i} = 0$ 得

$$\frac{\partial \pi_i}{\partial T_i} = (P(Q_i^*(Q_j^*(Q_i^*,\tilde{T}_j),T_i)+Q_j^*) - c_i^d - C_i^u)\frac{\partial Q_i^*}{\partial T_i}$$
$$+ \frac{\partial P}{\partial(Q_i+Q_j)}\frac{\partial Q_i^*}{\partial T_i}Q_i^*(Q_j^*(Q_i^*,\tilde{T}_j),T_i) = 0 \quad (3\text{-}43)$$

将式（3-36）代入式（3-43），化简得

$$(T_i - C_i^u)\frac{\partial Q_i^*}{\partial T_i} = 0 \quad (3\text{-}44)$$

求解式（3-44），得均衡转移价格为

$$T_i^* = C_i^u \quad (3\text{-}45)$$

由上述结果可以看出，在最终产品市场和中间产品外部市场皆为产量竞争的市场条件下，当转移价格为各集团的私人信息时，均衡转移价格等于中间产品的边际成本，结论 3-6 成立。

该研究结果表明当寡头企业进行转移定价决策时，如果相互隐藏自己的转移定价信息，则双方企业的转移定价决策变为只考虑自己企业的利润最大化，而不考虑对手企业对自己策略的反应，因此决策结果与只考虑独立企业转移定价决策的 Hirshleifer（1956）结论相一致。

3.2.2　中间产品存在价格竞争的外部市场

若中间产品的外部市场为价格竞争，集团总部在进行中间产品定价决策时将面临两种选择，一种选择是对中间产品的内部转移和外部销售实行单一转移定价，另一种选择是对中间产品的内外部实行差别转移定价。当集团总部对中间产品的内外部实行差别转移定价时，转移价格不受中间产品外部市场的影响，因此，转移定价决策结果与存在产量竞争的中间产品外部市场的决策结果相一致。下面主要讨论对中间产品内外部市场实行单一转移定价的情形。

结论 3-7　当中间产品存在价格竞争的外部市场，且集团总部对中间产品的内外部销售实行单一转移定价时，转移价格的大小与中间产品的最优外部销量

有关，即

$$
\begin{cases}
Q_i^{e*} < n(P^* - c_i^d - C_i^u), & T_i < C_i^u \\
Q_i^{e*} = n(P^* - c_i^d - C_i^u), & T_i = C_i^u \\
Q_i^{e*} > n(P^* - c_i^d - C_i^u), & T_i > C_i^u
\end{cases}
$$

证明　由于中间产品的外部市场为价格竞争，则对中间产品内外部市场实行单一转移定价时的中间产品市场需求函数为 $Q_i^e(T_i, T_j)$。

转移定价的决策过程为，首先两集团总部同时决定转移价格 T_i 和 T_j，其次两个下游子公司同时决策最终产品的最优产量。由于中间产品的转移价格等于外部销售价格，因此当集团总部决定了转移价格后，两个下游子公司在进行产量决策时，可以观察到自己企业集团和对方集团的转移价格，即转移价格 T_i 和 T_j 为两个下游子公司的共同知识。因此，决策过程相当于两阶段完美信息动态博弈，采用逆推归纳法求解均衡结果。

首先从第二阶段开始，下游子公司根据自身利润最大化，确定最终产品的均衡产量 $Q_i^*(T_i, T_j)$。其次在第一阶段，集团总部根据第二阶段下游子公司的均衡产量，确定均衡转移价格 T_i^*，即

$$
\max_{T_i} \pi_i = (P(Q_i^*(T_i, T_j) + Q_j^*(T_i, T_j)) - c_i^d - C_i^u) Q_i^*(T_i, T_j) \\
+ (T_i - C_i^u) Q_i^e(T_i, T_j) \tag{3-46}
$$

令 $P^* = P(Q_i^*(T_i, T_j) + Q_j^*(T_i, T_j))$，$Q_i^{e*} = Q_i^e(T_i, T_j)$，对式（3-46）求极值得

$$
\frac{\partial \pi_i}{\partial T_i} = \frac{\partial P}{\partial (Q_i + Q_j)} \frac{\partial (Q_i^* + Q_j^*)}{\partial T_i} Q_i^*(T_i, T_j) + (P^* - c_i^d - C_i^u) \frac{\partial Q_i^*}{\partial T_i} + Q_i^{e*} \\
+ (T_i - C_i^u) \frac{\partial Q_i^{e*}}{\partial T_i} = 0 \tag{3-47}
$$

将式（3-36）代入式（3-47），并令 $\dfrac{\partial Q_i^*}{\partial T_i} = m$，$\dfrac{\partial Q_j^*}{\partial T_i} = n$，$\dfrac{\partial Q_i^{e*}}{\partial T_i} = k$，化简得

$$
-n(P^* - c_i^d - T_i) + m(T_i - C_i^u) + k(T_i - C_i^u) + Q_i^{e*} = 0 \tag{3-48}
$$

求解式（3-48），得均衡转移价格为

$$
T_i^* = C_i^u + \frac{n(P^* - c_i^d - C_i^u) - Q_i^{e*}}{m + n + k} \tag{3-49}
$$

由于中间产品的外部市场为价格竞争，则可知当转移价格上升时，中间产品的外部销量减少，转移价格下降，中间产品的外部销量增加，即 $\dfrac{\partial Q_i^{e*}}{\partial T_i} < 0$。

由式（3-41）的假设条件可知，$m < 0$，$n > 0$，$n < |m|$，$k < 0$，根据式（3-49）判断转移价格的大小。由式（3-49）可以看出，转移价格的大小与中间产品的最优外部销量有关。

当中间产品的最优外部销量 Q_i^{e*} 小于 $n(P^* - c_i^d - C_i^u)$ 时，转移价格小于中间产品的边际成本；当中间产品的最优外部销量 Q_i^{e*} 等于 $n(P^* - c_i^d - C_i^u)$ 时，转移价格等于中间产品的边际成本；当中间产品的最优外部销量 Q_i^{e*} 大于 $n(P^* - c_i^d - C_i^u)$ 时，转移价格大于中间产品的边际成本。结论 3-7 得证。

由上述分析结果可以看出，存在价格竞争的中间产品外部市场条件下，集团总部在决定实行单一转移定价策略时，必须要对中间产品市场和最终产品市场的获利状况进行权衡。由于中间产品市场和最终产品市场的竞争结构不同，中间产品市场相当于伯川德竞争，均衡转移价格高于边际成本。而最终产品市场相当于古诺竞争，均衡转移价格低于边际成本。因此，集团总部在进行转移定价决策时，必须权衡中间产品市场的"得"与最终产品市场的"失"之间的大小关系。当中间产品的外部需求量很大，提高转移价格从中间产品外部市场获得的利润大于在最终产品市场失去的利润时，则转移价格应大于中间产品的边际成本。反之，当中间产品的外部需求量很小，提高转移价格从中间产品外部市场获得的利润小于在最终产品市场失去的利润时，则转移价格应小于或等于中间产品的边际成本。

下面分析在不同定价策略下各企业集团的利润状况。

结论 3-8　转移价格为共同知识时的集团利润小于转移价格为私人信息时的集团利润。

为了简化分析过程，本章主要讨论线性需求条件下，双方企业集团和各自下游子公司的利润状况。设最终产品的市场逆需求函数为 $P = a - b(Q_1 + Q_2)$，其中 Q_1 和 Q_2 分别为两个企业集团的最终产品产量。假定两个企业集团的生产成本相同，中间产品生产成本为单位成本 C^u，下游子公司加工中间产品为最终产品的成本为单位成本 c^d。下面首先讨论中间产品外部市场为产量竞争的情况。

1. 转移价格为竞争双方的共同知识

根据式（3-36）建立双方企业集团下游子公司的反应函数方程组，为

$$\begin{cases} a - b(2Q_1 + Q_2) - T_1 - c^d = 0 \\ a - b(Q_1 + 2Q_2) - T_2 - c^d = 0 \end{cases} \tag{3-50}$$

求解式（3-50）得

$$\begin{cases} Q_1 = (a + T_2 - 2T_1 - c^d)/3b \\ Q_2 = (a + T_1 - 2T_2 - c^d)/3b \end{cases} \tag{3-51}$$

将式（3-51）的结果代入集团利润函数式（3-37），并求偏导得

$$\begin{cases} a+4T_1+T_2-c^d-6C^u=0 \\ a+4T_2+T_1-c^d-6C^u=0 \end{cases} \tag{3-52}$$

求解式（3-52）得出两个企业集团的转移价格相等，为

$$T_1=T_2=C^u-(a-C^u-c^d)/5 \tag{3-53}$$

由式（3-53）可知，转移价格小于中间产品的边际成本。

将式（3-53）分别代入式（3-35）、式（3-37），计算下游子公司和集团的利润（不包括从中间产品外部市场获得的利润）为

$$\pi_1^{d*}=\pi_2^{d*}=4(a-C^u-c^d)^2/25b \tag{3-54}$$

$$\pi_1^{*}=\pi_2^{*}=2(a-C^u-c^d)^2/25b \tag{3-55}$$

比较式（3-54）、式（3-55）可以看出，当转移价格为双方集团的共同知识时，由于集团总部以低于边际成本的价格为下游提供中间产品（暗含上游子公司发生亏损），从而集团的整体利润小于下游子公司的利润。

2. 转移价格为各自企业的私人信息

由结论 3-6 知，当转移价格为各自企业的私人信息，集团总部在进行转移定价决策时，不考虑竞争对手的影响，从而转移价格等于中间产品的边际成本，即

$$T_1=T_2=C^u \tag{3-56}$$

因此，下游子公司和集团的利润（不包括从中间产品外部市场获得的利润）相等，为

$$\pi_1^{d**}=\pi_2^{d**}=\pi_1^{**}=\pi_2^{**}=(a-C^u-c^d)^2/9b \tag{3-57}$$

比较式（3-54）、式（3-55）、式（3-57），可得如下结论，

$$\pi_i^{*}<\pi_i^{**}=\pi_i^{d**}<\pi_i^{d*},\ i=1,2 \tag{3-58}$$

由上述结论可以看出，当转移价格为双方企业的共同知识时，由于转移价格小于边际成本，因此，集团利润小于下游子公司的利润；当转移价格为各自企业的私人信息时，下游子公司利润和集团利润相等，且大于转移价格为双方共同知识时的集团利润，小于转移价格为共同知识时的下游子公司利润。因此，从下游子公司的角度来看，若双方集团总部公开转移价格策略，则下游子公司在信息完全充分的条件下进行产量决策，从而提高了下游子公司的利润。而从集团公司的角度来看，公开转移价格，虽然对下游子公司具有一定的激励作用，但对集团利润有一定的损害。因此，从追求利润最大化的角度出发，集团总部的最优策略应是隐藏自己的转移价格信息。该现象可进一步理解为，由于转移价格小于边际成

本，因而下游子公司在决策中更具进攻性，从而导致竞争双方两败俱伤。

3.2.3　均衡策略分析

由上述分析结果可以看出，当中间产品存在产量竞争的外部市场时，如果双方集团总部同时选择公开自己的转移定价策略，则均衡转移价格低于中间产品的边际成本；如果双方集团总部同时选择隐藏自己的转移定价策略，则均衡转移价格等于中间产品的边际成本，且双方企业的利润相等。而如果一方集团选择公开自己的转移定价策略，另一方选择隐藏自己的转移定价策略时，选择公开定价策略的集团由于观察不到对方的转移价格，以边际成本定价，选择隐藏定价策略的集团由于可以观察到对方的转移价格，以低于边际成本定价，且双方企业的集团利润不对称，隐藏定价策略的集团利润大于公开定价策略的集团利润。这种情况下，另一方的最优反应也是隐藏定价策略。因此，均衡定价策略是双方集团同时选择隐藏自己企业的转移定价策略，转移价格等于中间产品的边际成本。该结果与 Hirshleifer（1956）的研究结论相一致，同时也与现实企业相互隐藏转移定价决策信息的实际情况相吻合。

当中间产品存在价格竞争的外部市场时，企业集团如果选择单一转移定价策略，则在进行转移价格决策时，必须权衡中间产品市场的"得"与最终产品市场的"失"之间的大小关系。根据 Bulow 等（1985）的研究结果可知，存在价格竞争的中间产品外部市场条件下，企业集团实行单一转移定价策略，则转移价格越高，从中间产品外部市场的获利越大，即转移价格应大于边际成本。然而，由于最终产品市场为产量竞争，转移价格应小于或等于边际成本。由此可知，当转移价格大于边际成本，从中间产品外部市场多获得了部分利润，但同时又从最终产品市场损失了部分利润。相反，当转移价格小于或等于边际成本，从最终产品市场多获得了部分利润，但同时又从中间产品外部市场损失了部分利润。因此，当中间产品存在价格竞争的外部市场时，如果对中间产品实行单一转移定价，则企业集团在进行转移定价决策时，必须权衡中间产品市场的"得"与最终产品市场的"失"之间的大小关系。如果从中间产品外部市场获得的利润大于最终产品市场损失的利润，则转移价格应大于中间产品的边际成本；否则，转移价格应小于或等于中间产品的边际成本。

当中间产品存在价格竞争的外部市场时，如果企业集团可以限制下游子公司的套利行为，对中间产品内部转移和外部销售实行差别转移定价，则转移价格与中间产品存在产量竞争的外部市场是一致的，即转移价格等于边际成本。而中间产品的外部销售价格则一定大于边际成本。

3.3　不对称竞争下的转移定价

　　3.1 节和 3.2 节的研究都是基于对称性竞争的条件下进行的, 竞争双方都为实力均等、结构相似的企业集团。而现实市场上除了对称性竞争之外, 还存在大量结构差别很大的企业之间的竞争, 即不对称竞争。诸如, 企业集团的上游子公司与外部生产相同或相似中间产品的独立公司之间的竞争, 或者企业集团的下游子公司与外部生产相同或相似最终产品的独立公司之间的竞争, 这些竞争对手不是一体化的, 它们只生产中间产品或最终产品, 并且直接或间接依赖于企业集团。在这种竞争条件下, 企业集团应如何进行转移定价决策?

　　本节分别从下游子公司存在独立的外部公司竞争和上游子公司存在独立的外部公司竞争两方面出发, 分析存在不对称竞争的市场结构下, 企业集团的最优转移定价决策。假设存在一个垂直一体化的企业集团, 由一个上游子公司 U 和一个下游子公司 D 组成。上游子公司生产一种中间产品, 提供给下游子公司进一步加工成为最终产品, 销往外部市场。企业集团为部分非中心化的, 中间产品的转移价格由集团总部决定, 最终产品价格由下游子公司决定。下游子公司由一个风险中性的经理来经营, 经理的绩效以该子公司的利润为基础, 因此下游子公司追求利润最大化。

3.3.1　下游子公司存在外部竞争

　　首先分析下游子公司存在外部独立公司竞争的情况。假设企业集团的最终产品市场存在一个竞争性公司 R, 该公司的产品与集团的最终产品具有替代性。公司 R 生产过程中所必需的中间产品需要向集团的上游子公司购买。假定上游子公司具有足够的生产能力满足下游子公司和公司 R 的需求。

　　假设最终产品市场由集团下游子公司 D 和公司 R 完全垄断, 两个公司之间进行价格竞争, 则最终产品市场相当于伯川德竞争。设下游子公司 D 的市场需求函数为 $Q_D(p_D, p_R)$, 公司 R 的市场需求函数为 $Q_R(p_D, p_R)$, 其中 p_D、p_R 分别为子公司 D 和公司 R 的终端产品价格。假定子公司 D 和公司 R 的产品同属于一个产品大类内的不同品牌, 即两个公司的产品具有一定的替代性, 但一方又不能完全替代另一方。用数学表达式表示如下:

$$\frac{\partial Q_i}{\partial p_i} < 0, \ \frac{\partial Q_i}{\partial p_j} > 0, \ \frac{\partial Q_i}{\partial p_j} = \frac{\partial Q_j}{\partial p_i}, \ \frac{\partial Q_j}{\partial p_i} < \left| \frac{\partial Q_i}{\partial p_i} \right|, \ i, j \in \{D, R\}, i \neq j \qquad (3\text{-}59)$$

　　式 (3-59) 中前两个不等式表示子公司 D 和公司 R 的产品替代性, 即任一公司的产品需求随着自己本身价格的上升而下降, 随着竞争对手价格的上升而上升。

式（3-59）中的等式表示需求交叉效应的对称性，最后一个不等式表示两个公司的产品具有不完全替代性，即任一公司都不能通过削价而完全垄断整个市场。

企业集团的决策过程为两阶段动态博弈，第一阶段，集团总部决定提供给下游子公司 D 的中间产品转移价格 T 和提供给公司 R 的中间产品销售价格 p_e；第二阶段，下游子公司 D 和公司 R 在集团总部制定的转移价格 T 与销售价格 p_e 的基础上，同时决定终端产品的市场价格 p_D 和 p_R。

结论 3-9 当企业集团存在下游价格竞争时，中间产品转移价格的大小，取决于最终产品的市场需求特征，即

$$\begin{cases} \dfrac{k+n}{k+m} < -\dfrac{(p_D^* - c_D - C)\partial Q_D / \partial p_R}{(p_R^* - c_R - C)\partial Q_R / \partial p_R}, & \text{转移价格大于边际成本} \\[3mm] \dfrac{k+n}{k+m} = -\dfrac{(p_D^* - c_D - C)\partial Q_D / \partial p_R}{(p_R^* - c_R - C)\partial Q_R / \partial p_R}, & \text{转移价格等于边际成本} \\[3mm] \dfrac{k+n}{k+m} > -\dfrac{(p_D^* - c_D - C)\partial Q_D / \partial p_R}{(p_R^* - c_R - C)\partial Q_R / \partial p_R}, & \text{转移价格小于边际成本} \end{cases}$$

其中，$m = \dfrac{\partial p_R^*}{\partial T}\dfrac{\partial p_D^*}{\partial p_e} - \dfrac{\partial p_R^*}{\partial p_e}\dfrac{\partial p_D^*}{\partial T}$，$n = \dfrac{\partial Q_R}{\partial p_D}\dfrac{\partial p_D^*}{\partial T}$，$k = \dfrac{\partial Q_R}{\partial p_R}\dfrac{\partial p_R^*}{\partial T}$。

证明 设上游子公司 U 的中间产品生产成本为单位变动成本 C，下游子公司 D 加工中间产品的成本为单位变动成本 c_D，公司 R 加工中间产品的成本为单位变动成本 c_R。

假设下游子公司 D 和公司 R 在决定产品市场价格 p_D 与 p_R 时，完全可以观察到集团总部的决策结果 T 和 p_e，则决策过程为两阶段完美信息动态博弈，采用逆推归纳法求解均衡结果。为分析方便，假设下游子公司 D 和公司 R 生产一单位产品刚好需要上游子公司 U 提供一单位中间产品。

首先从第二阶段开始，下游子公司 D 和公司 R 分别根据自身利润最大化，确定最优的最终产品市场价格 p_D 和 p_R。

$$\max_{p_D} \pi_D = (p_D - c_D - T)Q_D(p_D, p_R) \tag{3-60}$$

$$\max_{p_R} \pi_R = (p_R - c_R - p_e)Q_R(p_D, p_R) \tag{3-61}$$

假设下游子公司 D 和公司 R 的利润函数是最终产品价格的严格凹函数，对式（3-60）、式（3-61）求极值，得两个公司的反应函数为

$$\frac{\partial \pi_D}{\partial p_D} = Q_D(p_D, p_R) + (p_D - c_D - T)\frac{\partial Q_D}{\partial p_D} = 0 \tag{3-62}$$

$$\frac{\partial \pi_R}{\partial p_R} = Q_R(p_D, p_R) + (p_R - c_R - p_e)\frac{\partial Q_R}{\partial p_R} = 0 \tag{3-63}$$

由式（3-62）、式（3-63），可求出下游子公司 D 和公司 R 的终端产品最优市场价格 $p_D^*(T, p_e)$ 和 $p_R^*(T, p_e)$，可见公司 D 和公司 R 的产品最优市场价格与中间产品的价格 T 和 p_e 有关。

其次，进入第一阶段，集团总部根据下游子公司 D 和公司 R 对中间产品价格的反应，确定达到集团利润最优的内部转移价格 T 和外部销售价格 p_e。

$$\max_{T, p_e} \pi = (p_D^*(T, p_e) - c_D - C)Q_D(p_D^*(T, p_e), p_R^*(T, p_e))$$
$$+ (p_e - C)Q_R(p_D^*(T, p_e), p_R^*(T, p_e)) \tag{3-64}$$

令 $p_D^* = p_D^*(T, p_e)$，$p_R^* = p_R^*(T, p_e)$，对式（3-64）求极值，并结合式（3-62）、式（3-63）进行化简得

$$\begin{cases} \dfrac{\partial \pi}{\partial T} = (p_D^* - c_D - C)\dfrac{\partial Q_D}{\partial p_R}\dfrac{\partial p_R^*}{\partial T} + (T - C)\dfrac{\partial Q_D}{\partial p_D}\dfrac{\partial p_D^*}{\partial T} \\ \qquad + (p_e - C)\left(\dfrac{\partial Q_R}{\partial p_D}\dfrac{\partial p_D^*}{\partial T} + \dfrac{\partial Q_R}{\partial p_R}\dfrac{\partial p_R^*}{\partial T}\right) = 0 \\[4pt] \dfrac{\partial \pi}{\partial p_e} = (p_D^* - c_D - C)\dfrac{\partial Q_D}{\partial p_R}\dfrac{\partial p_R^*}{\partial p_e} + (T - C)\dfrac{\partial Q_D}{\partial p_D}\dfrac{\partial p_D^*}{\partial p_e} \\ \qquad + (p_e - C)\left(\dfrac{\partial Q_R}{\partial p_D}\dfrac{\partial p_D^*}{\partial p_e} + \dfrac{\partial Q_R}{\partial p_R}\dfrac{\partial p_R^*}{\partial p_e}\right) - (p_R - c_R - p_e)\dfrac{\partial Q_R}{\partial p_R} = 0 \end{cases} \tag{3-65}$$

解上述方程组得

$$p_e = C - \frac{m(p_D^* - c_D - C)\partial Q_D / \partial p_R + (p_R^* - c_R - C)\partial Q_R / \partial p_R \cdot \partial p_D^* / \partial T}{(m - \partial p_D^* / \partial T)\partial Q_R / \partial p_R} \tag{3-66}$$

$$T = C + \frac{(k + m)(p_D^* - c_D - C)\partial Q_D / \partial p_R + (k + n)(p_R^* - c_R - C)\partial Q_R / \partial p_R}{(m - \partial p_D^* / \partial T)\partial Q_R / \partial p_R \cdot \partial Q_D / \partial p_D} \tag{3-67}$$

其中，$m = \dfrac{\partial p_R^*}{\partial T}\dfrac{\partial p_D^*}{\partial p_e} - \dfrac{\partial p_R^*}{\partial p_e}\dfrac{\partial p_D^*}{\partial T}$，$n = \dfrac{\partial Q_R}{\partial p_D}\dfrac{\partial p_D^*}{\partial T}$，$k = \dfrac{\partial Q_R}{\partial p_R}\dfrac{\partial p_R^*}{\partial T}$。

假设，

$$\frac{\partial p_D}{\partial T} > \frac{\partial p_R}{\partial T}, \ \frac{\partial p_R}{\partial p_e} > \frac{\partial p_D}{\partial p_e} \tag{3-68}$$

该假设条件表示中间产品价格对最终产品价格的直接影响大于间接影响，即中间产品转移价格 T 的变动对下游子公司 D 的最终产品价格 p_D 的影响程度，大于对公司 R 的终端产品价格 p_R 的影响程度；而外部销价 p_e 的变动对公司 R 的终端产品价格 p_R 的影响程度，大于对下游子公司 D 的最终产品价格 p_D 的影响程度。

由式（3-59）、式（3-68）和引理 3-1 可以得出，$m < 0$，$n > 0$，$k < 0$。由

式（3-66）得 $p_e > C$，即上游子公司 U 销售给竞争公司 R 的中间产品价格大于边际成本。

由式（3-67）可以得出以下结论。

当 $\dfrac{k+n}{k+m} < -\dfrac{(p_D^* - c_D - C)\partial Q_D / \partial p_R}{(p_R^* - c_R - C)\partial Q_R / \partial p_R}$ 时，$T > C$，即企业集团的转移价格大于中间产品的边际成本。

当 $\dfrac{k+n}{k+m} = -\dfrac{(p_D^* - c_D - C)\partial Q_D / \partial p_R}{(p_R^* - c_R - C)\partial Q_R / \partial p_R}$ 时，$T = C$，即企业集团的转移价格等于中间产品的边际成本。

当 $\dfrac{k+n}{k+m} > -\dfrac{(p_D^* - c_D - C)\partial Q_D / \partial p_R}{(p_R^* - c_R - C)\partial Q_R / \partial p_R}$ 时，$T < C$，即企业集团的转移价格小于中间产品的边际成本。结论 3-9 得证。

由上述分析结果可以看出，当下游子公司存在外部独立企业的竞争时，集团总部对竞争公司 R 的中间产品销售价格大于边际成本，而给下游子公司 D 的最优转移价格大小取决于下游子公司 D 和竞争公司 R 的产品的相互替代程度。如果下游子公司 D 和公司 R 的产品具有很强的替代性，则集团总部通过较低的转移价格，使得下游子公司 D 可以降低最终产品价格，从而占领更大的市场份额，增加集团的整体利润，因此转移价格小于边际成本；如果下游子公司 D 和公司 R 的产品具有较弱的替代性，则集团总部通过提高转移价格，可以从最终产品市场获得更多的利润，因此转移价格大于边际成本。对于现实中的企业集团决策来说，只要确定了最终产品的市场需求函数，则中间产品的转移价格也随之确定。

3.3.2　算例分析

设下游子公司 D 和公司 R 的需求函数分别为线性函数 $Q_D = a - p_D + \alpha p_R$，$Q_R = a - p_R + \alpha p_D$。首先各下游公司根据自身利润最大化，确定最优的最终产品市场价格 p_D 和 p_R。

$$\max_{p_D} \pi_D = (p_D - c_D - T)(a - p_D + \alpha p_R) \qquad (3\text{-}69)$$

$$\max_{p_R} \pi_R = (p_R - c_R - p_e)(a - p_R + \alpha p_D)$$

对式（3-69）求偏导，得下游子公司的反应函数为

$$\frac{\partial \pi_D}{\partial p_D} = a - 2p_D + \alpha p_R + c_D + T = 0 \qquad (3\text{-}70)$$

$$\frac{\partial \pi_R}{\partial p_R} = a - 2p_R + \alpha p_D + c_R + p_e = 0 \qquad (3\text{-}71)$$

由式（3-70）、式（3-71），可求出下游子公司 D 和公司 R 的终端产品最优市场价格与中间产品的价格 T 与 p_e 之间的关系式为

$$p_\mathrm{D} = \frac{(2+\alpha)a + 2(c_\mathrm{D} + T) + \alpha(c_\mathrm{R} + p_e)}{4 - \alpha^2} \qquad (3\text{-}72)$$

$$p_\mathrm{R} = \frac{(2+\alpha)a + 2(c_\mathrm{R} + p_e) + \alpha(c_\mathrm{D} + T)}{4 - \alpha^2} \qquad (3\text{-}73)$$

其次集团总部根据下游子公司 D 和公司 R 对中间产品价格的反应，确定达到集团利润最优的内部转移价格 T 和外部销售价格 p_e，则

$$\max_{T, p_e} \pi = (p_\mathrm{D} - c_\mathrm{D} - C)(a - p_\mathrm{D} + \alpha p_\mathrm{R}) + (p_e - C)(a - p_\mathrm{R} + \alpha p_\mathrm{D}) \qquad (3\text{-}74)$$

对式（3-74）求极值得

$$\frac{\partial \pi}{\partial T} = \frac{1}{(\alpha^2 - 4)^2}[4(\alpha^2 - 2)T + 4\alpha p_e + (\alpha + 2)^2(\alpha^2 - 3\alpha + 2)C$$
$$+ (\alpha^3 - 2\alpha)c_\mathrm{D} + \alpha^2 c_\mathrm{R} + a(\alpha^2 + 2\alpha)] = 0$$

$$\frac{\partial \pi}{\partial p_e} = \frac{1}{(\alpha^2 - 4)^2}[4\alpha T + (-2\alpha^4 + 14\alpha^2 - 16)p_e + (\alpha + 2)^2(\alpha^2 - 3\alpha + 2)C$$
$$+ \alpha^3 c_\mathrm{D} + (-\alpha^4 + 8\alpha^2 - 8)c_\mathrm{R} + a(8 + 8\alpha - \alpha^3)] = 0$$

求解上式方程组，得

$$T = [(\alpha^3 - 5\alpha + 4)C - (\alpha^2 - \alpha^3)c_\mathrm{D} - (\alpha - \alpha^2)c_\mathrm{R} + a(\alpha^2 + \alpha)] / 4(1 - \alpha)$$

$$p_e = [(1 - \alpha)C - (1 - \alpha)c_\mathrm{R} + a] / 2(1 - \alpha)$$

令 $C = 3$，$c_\mathrm{D} = c_\mathrm{R} = 1$，$a = 10$，分析中间产品内部转移价格和外部销售价格随最终产品市场的产品竞争程度 α 的变化趋势，如图 3-10 所示。

$$T^* = \frac{4\alpha^3 + 10\alpha^2 - 6\alpha + 12}{4(1 - \alpha)}$$

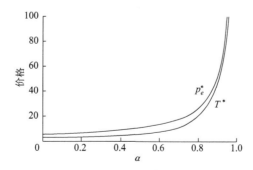

图 3-10　T^*、p_e^* 随 α 的变化趋势图

$$p_e^* = \frac{12 - 2\alpha}{2(1-\alpha)}$$

由图 3-10 可以看出，存在下游竞争的情况下，集团总部对中间产品的内部转移价格 T^* 要小于对其他下游竞争公司的外部销售价格 p_e^*，但随着最终产品市场的竞争程度 α 的增加，这种价格差异将逐渐缩小，当 α 趋近于 1 时，内外部的价格差异将趋近于 0。另外，从图 3-10 还可以看出，随着 α 的增加，中间产品的价格在逐渐增加，这表明随着市场竞争程度的增加，下游公司将趋向于采用侵略性的价格策略，从而会损害集团的整体利益。因此，集团通过提高中间产品的价格以促使下游公司来提高最终产品的价格，从而增加集团的整体利润。

在上述分析的基础上分析最终产品价格随最终产品市场的竞争程度 α 的变化趋势，如图 3-11 所示。

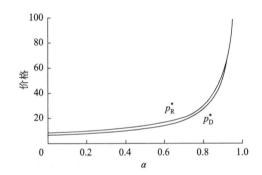

图 3-11　p_D^*、p_R^* 随 α 的变化趋势图

$$p_D^* = \frac{7 - 2\alpha}{1-\alpha}$$

$$p_R^* = \frac{17 - 5\alpha - 2\alpha^2}{2(1-\alpha)}$$

由图 3-11 可以看出，各公司最终产品的价格差异非常小，而且随着最终产品市场竞争程度 α 的增加，价格差异在逐渐缩小，当 α 趋近于 1 时，最终产品价格差异趋近于 0。另外，从图 3-11 还可以看出，随着 α 的增加，最终产品的价格在逐渐增加，这表明随着市场竞争程度的增加，集团公司和竞争公司趋向于采用合谋的策略以增加双方的利润。

3.3.3　上游子公司存在外部竞争

假设企业集团的上游中间产品市场存在竞争性公司 E，该公司的产品与集团的中间产品具有完全替代性。由于下游子公司在最终产品市场的垄断程度不同，转移定价决策又分为两种情况：一种情况为下游子公司不具备完全垄断优势，另一种情况为下游子公司具备完全垄断优势。下面分别对两种情况进行分析。

1. 下游子公司不具备完全垄断优势

由于下游子公司 D 不具备完全垄断优势，即最终产品市场存在其他竞争企业，则公司 E 生产的中间产品既可以销售给下游子公司 D，也可以销售给其他企业。假设集团总部规定上游子公司 U 的中间产品只能销售给下游子公司 D，而不能向外部市场销售。设公司 E 和上游子公司 U 的生产成本均为单位变动成本 C，下游子公司 D 加工中间产品的成本为单位变动成本 c_D。

决策过程为，首先集团总部和公司 E 同时决定销售给下游子公司 D 的中间产品价格 T 与 p_e，其次下游子公司 D 在转移价格 T 和销售价格 p_e 的基础上，决定最终产品的市场价格 p_D。

结论 3-10　存在上游竞争的条件下，若下游子公司不具备完全垄断优势，则中间产品的供给价格相等，且大于边际成本。

证明　设下游子公司 D 的市场需求函数为 $Q_D(p_D, p_R)$，其中，p_D 为子公司 D 的最终产品价格，p_R 为市场同类型替代品的价格。假定下游子公司 D 从上游子公司 U 和公司 E 处购买中间产品的比例分别为 ω_1 与 ω_2，其中，$\omega_1 + \omega_2 = 1$，$0 \leqslant \omega_1 \leqslant 1$，$0 \leqslant \omega_2 \leqslant 1$。

首先从第二阶段开始，下游子公司根据自身利润最大化，确定最优的最终产品市场价格 p_D，以及最优的需求比例 ω_1 和 ω_2，即

$$\max_{p_D, \omega_1, \omega_2} \pi_D = (p_D - c_D - \omega_1 T - \omega_2 p_e) Q_D(p_D, p_R) \tag{3-75}$$
$$\text{s.t.} \quad \omega_1 + \omega_2 = 1$$

对式（3-75）求极值得

$$\frac{\partial \pi_D}{\partial p_D} = Q_D(p_D, p_R) + (p_D - c_D - \omega_1 T - \omega_2 p_e) \frac{\partial Q_D}{\partial p_D} = 0 \tag{3-76}$$

$$\frac{\partial \pi_D}{\partial \omega_1} = Q_D(p_D, p_R)(-T + p_e) = 0 \tag{3-77}$$

根据式（3-76）可得，最终产品的最优市场价格 p_D^* 与中间产品的转移价格 T 和公司 E 的供给价格 p_e 有关，即 $p_D^*(T, p_e)$。由于企业集团的最终产品与市场同类型替代品之间相当于伯川德价格竞争，根据对称性知，其他同类型替代品的价格也与 T 和 p_e 有关，即 $p_R^*(T, p_e)$。

其次，进入第一阶段，集团总部根据下游子公司 D 的反应，决策最优的转移价格 T。

$$\max_{T} \pi = (p_D^*(T, p_e) - c_D - \omega_1 C - \omega_2 p_e) Q_D(p_D^*(T, p_e), p_R^*(T, p_e)) \quad (3\text{-}78)$$

令 $p_D^* = p_D^*(T, p_e)$，$p_R^* = p_R^*(T, p_e)$，对式（3-78）求极值得

$$\frac{\partial \pi}{\partial T} = \frac{\partial p_D^*}{\partial T} Q_D(p_D^*, p_R^*) + (p_D^* - c_D - \omega_1 C - \omega_2 p_e)\left(\frac{\partial Q_D}{\partial p_D}\frac{\partial p_D^*}{\partial T} + \frac{\partial Q_D}{\partial p_R}\frac{\partial p_R^*}{\partial T}\right) = 0 \quad (3\text{-}79)$$

将式（3-76）代入式（3-79），并令 $f = \dfrac{\partial Q_D}{\partial p_D}\dfrac{\partial p_D^*}{\partial T}$，$g = \dfrac{\partial Q_D}{\partial p_R}\dfrac{\partial p_R^*}{\partial T}$，求解转移价格 T。

由式（3-77）可得，$p_e = T$，代入式（3-79）得

$$p_e = T = C - \frac{(p_D^* - c_D - C)g}{\omega_2 f} \quad (3\text{-}80)$$

由式（3-59）和式（3-10）知，$f < 0$，$g > 0$，根据式（3-80）可得，$p_e = T > C$，即存在上游竞争的市场结构下，若最终产品市场不是完全垄断的，则中间产品的供给价格相等且大于边际成本。结论 3-10 得证。

该结论表明，当最终产品市场为不完全垄断结构时，竞争公司 E 的中间产品除了供给下游子公司 D 外，还可以供给其他公司，而上游子公司 U 只能销售给下游子公司 D，因此公司 E 将以高于边际成本的价格销售中间产品。中间产品价格高于边际成本，导致其他企业的最终产品价格上升。而对于寡头竞争的企业来说，一方提高价格，另一方的最优反应也是提高价格。因此集团总部制定的转移价格必须高于边际成本，才能使下游子公司 U 提高最终产品价格，从而从最终产品市场获得更多的利润，最终达到集团的整体利润最优。

2. 下游子公司具备完全垄断优势

若下游子公司具有完全垄断优势，即最终产品市场没有其他竞争企业存在，则上游子公司 U 和公司 E 生产的中间产品都只能销售给下游子公司 D。设公司 E 和上游子公司 U 的生产成本均为单位变动成本 C，下游子公司 D 加工中间产品的成本为单位变动成本 c_D。

决策过程如下，首先集团总部和公司 E 同时决定销售给下游子公司 D 的中间产品价格 T 与 p_e，其次下游子公司 D 在转移价格 T 和销售价格 p_e 的基础上，决定最优的最终产品市场价格 p_D。

结论 3-11 存在上游竞争的条件下，若下游子公司具备完全垄断优势，则中间产品的供给价格相等，且等于边际成本。

证明 设下游子公司 D 的市场需求函数为 $Q_D(p_D)$，p_D 为最终产品的市场价格。假定下游子公司从上游子公司 U 和公司 E 处购买中间产品的比例分别为 ω_1 与

ω_2，其中，$\omega_1 + \omega_2 = 1$，$0 \leqslant \omega_1 \leqslant 1$，$0 \leqslant \omega_2 \leqslant 1$。

决策过程相当于两阶段动态博弈，采用逆推递归法求解均衡解。首先从第二阶段开始，下游子公司根据自身利润最大化，确定最优的最终产品市场价格 p_{D}，以及最优的需求比例 ω_1 和 ω_2，即

$$\max_{p_{\mathrm{D}}, \omega_1, \omega_2} \pi_{\mathrm{D}} = (p_{\mathrm{D}} - c_{\mathrm{D}} - \omega_1 T - \omega_2 p_e) Q_{\mathrm{D}}(p_{\mathrm{D}})$$

$$\text{s.t.} \quad \omega_1 + \omega_2 = 1 \tag{3-81}$$

对式（3-81）求极值得

$$\frac{\partial \pi_{\mathrm{D}}}{\partial p_{\mathrm{D}}} = Q_{\mathrm{D}}(p_{\mathrm{D}}) + (p_{\mathrm{D}} - c_{\mathrm{D}} - \omega_1 T - \omega_2 p_e)\frac{\partial Q_{\mathrm{D}}}{\partial p_{\mathrm{D}}} = 0 \tag{3-82}$$

$$\frac{\partial \pi_{\mathrm{D}}}{\partial \omega_1} = Q_{\mathrm{D}}(p_{\mathrm{D}})(-T + p_e) = 0 \tag{3-83}$$

根据式（3-82）可得，最终产品的最优市场价格 p_{D}^* 与中间产品的转移价格 T 和企业 E 供给价格 p_e 有关，即 $p_{\mathrm{D}}^*(T, p_e)$。

其次，进入第一阶段，集团总部根据下游子公司 D 的反应，决定最优的转移价格 T。

$$\max_{T} \pi = (p_{\mathrm{D}}^*(T, p_e) - c_{\mathrm{D}} - \omega_1 C - \omega_2 p_e) Q_{\mathrm{D}}(p_{\mathrm{D}}^*(T, p_e)) \tag{3-84}$$

令 $p_{\mathrm{D}}^* = p_{\mathrm{D}}^*(T, p_e)$，对式（3-84）求极值得

$$\frac{\partial \pi}{\partial T} = \frac{\partial p_{\mathrm{D}}^*}{\partial T} Q_{\mathrm{D}}(p_{\mathrm{D}}^*) + (p_{\mathrm{D}}^* - c_{\mathrm{D}} - \omega_1 C - \omega_2 p_e)\left(\frac{\partial Q_{\mathrm{D}}}{\partial p_{\mathrm{D}}}\frac{\partial p_{\mathrm{D}}^*}{\partial T}\right) = 0 \tag{3-85}$$

将式（3-82）代入式（3-85），求得最优的转移价格 $T = C$。

由式（3-83）得 $p_e = T$。

因此，$p_e = T = C$，即存在上游竞争的市场结构下，若下游子公司具备完全垄断优势，则中间产品的供给价格等于边际成本。结论 3-11 成立。

该结论表明，当最终产品市场为完全垄断结构时，竞争公司 E 和上游子公司 U 的中间产品都只能供给下游子公司 D。因此下游子公司 D 将选择价格最低的中间产品进行购买。对于上游子公司 U 和公司 E 来说，任何一方降价，都会占领整个市场，从而中间产品市场形成了伯川德悖论。最终的中间产品均衡价格将会停留在边际成本的水平，下游子公司 D 随意地选择两个上游公司的中间产品。

由上述分析可以看出，存在不对称竞争的市场条件下，当下游子公司存在外部竞争时，转移价格的大小取决于最终产品的市场需求特征；当上游子公司存在外部竞争时，转移定价决策分两种情况：如果下游子公司在最终产品市场具备完全垄断优势，转移价格等于边际成本，如果下游子公司不具备完全垄断优势，转移价格大于边际成本。

3.3.4 算例分析

1. 下游子公司不具备完全垄断优势

设下游子公司 D 的市场需求函数为线性函数 $Q_D = a - p_D + \alpha p_R$，竞争公司的需求函数为 $Q_R = a - p_R + \alpha p_D$。首先各下游公司根据自身利润最大化，确定最优的最终产品市场价格 p_D 和 p_R。

$$\max_{p_D,\omega} \pi_D = (p_D - c_D - \omega T - (1-\omega)p_e)(a - p_D + \alpha p_R) \tag{3-86}$$

$$\max_{p_R} \pi_R = (p_R - c_R - p_e)(a - p_R + \alpha p_D)$$

对式（3-86）求偏导，得下游子公司的反应函数为

$$\frac{\partial \pi_D}{\partial p_D} = a - 2p_D + \alpha p_R + c_D + \omega T + (1-\omega)p_e = 0 \tag{3-87}$$

$$\frac{\partial \pi_R}{\partial p_R} = a - 2p_R + \alpha p_D + c_R + p_e = 0 \tag{3-88}$$

由式（3-87）、式（3-88），可求出下游子公司 D 和公司 R 的终端产品最优市场价格与中间产品的价格 T 和 p_e 之间的关系式为

$$p_D = \frac{(2+\alpha)a + 2(c_D + \omega T) + \alpha(c_R + p_e) + 2(1-\omega)p_e}{4 - \alpha^2} \tag{3-89}$$

$$p_R = \frac{(2+\alpha)a + 2(c_R + p_e) + \alpha(c_D + \omega T) + \alpha(1-\omega)p_e}{4 - \alpha^2} \tag{3-90}$$

其次，集团总部和上游竞争公司 E 根据下游子公司 D 和下游竞争公司对中间产品价格的反应，确定最优的中间产品价格 T 和 p_e，则

$$\max_{T} \pi = (p_D - c_D - \omega C - (1-\omega)p_e)(a - p_D + \alpha p_R)$$
$$\max_{p_e} \pi_e = (p_e - C)(a - p_R + \alpha p_D + (1-\omega)(a - p_D + \alpha p_R)) \tag{3-91}$$

对式（3-91）求极值得

$$\frac{\partial \pi}{\partial T} = \frac{1}{(\alpha^2 - 4)^2}[(4\omega^2\alpha^2 - 8\omega^2)T + ((1-\omega)\omega\alpha^4 + \omega\alpha^3 - 2(1-\omega)\omega\alpha^2)p_e$$
$$+ \omega^2(\alpha^2 - 4)(\alpha^2 - 2)C + \omega(\alpha^4 - 2\alpha^2)c_D + \omega\alpha^3 c_R + a\omega(\alpha^3 + 2\alpha^2)]$$
$$= 0$$

$$\frac{\partial \pi_e}{\partial p_e} = \frac{1}{\alpha^2 - 4}[(\omega(1-\omega)(2-\alpha^2) - \omega\alpha)T + ((1-\omega)(8 - 4\alpha - 4\alpha^2) + 2\omega^2(2-\alpha^2))p_e$$

$$-((1-\omega)(4-2\alpha-2\alpha^2)+\omega^2(2-\alpha^2))C+((1-\omega)(2-\alpha^2)-\alpha)c_D$$
$$+((2-\alpha^2)-(1-\omega)\alpha)c_R-a(2-\omega)(2+\alpha)]$$
$$=0$$

令 $C=3$ ，$c_D=c_R=1$ ，$a=10$ ，求解上式方程组，得

$$T^*=[(8-\omega-2\omega^2+3\omega^3)\alpha^6+4(9-5\omega+2\omega^2)\alpha^5+(36-103\omega+76\omega^2-36\omega^3)\alpha^4$$
$$-4(8+17\omega-8\omega^2)\alpha^3-12(4-19\omega+20\omega^2-9\omega^3)\alpha^2+96(\omega-\omega^2)\alpha$$
$$-96(2\omega-2\omega^2+\omega^3)]/[\omega(1-\omega)^2\alpha^6+2\omega(1-\omega)\alpha^5-(19\omega-24\omega^2+12\omega^3)\alpha^4$$
$$-20\omega(1-\omega)\alpha^3+4(17\omega-18\omega^2+9\omega^3)\alpha^2+32\omega(1-\omega)\alpha-32(2\omega-2\omega^2+\omega^3)]$$

$$p_e^*=[-(1+2\omega-3\omega^2)\alpha^6-4(3-2\omega)\alpha^5-(43-60\omega+36\omega^2)\alpha^4$$
$$+(68-24\omega)\alpha^3+4(65-64\omega+27\omega^2)\alpha^2-16(8-\omega)\alpha$$
$$-96(4-3\omega+\omega^2)]/[(1-\omega)^2\alpha^6+2(1-\omega)\alpha^5-(19-24\omega+12\omega^2)\alpha^4$$
$$-20(1-\omega)\alpha^3+4(17-18\omega+9\omega^2)\alpha^2+32(1-\omega)\alpha-32(2-2\omega+\omega^2)]$$

分析中间产品的转移价格和外部销售价格随下游子公司的购买比例 ω 与最终产品市场的产品竞争程度 α 的变化趋势。

当最终产品市场的竞争程度 $\alpha=1/2$ 时，T^*、p_e^* 随 ω 的变化趋势如图 3-12 所示。

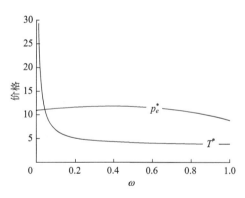

图 3-12　T^*、p_e^* 随 ω 变化趋势图

$$T^*=\frac{800+6565\omega-5950\omega^2+4557\omega^3}{2215\omega-2170\omega^2+1519\omega^3}$$

$$p_e^*=\frac{3(8055-4970\omega+1519\omega^2)}{2215-2170\omega+1519\omega^2}$$

由图 3-12 可以看出，由于下游企业不是完全垄断的，因此中间产品上游竞争企业的价格 p_e^* 基本保持相对稳定，而中间产品的内部转移价格 T^* 随着下游子公司

的购买比例 ω 的增加而逐渐减小,最后取决于边际成本 C 。

当下游子公司的购买比例 $\omega = 1/2$ 时, T^* 、 p_e^* 随 α 的变化趋势如图 3-13 所示。

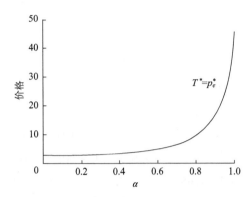

图 3-13　　T^* 、 p_e^* 随 α 的变化趋势图

$$T^* = p_e^* = \frac{59\alpha^6 + 224\alpha^5 - 8\alpha^4 - 464\alpha^3 + 156\alpha^2 + 192\alpha - 480}{\alpha^6 + 4\alpha^5 - 40\alpha^4 - 40\alpha^3 + 164\alpha^2 + 64\alpha - 160}$$

由图 3-13 可以看出,在下游子公司的购买比例一定的情况下,中间产品的价格随着最终产品市场的竞争程度 α 的增加而增加。

2. 下游子公司具备完全垄断优势

设下游子公司 D 的市场需求函数为线性函数 $Q_D = a - bp$ 。首先下游公司根据自身利润最大化,确定最优的最终产品市场价格 p_D 。

$$\max_{p_D,\omega} \pi_D = (p_D - c_D - \omega T - (1-\omega)p_e)(a - bp_D) \tag{3-92}$$

对式(3-92)求偏导,得下游子公司的反应函数为

$$\frac{\partial \pi_D}{\partial p_D} = a - 2bp_D + b(c_D + \omega T + (1-\omega)p_e) = 0 \tag{3-93}$$

由式(3-93),可求出下游子公司 D 的终端产品最优市场价格与中间产品的价格 T 和 p_e 之间的关系式为

$$p_D = \frac{a + b(c_D + \omega T) + b(p_e - \omega p_e)}{2b} \tag{3-94}$$

其次,集团总部和上游竞争公司 E 根据下游子公司 D 对中间产品价格的反应,确定最优的中间产品价格 T 和 p_e ,则

$$\max_{T} \pi = (p_D - c_D - \omega C - (1-\omega)p_e)(a - bp_D)$$
$$\max_{p_e} \pi_e = (p_e - C)(1-\omega)(a - bp_D) \tag{3-95}$$

对式（3-95）求极值得

$$\frac{\partial \pi}{\partial T} = \frac{1}{2}b\omega^2(C-T) = 0$$

$$\frac{\partial \pi_e}{\partial p_e} = \frac{1}{2}[(1-\omega)(a - bc_{\mathrm{D}} - b\omega T) + (1-\omega)^2(bC - 2bp_e)] = 0$$

求解上式方程组，得

$$T^* = p_e^* = C$$

3.4　本　章　小　结

本章分别从三个方面分析了存在寡头竞争外部市场的中间产品转移定价问题。首先，讨论了在价格竞争条件下，存在寡头竞争中间产品外部市场的双头垄断企业的转移定价策略，得出对中间产品内外部市场实行单一转移定价时，转移价格大于边际成本。对中间产品内外部市场实行差别转移定价时，若转移价格信息为各集团的共同知识，则转移价格大于边际成本；若转移价格信息为各集团的私人信息，则转移价格等于边际成本。同时，对各种转移定价策略下企业集团和下游子公司的利润状况进行了分析，得出当转移价格为竞争双方的共同知识时，对中间产品实行差别转移定价可以增加企业集团和子公司的利润；当转移价格为各企业集团的私人信息时，对中间产品实行差别转移定价还是单一转移定价，取决于中间产品外部市场和最终产品市场的需求价格弹性。

其次，讨论了产量竞争条件下存在寡头竞争中间产品外部市场的企业集团转移定价决策问题。分别从中间产品存在产量竞争的外部市场和价格竞争的外部市场两个方面着手进行分析，得出当中间产品存在产量竞争的外部市场时，如果企业集团相互公开自己的转移定价信息，则均衡转移价格小于中间产品的边际成本；如果企业集团隐藏自己的转移定价信息，则均衡转移价格等于中间产品的边际成本。均衡定价策略为集团双方隐藏自己的转移定价信息，转移价格等于边际成本。当中间产品存在价格竞争的外部市场时，如果企业集团对中间产品的内外部市场实行单一转移定价，则转移价格的大小与中间产品的外部市场销量有关；如果企业集团对中间产品的内外部市场实行差别转移定价，则转移定价决策与存在产量竞争的中间产品外部市场条件下的定价策略是一致的，即转移价格等于边际成本。

最后，讨论了存在不对称竞争条件下企业集团的转移定价决策问题，得出在下游竞争的条件下，转移价格的大小取决于各下游公司产品的相互替代程度。如果下游公司的产品具有很强的替代性，则转移价格小于边际成本；如果下游公司的产品具有较弱的替代性，则转移价格大于边际成本。在上游竞争的条件下，当下游子公司不具备完全垄断优势时，转移价格大于边际成本，当下游子公司具备完全垄断优势时，转移价格等于边际成本。

参 考 文 献

Alles M, Datar S. 1998. Strategic transfer pricing[J]. Management Science, 44(4): 451-461.

Bulow J I, Geanakoplos J D, Klemperer P D. 1985. Multimarket oligopoly: strategic substitutes and complements[J]. Journal of Political Economy, 93(3): 488-511.

Göx R F. 2000. Strategic transfer pricing, absorption costing and vertical integration[J]. Management Accounting Research, 11(3): 52-67.

Hirshleifer J. 1956. On the economics of transfer pricing[J]. The Journal of Business, 29(3): 172-184.

Kaplan R S, Atkinson A A. 1989. Advanced Management Accounting[M]. 2nd ed. Englewood Cliffs: Prentice Hall.

Tang R Y W. 1992. Transfer pricing in the 1990s[J]. Management Accounting, 73(8): 22-26.

Tirole J. 1988. The Theory of Industrial Organization[M]. Cambridge: The MIT Press.

Waterhouse P. 1984. Transfer Pricing Practices of American Industry[M]. New York: Price Waterhouse.

第4章　考虑库存的转移定价

大多关于转移定价的研究成果都假定企业集团在整个生产过程中采用准时生产（just-in-time，JIT）和连续生产流，也就是说，中间产品在整个流转过程中不会出现库存。即使生产不连续，也假设可以通过降低订货量和提高配送频率来降低库存和周期时间。这种隐含假设虽然简化了研究过程，但使研究结论偏离实际。在现实企业中，由于需求的不确定性和集团中各个子公司在地域上的分散性等因素的影响，中间产品在流动过程中不可避免地会出现库存，从而必然会发生库存持有成本。在下游向上游生产主体订货的过程中，会发生订货成本以及订单处理成本。当生产部门在生产过程中由一种产品的生产转换为另一种产品的生产时往往会发生启动成本（set up cost），它包括机器的重新启动成本、重新校准成本或化工设备的清洗成本等，往往涉及技术劳动力的使用和生产时间的损失等。Bolander 等（1999）建立了一个包括生产部门和分销部门的非中心化集团转移定价模型。假设分销部门的订货策略采用经济订货量（economic order quantity，EOQ）模型，生产部门存在启动成本，转移定价策略由生产部门做出，得出生产部门制定变动的转移定价策略要优于采用单一的转移定价的结论。Pfeiffer（1999）分析了一个集原材料供应、生产和销售于一体的企业集团的转移定价决策问题，建立了一个没有能力约束，考虑库存水平和生产强度，各节点独立追求利润最大化的转移定价系统模型。本章在上述研究的基础上充分考虑了中间产品流转过程中产生的库存持有成本、订货成本、订单处理成本和启动成本，结合供应链库存管理的思想，研究了企业集团的转移定价决策问题。

4.1　单一集团转移定价

本节主要讨论竞争性下游子公司的单一集团转移定价决策问题。假设一个企业集团由上游生产总部和下游子公司构成。生产总部生产一种中间产品提供给下游子公司，下游子公司进一步加工成最终产品并销往外部市场。假定企业集团为非中心化结构，子公司具有中间产品订货量和最终产品价格的独立决策权，中间产品的生产量及转移价格由生产总部决策。同时假定子公司由风险中性的经理来经营，经理的绩效以该子公司的利润为基础，子公司经理追求各自子公司的利润最大化，而生产总部追求集团的整体利润最大化。

4.1.1　模型构建

假设集团存在两家下游子公司 i（$i=1,2$），两家子公司之间为竞争关系，各自销售的最终产品具有一定的替代性。因此任一家子公司的市场需求除了取决于自身价格的高低外，还要受到竞争对手价格的影响。设最终产品的市场需求函数为 $D_i(p_i, p_j)$，其中 p_i 和 p_j 分别为两家子公司的最终产品价格。中间产品的单位生产成本为 C，下游子公司加工中间产品为最终产品的成本为 c_i，中间产品的转移价格为 T_i（假定集团总部可以监控下游子公司之间的套利行为，从而对不同的子公司实行不同的转移价格）。

假定两家子公司的最终产品同属于一个产品大类内的不同品牌，即两家子公司的产品具有一定的替代性，但一方又不能完全替代另一方，即式（4-1）所表示的条件成立：

$$\frac{\partial D_i}{\partial p_i} < 0, \ \frac{\partial D_i}{\partial p_j} > 0, \ \frac{\partial D_i}{\partial p_j} = \frac{\partial D_j}{\partial p_i}, \ \frac{\partial D_j}{\partial p_i} < \left| \frac{\partial D_i}{\partial p_i} \right|, \ i=1,2, \ j \neq i \qquad (4\text{-}1)$$

式（4-1）中前两个不等式表示两家子公司生产的最终产品之间的替代性，即任一家子公司的最终产品需求随着自己本身价格的上升而下降，随着竞争对手价格的上升而上升。式（4-1）中的等式表示需求交叉效应的对称性，最后一个不等式表示两家子公司的产品具有不完全替代性，即任一家子公司都不能通过削价而完全垄断整个市场。

假设下游子公司和生产总部之间存在地域上的分散性，因此在中间产品的流动过程中不可避免地会出现库存，从而必然会发生库存持有成本，并且在下游向生产总部的订货过程中，会发生订货成本和生产总部的订单处理成本以及启动成本。设生产总部和下游子公司的单位库存持有成本分别为 H_u 与 h_d^i，生产总部的订单处理成本以及下游子公司的订货成本分别为 O_u 和 o_d^i，生产总部的启动成本为 S_u，其中下标 u 和 d 分别为生产总部与下游子公司。假设下游子公司的订货量为 Q_i，则生产总部的产量为 $m_i Q_i$（$m=1,2,\cdots$）（Monahan，1988）。根据前面的成本假设及订货水平和产量水平可以计算出如下结果。

生产总部和下游子公司的库存持有成本分别为 $H_u \sum\limits_{i=1}^{2}(m_i-1)Q_i / 2$ 与 $h_d^i Q_i / 2$。

生产总部的订单处理成本为 $O_u[D_i(p_i, p_j)/Q_i + D_j(p_j, p_i)/Q_j]$。

生产总部的启动成本为 $S_u \sum\limits_{i=1}^{2} D_i(p_i, p_j)/m_i Q_i$。

下游子公司的订货成本为 $o_d^i[D_i(p_i, p_j)/Q_i]$。

4.1.2　转移定价决策分析

根据上述假设条件表示出下游子公司的利润函数 $\pi_d^i(p_i, Q_i)$ 和集团的利润函数 $\Pi(T_i, T_j, m_i, m_j)$ 为

$$\pi_d^i(p_i, Q_i) = (p_i - c_i - T_i)D_i(p_i, p_j) - o_d^i[D_i(p_i, p_j)/Q_i] - h_d^i Q_i / 2 \quad (4\text{-}2)$$

$$\begin{aligned} \Pi(T_i, T_j, m_i, m_j) = \sum_{i=1}^{2} [\pi_d^i(p_i, Q_i) + (T_i - C)D_i(p_i, p_j) \\ - H_u(m_i - 1)Q_i/2 - O_u D_i(p_i, p_j)/Q_i - S_u D_i(p_i, p_j)/m_i Q_i] \end{aligned} \quad (4\text{-}3)$$

企业集团的决策过程可以描述为，首先生产总部决定转移价格 T_i、T_j 和产量乘子 m_i、m_j，其次两家下游子公司 i 在生产总部决策的基础上，同时决定最终产品的市场价格 p_i 和订货量 Q_i。假设集团内部的信息是完全对称的，因此决策过程相当于两阶段完美信息动态博弈，可以采用逆推归纳法求解均衡结果。

首先从第二阶段开始，下游子公司根据自身利润最大化，确定最优的最终产品市场价格 p_i 和订货量 Q_i。假设下游子公司的最优订货量符合经济订货量，即

$$Q_i = \sqrt{2o_d^i D_i(p_i, p_j)/h_d^i} \quad (4\text{-}4)$$

将式（4-4）代入式（4-2），化简下游子公司的利润函数，得

$$\pi_d^i(p_i \mid Q_i) = (p_i - c_i - T_i)D_i(p_i, p_j) - \sqrt{2o_d^i h_d^i D_i(p_i, p_j)} \quad (4\text{-}5)$$

根据式（4-5），假定转移价格 T_i 给定的情况下，确定下游子公司达到利润最优时的市场价格 p_i。首先对下游子公司的利润函数式（4-5）的性质进行判断，发现当下游子公司的订货量满足如下关系式时，利润函数 $\pi_d^i(p_i \mid Q_i)$ 是关于价格 p_i 的严格凹函数，可得条件 1。

条件 1：当 $Q_i \geqslant \sqrt[3]{l(o_d^i)^2 / 2h_d^i}$ 时，$\pi_d^{i\prime\prime} < 0$，其中，$l = |\partial D_i / \partial p_i|$。

表明当下游子公司的订货量超过临界点 $\sqrt[3]{l(o_d^i)^2 / 2h_d^i}$ 时，下游子公司的利润函数是关于最终产品价格的严格凹函数。

结合式（4-4）和条件 1，可得到条件 2。

条件 2：当 $D_i(p_i, p_j) \geqslant \sqrt[3]{l^2 o_d^i h_d^i / 16}$ 时，$\pi_d^{i\prime\prime} < 0$，其中，$l = |\partial D_i / \partial p_i|$。

条件 2 将下游订货量与外部市场需求联系起来，表明当市场需求不低于 $\sqrt[3]{l^2 o_d^i h_d^i / 16}$ 时，下游子公司的利润函数是关于最终产品价格的严格凹函数。

对式（4-5）求极值，得下游子公司的反应函数为

$$\frac{\partial \pi_d^i(p_i \mid Q_i)}{\partial p_i} = D_i(p_i, p_j) + \left(p_i - c_i - T_i - \sqrt{o_d^i h_d^i / 2D_i(p_i, p_j)} \right) \frac{\partial D_i}{\partial p_i} = 0 \quad (4\text{-}6)$$

由式（4-6）可以求出最终产品市场价格与中间产品转移价格之间的关系 $p_i(T_i, T_j)$。

其次在决策的第一阶段，生产总部根据第二阶段得到的最终产品市场价格与转移价格之间的关系，确定达到集团利润最优的转移价格 T_i、T_j 和产量乘子 m_i、m_j。

令 $p_i^* = p_i(T_i, T_j)$，$p_j^* = p_j(T_i, T_j)$，将 p_i^*、p_j^* 和式（4-4）分别代入式（4-3），并化简集团的利润函数为

$$\Pi(T_i, T_j, m_i, m_j) = (p_i^* - C - c_i)D_i(p_i^*, p_j^*) - N_i\sqrt{D_i(p_i^*, p_j^*)} \qquad (4\text{-}7)$$
$$+ (p_j^* - C - c_j)D_j(p_j^*, p_i^*) - N_j\sqrt{D_j(p_j^*, p_i^*)}$$

其中，

$$N_i = \sqrt{2o_d^i h_d^i} + H_u(m_i - 1)\sqrt{o_d^i / 2h_d^i} + (O_u + S_u / m_i)\sqrt{h_d^i / 2o_d^i}$$
$$N_j = \sqrt{2o_d^j h_d^j} + H_u(m_j - 1)\sqrt{o_d^j / 2h_d^j} + (O_u + S_u / m_j)\sqrt{h_d^j / 2o_d^j}$$

生产总部通过确定最优产量乘子 m_i、m_j 和转移价格 T_i、T_j 使集团利润达到最优，由式（4-7）可以看出，产量乘子 m_i 只与 N_i 有关，m_j 只与 N_j 有关，要使集团利润达到最大，只有使 N_i、N_j 达到最小。由 N_i、N_j 的表达式可知，$\dfrac{\partial^2 N_i}{\partial m_i^2} > 0$，$\dfrac{\partial^2 N_j}{\partial m_j^2} > 0$，即 N_i、N_j 分别是关于产量乘子 m_i、m_j 的严格凸函数，故存在最小的产量乘子 m_i、m_j 使集团利润达到最大。

对 N_i 求极值得

$$\frac{\partial N_i}{\partial m_i} = H_u\sqrt{o_d^i / 2h_d^i} - S_u\sqrt{h_d^i / 2o_d^i}\frac{1}{m_i^2} = 0 \qquad (4\text{-}8)$$

求解式（4-8），由于 m_i 只能取正整数，故最小产量乘子 m_i 为 $m_i = \sqrt{\dfrac{S_u h_d^i}{H_u o_d^i}}$。

该计算公式表明产量乘子的大小与生产总部的启动成本成正比，与生产总部的库存持有成本成反比；与下游子公司的库存持有成本成正比，与下游子公司的订货成本成反比。

根据海森矩阵判断集团总利润函数 $\Pi(T_i, T_j)$ 的性质，得出当生产总部的生产量 R 满足如下关系式时，利润函数 $\Pi(T_i, T_j)$ 是关于转移价格 T_i、T_j 的严格凹函数。

当 $R \geqslant m_i\sqrt[6]{\dfrac{f^2 N_i^2 (o_d^i)^3}{8(h_d^i)^3}} + m_j\sqrt[6]{\dfrac{e^2 N_j^2 (o_d^j)^3}{8(h_d^j)^3}}$ 时，$\Pi'' < 0$。

其中：

$$f = \left| \frac{\partial D_i}{\partial p_i}\frac{\partial p_i^*}{\partial T_i} + \frac{\partial D_i}{\partial p_j}\frac{\partial p_j^*}{\partial T_i} \right| \bigg/ \frac{\partial p_i^*}{\partial T_i}, \quad e = \left| \frac{\partial D_j}{\partial p_i}\frac{\partial p_i^*}{\partial T_i} + \frac{\partial D_j}{\partial p_j}\frac{\partial p_j^*}{\partial T_i} \right| \bigg/ \frac{\partial p_j^*}{\partial T_i} \quad (4\text{-}9)$$

结合式（4-4）、式（4-9）得到条件 3。

条件 3：当 $D_i(p_i, p_j) \geqslant \sqrt[3]{f^2 N_i^2 / 64}$ 时，$\Pi'' < 0$。

条件 3 表明当市场需求不低于 $\sqrt[3]{f^2 N_i^2 / 64}$ 时，集团公司的总利润函数是关于转移价格的严格凹函数。

对式（4-7）求最大值得

$$\frac{\partial \Pi(T_i, T_j)}{\partial T_i} = \frac{\partial p_i^*}{\partial T_i} D_i(p_i^*, p_j^*) + \left(p_i^* - C - c_i - \frac{N_i}{2\sqrt{D_i(p_i^*, p_j^*)}} \right) \left(\frac{\partial D_i}{\partial p_i}\frac{\partial p_i^*}{\partial T_i} + \frac{\partial D_i}{\partial p_j}\frac{\partial p_j^*}{\partial T_i} \right)$$

$$+ \frac{\partial p_j^*}{\partial T_i} D_j(p_i^*, p_j^*) + \left(p_j^* - C - c_j - \frac{N_j}{2\sqrt{D_j(p_i^*, p_j^*)}} \right) \left(\frac{\partial D_j}{\partial p_i}\frac{\partial p_i^*}{\partial T_i} + \frac{\partial D_j}{\partial p_j}\frac{\partial p_j^*}{\partial T_i} \right)$$

$$= 0$$

$$(4\text{-}10)$$

当条件 2 和条件 3 所代表的条件同时成立时，将式（4-6）代入式（4-10），化简得

$$\left(T_i - C - \frac{N_i - \sqrt{2o_d^i h_d^i}}{2\sqrt{D_i(p_i^*, p_j^*)}} \right) \frac{\partial D_i}{\partial p_i}\frac{\partial p_i^*}{\partial T_i} + \left(p_i^* - C - c_i - \frac{N_i}{2\sqrt{D_i(p_i^*, p_j^*)}} \right) \frac{\partial D_i}{\partial p_j}\frac{\partial p_j^*}{\partial T_i}$$

$$+ \left(T_j - C - \frac{N_j - \sqrt{2o_d^j h_d^j}}{2\sqrt{D_j(p_i^*, p_j^*)}} \right) \frac{\partial D_j}{\partial p_j}\frac{\partial p_j^*}{\partial T_i} + \left(p_j^* - C - c_j - \frac{N_j}{2\sqrt{D_j(p_i^*, p_j^*)}} \right) \frac{\partial D_j}{\partial p_i}\frac{\partial p_i^*}{\partial T_i} = 0$$

$$(4\text{-}11)$$

通过求解式（4-11）得

$$T_i = C + \frac{M_i}{2\sqrt{D_i(p_i^*, p_j^*)}} + r \left(p_j^* - C - c_j - \frac{N_j}{2\sqrt{D_j(p_i^*, p_j^*)}} \right) \quad (4\text{-}12)$$

其中，$M_i = N_i - \sqrt{2o_d^i h_d^i}$，$r = \left| \dfrac{\partial D_j / \partial p_i}{\partial D_i / \partial p_i} \right|$，$r$ 为两家下游子公司在最终产品市场的竞争强度，由式（4-1）的条件可知，$0 < r < 1$。

式（4-12）的前两项之和刚好是生产总部针对 i 子公司发生的边际成本，记为

$$\mathrm{MC}_u^i = C + \frac{M_i}{2\sqrt{D_i(p_i^*, p_j^*)}}，最后一项括号内的部分可以进一步表示为$$

$$p_j^* - \left(C + \frac{M_j}{2\sqrt{D_j(p_i^*, p_j^*)}} \right) - \left(c_j + \frac{\sqrt{2o_d^j h_d^j}}{2\sqrt{D_j(p_i^*, p_j^*)}} \right)$$

其中，$C + \dfrac{M_j}{2\sqrt{D_j(p_i^*, p_j^*)}}$ 为生产总部针对子公司 j 发生的边际成本，记为 MC_u^j；

$c_j + \dfrac{\sqrt{2o_d^j h_d^j}}{2\sqrt{D_j(p_i^*, p_j^*)}}$ 为下游子公司 j 本身发生的边际成本，记为 MC_d^j。

令 MC_j 为子公司 j 的最终产品发生的总边际成本，则 $\mathrm{MC}_j = \mathrm{MC}_u^j + \mathrm{MC}_d^j$。

通过上述分析，中间产品的转移价格式（4-12）可以化简为

$$T_i = \mathrm{MC}_u^i + r(p_j^* - \mathrm{MC}_j)，\quad 0 < r < 1 \tag{4-13}$$

由式（4-13）的转移价格表达式可以看出，竞争性下游子公司的集团转移定价决策，除了与生产总部的边际成本有关外，还与下游子公司的利润空间有关。如果集团能够控制下游子公司的套利行为，则集团对 i 子公司的最优转移价格为生产总部针对子公司 i 的边际成本 MC_u^i 与子公司 j 的最终产品利润 $p_j^* - \mathrm{MC}_j$ 的加成。加成比例取决于两家下游子公司的竞争强度 r。当 r 趋近于 1 时，表明下游子公司的最终产品之间具有很强的替代性，从而最终产品市场将出现伯川德悖论现象，导致最终产品的市场价格趋向于边际成本。因此，集团总部只有通过提高转移价格来增加下游子公司的边际成本，以达到提高最终产品市场价格的目的，进而增加集团的整体利润；当 r 趋近于 0 时，表明下游子公司的最终产品之间的替代性很弱，从而转移价格将趋近于边际成本，与 Hirshleifer（1956）的研究结论相符。

当 r 一定时，子公司 j 的最终产品的利润空间越大，生产总部提供给子公司 i 的中间产品转移价格越高。表明总部通过提高供给 i 子公司的中间产品价格，促使 i 子公司提高最终产品的价格 p_i，降低该子公司的边际成本 MC_d^i，从而达到增加集团整体利润的目的。

考虑下游子公司的参与约束 $\pi_d^i \geqslant 0$，可知转移价格 T_i 最大不能超过中间产品的边际成本与最终产品的利润之和，即

$$T_i \leqslant \mathrm{MC}_u^i + (p_i^* - \mathrm{MC}_i) \tag{4-14}$$

其中，MC_i 为子公司 i 的最终产品发生的总边际成本，即 $\mathrm{MC}_i = \mathrm{MC}_u^i + \mathrm{MC}_d^i$。

结合式（4-13）、式（4-14），得最优的中间产品转移价格表达式为

$$T_i = \mathrm{MC}_u^i + \min\{r(p_j^* - \mathrm{MC}_j), (p_i^* - \mathrm{MC}_i)\}，\quad 0 < r < 1 \tag{4-15}$$

当集团的生产能力不能满足式（4-9）的产量水平，或外部市场需求不能满足条件 3 的需求量时，集团的总利润函数将可能出现非凹的情况，这种情况下式（4-13）求出的转移价格 T_i 将不是最优策略。集团的合理转移价格 T_i 将存在于区间 $\left[0, p_i - \mathrm{MC}_d^i\right]$ 的端点上。

4.2　多集团转移定价

本节将 4.1 节单一集团的转移定价决策模型进一步拓展到竞争性的多集团情况，研究存在库存管理成本的多集团的转移定价决策问题。

4.2.1　模型构建

假设市场存在双头竞争集团 i（$i=1,2$），每家集团都由上游生产总部和下游子公司构成。生产总部生产一种中间产品提供给下游子公司，下游子公司进一步加工成最终产品并销往外部市场。假定两家集团同为非中心化结构，子公司具有中间产品订货量和最终产品价格的独立决策权，中间产品的生产量及转移价格由生产总部决定。同样假定子公司由风险中性的经理来经营，经理的绩效以该子公司的利润为基础，子公司经理追求自己子公司的利润最大化，而生产总部追求集团的整体利润最大化。两家集团的产品具有一定的替代性。因此任一公司的市场需求除了取决于自身价格的高低外，还要受到竞争对手价格的影响。设最终产品的市场需求函数为 $D_i(p_i, p_j)$，其中 p_i、p_j 分别为两家集团的最终产品价格。两家生产总部的中间产品单位生产成本为 C_i，下游子公司加工中间产品为最终产品的单位成本为 c_i，下游子公司从生产总部购买中间产品的转移价格为 T_i。

假设两家集团的最终产品同属于一个产品大类内的不同品牌，即两家公司的产品满足式（4-1）所表示的条件。设各集团的生产总部以及下游子公司的库存持有成本率分别为 H_u^i 和 h_d^i，生产总部的订单处理成本以及下游子公司的订货成本分别为 O_u^i 和 o_d^i，生产总部的启动成本为 S_u^i。设下游子公司的订货量为 Q_i，则生产总部的生产量为 $m_i Q_i$（$m_i = 1, 2, \cdots$）。计算出生产总部以及下游子公司的库存持有成本为 $H_u^i (m_i - 1) Q_i / 2$ 和 $h_d^i Q_i / 2$，生产总部的订单处理成本为 $O_u^i D_i(p_i, p_j) / Q_i$，启动成本为 $S_u^i D_i(p_i, p_j) / m_i Q_i$，下游子公司的订货成本为 $o_d^i [D_i(p_i, p_j) / Q_i]$。

4.2.2　转移定价决策分析

结合上述假设条件可表示出下游子公司的利润函数 $\pi_d^i(p_i, Q_i)$ 和集团的利润函数 $\Pi_i(T_i, m_i)$ 分别为

$$\pi_d^i(p_i, Q_i) = (p_i - c_i - T_i)D_i(p_i, p_j) - o_d^i[D_i(p_i, p_j)/Q_i] - h_d^i Q_i/2 \quad (4\text{-}16)$$

$$\Pi_i(T_i, m_i) = \pi_d^i(p_i, Q_i) + (T_i - C_i)D_i(p_i, p_j) - H_u^i(m_i - 1)Q_i/2$$
$$- O_u^i D_i(p_i, p_j)/Q_i - S_u^i D_i(p_i, p_j)/m_i Q_i \quad (4\text{-}17)$$

假设两家集团的决策行为是完全对称的决策过程,首先由两家上游生产总部同时决定转移价格 T_i 和产量乘子 m_i,其次两家下游子公司在总部决策的转移价格 T_i 的基础上,确定最终产品的市场价格 p_i 和订货量 Q_i。假设信息是完全对称的,因此决策过程相当于两阶段完美信息动态博弈,可采用逆推归纳法求解均衡结果。

首先根据下游子公司的利润最大化,确定最优的最终产品市场价格 p_i 和订货量 Q_i。假定两家下游子公司的最优订货量符合经济订货量,通过求解下游子公司的反应函数并计算极值,得最终产品市场价格与中间产品转移价格之间的函数关系 $p_i(T_i, T_j)$。

其次在第一阶段,两家生产总部根据第二阶段得到的最终产品市场价格与中间产品转移价格之间的关系,确定达到各自集团利润最优的转移价格 T_i 和产量乘子 m_i。

令 $p_i^* = p_i(T_i, T_j)$,$p_j^* = p_j(T_i, T_j)$,将 p_i^*、p_j^* 和式(4-4)分别代入式(4-17),并化简集团利润为

$$\Pi_i(T_i, m_i) = (p_i^* - C_i - c_i)D_i(p_i^*, p_j^*) - N_i\sqrt{D_i(p_i^*, p_j^*)} \quad (4\text{-}18)$$

其中,$N_i = \sqrt{2o_d^i h_d^i} + H_u^i(m_i - 1)\sqrt{o_d^i/2h_d^i} + (O_u^i + S_u^i/m_i)\sqrt{h_d^i/2o_d^i}$。

由式(4-18)可知,最优的产量乘子 m_i 为 $m_i = \sqrt{\dfrac{S_u^i h_d^i}{H_u^i o_d^i}}$。该计算公式表明产量乘子的大小与本集团生产总部的启动成本成正比,与生产总部的库存持有成本成反比;与下游子公司的库存持有成本成正比,与下游子公司的订货成本成反比。

判断集团的总利润函数 $\Pi_i(T_i)$ 的性质,得出当生产总部的生产量 R_i 满足如下关系式时,利润函数 $\Pi_i(T_i)$ 是关于转移价格 T_i 的严格凹函数。

当 $R_i \geqslant m_i \sqrt[6]{\dfrac{f_i^2(o_d^i)^3 N_i^2}{8(h_d^i)^3}}$ 时,$\Pi_i'' < 0$。

其中:

$$f_i = \left(\frac{\partial D_i}{\partial p_i}\frac{\partial p_i^*}{\partial T_i} + \frac{\partial D_i}{\partial p_j}\frac{\partial p_j^*}{\partial T_i}\right)\Big/\frac{\partial p_i^*}{\partial T_i} \quad (4\text{-}19)$$

结合式(4-4)、式(4-19)得到条件4。

条件4:当 $D_i(p_i, p_j) \geqslant \sqrt[3]{f_i^2 N_i^2/64}$ 时,$\Pi_i'' < 0$。

条件 4 表明当市场需求不低于 $\sqrt[3]{f^2 N_i^2 / 64}$ 时，集团的总利润函数是关于转移价格的严格凹函数。

对式（4-18）求最大值得

$$
\frac{\partial \Pi_i(T_i)}{\partial T_i} = \frac{\partial p_i^*}{\partial T_i} D_i(p_i^*, p_j^*) + \left(p_i^* - C_i - c_i \right. \tag{4-20}
$$

$$
\left. - \frac{N_i}{2\sqrt{D_i(p_i^*, p_j^*)}} \right) \left(\frac{\partial D_i}{\partial p_i} \frac{\partial p_i^*}{\partial T_i} + \frac{\partial D_i}{\partial p_j} \frac{\partial p_j^*}{\partial T_i} \right) = 0
$$

当条件 2 和条件 4 所代表的条件同时成立时，将式（4-6）代入式（4-20），化简得

$$
\left(T_i - C_i - \frac{M_i}{2\sqrt{D_i(p_i^*, p_j^*)}} \right) \frac{\partial D_i}{\partial p_i} \frac{\partial p_i^*}{\partial T_i}
$$

$$
+ \left(p_i^* - C_i - c_i - \frac{N_i}{2\sqrt{D_i(p_i^*, p_j^*)}} \right) \frac{\partial D_i}{\partial p_j} \frac{\partial p_j^*}{\partial T_i} = 0 \tag{4-21}
$$

求解式（4-21），得转移价格表达式为

$$
T_i = C_i + \frac{M_i}{2\sqrt{D_i(p_i^*, p_j^*)}} + k \left(p_i^* - C_i - c_i - \frac{N_i}{2\sqrt{D_i(p_i^*, p_j^*)}} \right) \tag{4-22}
$$

其中，$k = \left| \dfrac{\partial D_i}{\partial p_j} \dfrac{\partial p_j^*}{\partial T_i} \middle/ \dfrac{\partial D_i}{\partial p_i} \dfrac{\partial p_i^*}{\partial T_i} \right|$，由式（4-1）的条件可知，$0 < k < 1$。

令 MC_u^i 为生产总部的边际成本，MC_i 为集团 i 的总边际成本，则式（4-22）的转移价格表达式可进一步化简为

$$
T_i = \mathrm{MC}_u^i + k(p_i^* - \mathrm{MC}_i)，\quad 0 < k < 1 \tag{4-23}
$$

由式（4-23）可以看出，寡头竞争企业集团的转移价格除了与本集团生产总部的边际成本以及下游子公司的利润空间有关外，还与两家寡头企业的外部市场竞争程度有关。最优转移价格 T_i 为生产总部的边际成本 MC_u^i 与下游子公司的利润加成，加成比例取决于两家寡头的竞争程度 k。当 k 趋近于 1 时，表明两家寡头的最终产品之间具有很强的替代性，从而导致市场会出现伯川德悖论现象，最终产品价格将趋向于边际成本。因此，两家集团需要通过同时提高转移价格来增加下游子公司的边际成本，以达到提高最终产品市场价格的目的，进而增加集团的整体利润；当 k 趋近于 0 时，表明两家寡头的最终产品之间具有很强的独立性，从而转移价格趋近于边际成本，与 Hirshleifer（1956）的研究结论相符。

当集团的生产能力不能满足式（4-19）的产量水平，或外部市场需求不能满

足条件 4 的需求量时，集团的总利润函数将可能出现非凹的情况，这种情况下式（4-23）求出的转移价格 T_i 将不是最优策略。集团的合理转移价格 T_i 将存在于区间 $\left[0, p_i - MC_d^i\right]$ 的端点上。

4.3　本章小结

　　本章通过引入库存管理的思想，在考虑中间产品流转过程中产生的库存持有成本、订货成本、订单处理成本和启动成本的基础上，研究企业集团的转移定价决策问题。研究发现，当存在库存管理成本时，最优转移价格存在的前提条件是生产总部的生产能力必须达到最低的产量水平，或在生产能力充分的条件下市场需求必须达到最小的需求量水平。本章首先研究了竞争性下游子公司的单一集团转移定价决策问题，得出提供给一个子公司的最优转移价格为针对该子公司的边际成本与另一个子公司最终产品的利润加成，加成比例取决于最终产品市场的竞争强度。其次，进一步将模型拓展到寡头竞争的多集团转移定价决策问题，得出最优转移价格为集团生产总部的边际成本与下游子公司的利润加成，加成比例取决于寡头企业的市场竞争强度。

参 考 文 献

Bolander S F, Gooding C W, Mister W G. 1999. Transfer pricing strategies and lot sizing decisions[J]. Journal of Managerial Issues, 11(2): 155-165.

Hirshleifer J. 1956. On the economics of transfer pricing[J]. The Journal of Business, 29(3): 172-184.

Monahan J P. 1988. Comments on "a quantity discount pricing model to increase vendor profits"[J]. Management Science, 34(11): 1391-1398.

Pfeiffer T. 1999. Transfer pricing and decentralized dynamic lot-sizing in multistage, multiproduct production processes[J]. European Journal of Operational Research, 116(2): 319-330.

第5章　多产品转移定价

　　第2章~第4章都是在企业生产单一产品的基础上进行分析的,而现实企业中随着消费者需求多样化、个性化的发展,越来越多的企业需要生产系列产品来满足不同顾客的需求,以达到提高企业服务质量的目的。比如,汽车制造业生产不同型号的发动机,电子公司生产不同速度等级的芯片,食品加工厂生产不同口味的食物,服装制造厂生产不同颜色、不同款式的服装等,都反映了企业为了满足不同消费者的需求而采取的系列产品的生产策略。然而,系列产品的生产为企业的转移定价决策提出了新的挑战。由于系列产品一般同属于一个产品大类,因而相互之间具有替代性。当一个产品的价格变动时,会影响到另一个产品的需求。由于替代因素的影响,系列产品的转移定价决策较单一产品更为困难和复杂。Pfeiffer(1999)通过建立模型对多产品的转移定价问题进行了分析。模型假设一家集团公司由 m 个采购部门, $n-m$ 个生产部门, $n-m$ 个销售部门组成,每个部门生产一种同质产品。采购部门从外部市场获得一类原材料,并将其转移给生产部门,生产部门使用原材料以及其他生产部门提供的中间产品共同加工成最终产品,并通过销售部门销往外部市场。同时假设生产过程中不存在延迟和能力约束。在这些假设前提下,建立了转移定价系统模型,并分析了转移定价系统的存在性,得出了该条件下存在最优转移定价系统的结论。然而每个部门生产同质产品的假设条件使得研究结论与现实企业相距甚远。本章从经济学的角度,运用合作博弈和非合作博弈的思想分别研究存在多种中间产品与多种最终产品情形下的最优转移定价问题,得出当存在多种中间产品的情况下采用边际成本转移定价策略配合合作博弈的 Shapley 值进行利润重新分配可以达到集团利润最优。当存在多种最终产品的情况下,在考虑了最终产品之间为替代关系、独立关系和互补关系的基础上,分析得出最优转移定价策略应随着最终产品之间的相互关系不同而有所差异的结论。

5.1　多种中间产品转移定价决策分析

　　企业集团的内部往往由几家下属的子公司共同合作完成某件产品的生产。每家子公司负责产品生产过程中所需的一种中间产品或产品生产流程中的某一个环节。每家子公司都是一个独立核算的利润主体,追求各自公司的利润最大化。因此,如何协调各子公司目标与集团总体目标相一致,是企业集团面临的颇为棘手的问题。其中首先要解决的最关键的问题是集团利益配置的合理性。根据Hirshleifer（1956）及其后的一些专家学者的研究结论，在企业集团内部，当生产中间产品的各上游子公司以等于边际成本的转移价格为下游子公司提供中间产品时，企业集团的整体利润达到最大。但以等于边际成本的价格提供产品，会导致上游子公司的经济利润为零，而超额利润全部转移给了下游子公司，从而造成了企业集团内部利益分配的不公平性。上游子公司会由于利益分配的不合理而没有积极性合作、虚报成本数据、不进行技术改造等，从而产生了边际成本转移定价系统的高额执行成本。因此，要保证边际成本转移定价系统顺利运行，就必须有一套配套的利益分配机制，以确定集团内部利益分配的公平性和合理性，激励各下属子公司进行合作的积极性，进而达到集团整体利润最大。

从企业集团生产过程可以看出，企业集团的产品生产实质上可以作为一个合作博弈问题加以考虑。合作博弈是博弈论的一个重要组成部分，它研究和揭示了合作的必然性、合作方式和合作利益分配等。合作博弈理论强调，只要能给联盟带来更多的利益，合作就必然存在。这与集团内部产品生产的基本前提是一致的，集团下属各个子公司互相需要、互为补充，各自都能为集团利益提供自己独有的贡献，即提供各自生产的生产要素。集团生产实践告诉我们，企业集团内部产品的生产，是实行专业分工，优势互补的过程，根据各个子公司的优势，让其负责生产过程中某一种中间产品的生产或某一个生产环节。通过各个子公司的有效组合，获得前所未有的综合优势，即整体收益大于其每一个成员单独经营时的收益之和，这是合作博弈的一个基本条件。另一个基本条件是对集团内部而言，应存在着具有帕累托改进性质的分配规则，即每个子公司都能获得比不加入集团时要多一些的收益。合作利益分配是博弈中一个核心内容，它强调要在联盟内部按协议规则把所得到的支付分配给所有成员。如何分配才是理性的最终分配，这非常重要，它对联盟的稳定起决定作用。本节运用 Shapley 值通过公理化方法，按照各子公司对集团利益的实际贡献大小进行集团利润分配，以达到企业集团内部的协调一致。

5.1.1　模型建立

假设企业集团下属 n 个子公司 $1, 2, 3, \cdots, n$，其中上游子公司 $1, 2, 3, \cdots, n-1$ 各自生产一种中间产品，供应给下游子公司 n。下游子公司采用上游子公司提供的中间产品，进一步加工成最终产品，销售给消费者。

用 $N = \{1, 2, 3, \cdots, n\}$ 表示企业集团中所有子公司的集合，由于联盟是由子公司组成的，因此用 N 的子集表示各种可能的子公司联盟。用 $M = \{1, 2, 3, \cdots, n-1\}$ 表示所有上游子公司的集合，用 M 的子集表示各种可能的上游子公司联盟，$M \subset N$。用 $S = \{i_1, i_2, i_3, \cdots, i_S\}$ 表示由子公司 $i_1, i_2, i_3, \cdots, i_S$ 组成的联盟，$M \setminus S$ 表示不在该联盟中的子公司集合，$S \setminus \{i\}$ 表示子公司 i 不在联盟 S 中。π 为子公司联盟的特征函数，$\pi(S)$ 表示子公司联盟 S 所能得到的最大利润。

在用 Shapley 值求解时，首先应满足如下公理。

（1）对称性或等价公理：若对策中的两个局中人相互替代（当联盟总财富不发生改变时，由一个人替代另一个人），那么它们的值相等。此条公理意味着局中人的平等关系。

（2）最优性或有效性公理：所有局中人的赢得（或价值）之和等于 $\pi(N)$，$\pi(N)$ 是所有局中人总联盟的财富。

（3）可分可加性公理：两个对策之和的值等于两个对策值之和。

假设最终产品的市场逆需求函数为 $P_n = a - bQ_n$。设下游子公司加工中间产品的成本为单位成本 C_n，各上游子公司生产中间产品的成本为单位成本 C_i（$i = 1,2,3,\cdots,n-1$）。假设各上游子公司的中间产品不存在外部市场，当上下游子公司互不合作时，中间产品的销售价格为 p_i，而上下游子公司相互合作时，中间产品的转移价格为边际成本 C_i。根据上述假定，确定合作博弈的特征函数，由于子公司是独立的利润中心，因此以利润为主要的追求目标，故以各子公司联盟的利润函数作为合作博弈的特征函数比较合理。

当企业集团下属各个子公司互不合作，各自独立经营时，中间产品生产子公司的利润为该子公司生产中间产品所获得的收益扣除生产成本后的净剩余。最终产品生产子公司的利润为该子公司生产最终产品获得的收益扣除其购买中间产品的成本及其自身的加工成本后的净剩余。各子公司联盟的利润分两种情况：一种情况，子公司联盟不包括最终产品生产子公司，该联盟的收益为各上游子公司生产中间产品所获得的利润之和；另一种情况，子公司联盟包括最终产品生产子公司，该联盟的收益为生产最终产品的净利润。用数学表达式表示各联盟的具体特征函数如下：

$$\pi(i) = p_i Q_i - C_i Q_i, \; i = 1,2,3,\cdots,n-1 \tag{5-1}$$

$$\pi(n) = (a - bQ_n - C_n)Q_n - \sum_{i=1}^{n-1} p_i Q_i \tag{5-2}$$

$$\pi(S) = \begin{cases} \sum_{i \in M}(p_i Q_i - C_i Q_i), & S \subset M \\ (a - bQ_n - C_n)Q_n - \sum_{i \in M} C_i Q_i - \sum_{i \in M \setminus S} p_i Q_i, & S \subset N, \; S \not\subset M \end{cases} \tag{5-3}$$

$$\pi(N) = (a - bQ_n - C_n)Q_n - \sum_{i=1}^{n-1} C_i Q_i \tag{5-4}$$

其中，$\pi(i)$ 为各中间产品生产子公司独立经营时的利润；$\pi(n)$ 为最终产品生产子公司独立经营时的利润；$\pi(S)$ 为各子公司联盟获得的利润；$\pi(N)$ 为企业集团的整体利润。

由上述特征函数的特点可以看出，各子公司联盟的特征函数满足如下性质。

（1）$\pi(\Phi) = 0$（Φ 为空集）。

（2）$\forall S \subset T \subset N$，$\pi(S) \leqslant \pi(T)$。

（3）$\pi(S \bigcup K) \geqslant \pi(S) + \pi(K)$（$S \bigcap K = \Phi$，$\Phi$ 为空集）。

为分析简便，假设下游子公司生产一单位最终产品刚好需要各上游子公司分别提供一单位中间产品，即 $Q_1 = Q_2 = Q_3 = \cdots = Q_i = \cdots = Q_{n-1} = Q_n$，则上述各联盟的特征函数可进一步化简。

5.1.2　不合作时的各子公司利润分析

首先，根据市场需求函数确定下游子公司的最优的最终产品生产量。

对式（5-2）求极值，得

$$\frac{\partial \pi(n)}{\partial Q_n} = a - 2bQ_n - C_n - \sum_{i=1}^{n-1} p_i = 0 \tag{5-5}$$

由式（5-5）得，各子公司互不合作时，最优的最终产品生产量为

$$Q_n = \frac{a - C_n - \sum_{i=1}^{n-1} p_i}{2b} \tag{5-6}$$

由式（5-6）可以看出，最终产品产量是中间产品价格的减函数。

由于下游子公司生产一单位最终产品刚好需要各上游子公司分别提供一单位中间产品，因此，中间产品的产量应等于最终产品的产量，即

$$Q_i = Q_n = \frac{a - C_n - \sum_{i=1}^{n-1} p_i}{2b} \tag{5-7}$$

将式（5-7）代入式（5-1），并对价格 p_i 求极值，得出在最终产品市场需求既定的条件下，上游子公司独立生产时，中间产品的最优销售价格为

$$p_i^* = \frac{1}{2} \left(C_i + a - C_n - \sum_{\substack{j=1 \\ j \neq i}}^{n-1} p_j \right) \tag{5-8}$$

将式（5-7）、式（5-8）分别代入式（5-1）、式（5-2）得互不合作时各子公司的利润为

$$\pi(i) = \left(a - C_n - C_i - \sum_{\substack{j=1 \\ j \neq i}}^{n-1} p_j \right)^2 \Bigg/ 8b \tag{5-9}$$

$$\pi(n) = \left(a - C_n - C_i - \sum_{\substack{j=1 \\ j \neq i}}^{n-1} p_j\right)^2 \Big/ 16b \tag{5-10}$$

5.1.3　两两合作时的联盟利润分析

当联盟不包括下游子公司时，联盟的利润等于各子公司独立经营时的利润之和。当联盟包括下游子公司时，联盟的利润取决于最终产品市场的需求状况。

通过对式（5-3）求极值，可得联盟的最优的最终产品产量：

$$Q_i' = Q_n' = \frac{a - C_n - \sum_{i \in M} C_i - \sum_{i \in M \setminus S} p_i}{2b} \tag{5-11}$$

为了使研究与实践相符，假设当部分上游子公司组成联盟时，未加入联盟的子公司仍然按照独立经营时的价格提供中间产品。假定上游子公司有足够的生产能力满足下游子公司的需求。

将式（5-9）、式（5-11）代入式（5-3），得联盟 S 的利润为

$$\pi(S) = \begin{cases} \sum_{i \in M} \pi(i), \ S \subset M \\ \left(a - C_n - \sum_{i \in M} C_i - \sum_{i \in M \setminus S} p_i\right)^2 \Big/ 4b, \ S \subset N, \ S \not\subset M \end{cases} \tag{5-12}$$

5.1.4　完全合作时的集团总利润分析

当所有子公司进行合作时，中间产品的转移价格为边际成本 C_i，对式（5-4）求极值，得集团的最优产量为

$$Q_i^* = Q_n^* = \frac{a - C_n - \sum_{i=1}^{n-1} C_i}{2b} \tag{5-13}$$

将式（5-13）代入式（5-4）得集团的最大利润为

$$\pi(N) = \left(a - C_n - \sum_{i=1}^{n-1} C_i\right)^2 \Big/ 4b \tag{5-14}$$

整理上述结果，得各子公司联盟的特征函数为

$$\pi(i) = \left(a - C_n - C_i - \sum_{\substack{j=1 \\ j \neq i}}^{n-1} p_j\right)^2 \Big/ 8b$$

$$\pi(n) = \left(a - C_n - C_i - \sum_{\substack{j=1 \\ j \neq i}}^{n-1} p_j\right)^2 \bigg/ 16b$$

$$\pi(S) = \begin{cases} \sum_{i \in M} \pi(i), \ S \subset M \\ \left(a - C_n - \sum_{i \in M} C_i - \sum_{i \in M \setminus S} p_i\right)^2 \bigg/ 4b, \ S \subset N, \ S \not\subset M \end{cases}$$

$$\pi(N) = \left(a - C_n - \sum_{i=1}^{n-1} C_i\right)^2 \bigg/ 4b$$

Shapley 值的计算公式可表示为

$$\varphi_i(\pi) = \sum_{i \in S} \frac{(|S| - 1)!(n - |S|)!}{n!} [\pi(S) - \pi(S \setminus \{i\})]$$

其中，$|S|$ 为联盟 S 中所含的局中人个数；$S \setminus \{i\}$ 为联盟 S 中不包括局中人 i。

将上述求得的子公司联盟的特征函数代入 Shapley 值的计算公式可以计算出，通过对集团整体利润进行重新分配后各下属子公司分得的利润。

5.1.5　算例分析

下面通过引入具体的数据，进一步分析 Shapley 值在企业集团利润分配中的合理性。

假定有一个企业集团下属三个子公司 A、B、C，子公司 A 和子公司 B 分别生产一种中间产品提供给子公司 C，子公司 C 进行进一步装配加工成为最终产品，销往外部市场。最终产品的市场需求函数为 $P_C = 10 - 2Q$，子公司 C 每装配一件最终产品刚好需要子公司 A、B 分别提供一件中间产品。子公司 A 的变动成本为 2，子公司 B 的变动成本为 3，子公司 C 加工中间产品的成本为 1，假定各子公司都没有固定成本。如果三个子公司合作一致，则子公司 A、B 按边际成本价格提供中间产品，若各子公司互不合作，则子公司 A 按价格 p_A 提供中间产品，子公司 B 按价格 p_B 提供中间产品。下面分别对各种情况下子公司联盟的利润状况进行分析。

1. 不合作时的各子公司利润分析

假设三个子公司互不合作，则子公司 A、B、C 分别按照自己的利润最大化确定最优的产量和销售价格。假定中间产品不存在外部市场，并且中间产品与最终产品之间是一一对应的关系。决策过程为，子公司 C 根据市场需求确定最优产量，子公司 A、B 根据子公司 C 确定的产量决策最优的中间产品价格。

$$\pi_A = p_A Q - 2Q$$

$$\pi_B = p_B Q - 3Q$$

$$\pi_C = (10 - 2Q - 1)Q - p_A Q - p_B Q$$

分别对上述各式求极值，并计算得 $p_A = 10/3$，$p_B = 13/3$，$Q = 1/3$。

根据计算结果，分别计算各子公司独立经营时的利润为 $\pi_A = 4/9$，$\pi_B = 4/9$，$\pi_C = 2/9$。三个子公司的利润之和为 $\pi = 10/9$。

2. 两两合作时的联盟利润分析

$$\pi_{AB} = \pi_A + \pi_B$$

$$\pi_{AC} = (10 - 2Q' - 1)Q' - 2Q' - p_B Q'$$

$$\pi_{BC} = (10 - 2Q' - 1)Q' - 3Q' - p_A Q'$$

联盟内的子公司以边际成本的价格提供中间产品，而联盟外的子公司仍以独立经营时的价格提供中间产品。

对上面各子公司联盟的利润函数求极值并计算得 $Q' = 2/3$。

将计算结果分别代入子公司联盟的利润函数，得各子公司两两联盟时的利润为 $\pi_{AB} = 8/9$，$\pi_{AC} = 8/9$，$\pi_{BC} = 8/9$。

由上述计算过程可以看出，联盟的利润大于联盟内各子公司独立经营时的利润之和。

3. 完全合作时的集团总利润分析

当各子公司全部合作时，各上游子公司都以边际成本价格提供中间产品，下游子公司根据市场需求确定最优产量。

$$\pi_{ABC} = (10 - 2Q - 1)Q - 2Q - 3Q$$

对上式求极值，得企业集团的最优产量 $Q^* = 1$。

将最优产量结果代入集团的利润函数得集团最大利润为 $\pi_{ABC} = 2$。

将上述计算结果分别代入 Shapley 值计算公式：

$$\varphi_i(\pi) = \sum_{i \in S} \frac{(|S| - 1)!(n - |S|)!}{n!} \big[\pi(S) - \pi(S \setminus \{i\}) \big]$$

计算得

$$\varphi(A) = \frac{4/9}{3 \times 1} + \frac{(8/9 - 4/9) + (8/9 - 2/9)}{2 \times 3} + \frac{2 - 8/9}{1 \times 3} = \frac{19}{27}$$

$$\varphi(B) = \frac{4/9}{3 \times 1} + \frac{(8/9 - 4/9) + (8/9 - 2/9)}{2 \times 3} + \frac{2 - 8/9}{1 \times 3} = \frac{19}{27}$$

$$\varphi(\mathrm{C}) = \frac{2/9}{3\times 1} + \frac{(8/9-4/9)+(8/9-4/9)}{2\times 3} + \frac{2-8/9}{1\times 3} = \frac{16}{27}$$

由上述分析过程可以看出，随着各子公司合作程度的不断增加，最终产品的产量逐渐增多，价格不断降低，从而提高了社会福利，并且子公司联盟的利润大于各子公司独立经营时的利润之和。由 Shapley 值的分配结果可以看出，通过对企业集团利润的重新分配，各子公司分得的利润均大于其独立经营时的利润，因此各子公司的经理有积极性进行合作以增加各自的收益。由于各子公司的相互合作，最终达到企业集团的整体利润最大化，并提高了社会福利。

本节对存在多种中间产品的企业集团转移定价进行分析，提出在实施边际成本转移定价策略的同时，配套运用合理的利益分配机制。引入合作博弈的思想，采用 Shapley 值分配方法，按照各子公司的贡献大小进行集团利润的重新划分。研究结果表明，该分配机制下，各子公司所分得的利润超过其独立经营时的利润，因此，有助于促进各子公司之间的合作。同时，采用该分配机制，在达到集团内部利益分配公平合理的基础上，提高了集团的整体利润和社会福利，达到了双赢的目的。

5.2　多种最终产品转移定价决策分析

5.1 节分析了存在多种中间产品情形下的转移定价策略，本节将进一步分析存在多种最终产品的转移定价策略问题，研究发现当最终产品之间存在相关关系的时候，边际成本转移定价策略并不能达到集团利润最优，而最优转移定价有可能低于或高于边际成本，具体大小依赖于最终产品之间的关系。

5.2.1　模型构建

假设企业集团只由总部和子公司 i（$i=1,2$）组成。总部生产一种中间产品，提供给子公司 i。子公司 i 将总部提供的中间产品进一步加工成最终产品，销往外部市场，并且每个子公司产出一种最终产品。假设下游子公司生产的最终产品之间具有三种可能的类型：独立型、替代型和互补型。下面将分析不同类型的最终产品是如何影响集团总部的中间产品转移定价决策的。

设集团总部生产中间产品的成本为单位成本 C，下游子公司加工中间产品成为最终产品的成本为单位成本 c_i。最终产品的市场需求函数为线性函数 $Q_i = \alpha - p_i + \beta p_j$，其中 $\beta \in (-1,1)$，$i,j \in \{1,2\}$，$i \neq j$（下面提到的 i,j 的取值范围与此相同），p_i 和 p_j 是最终产品价格。β 的限定区间表明最终产品的价格与需求量之间的间接效应小于直接效应，即其他产品价格对需求的影响小于本身产品价格对需求的影响。同时，当 β 在（0,1）区间时，表明下游各子公司的最终产品之间是替代关系，当 β 在（-1,0）区间时，表明下游各子公司的最终产品之间是互补关系，当 $\beta=0$ 时，表明下游各子公司的最终产品之间是完全独立的，互不影响。下面分析不同最终产品类型下集团总部的最优转移定价决策问题。

5.2.2　转移定价决策分析

假设集团公司为部分非中心化结构，各子企业具有各自终端产品的价格决策权，转移定价决策由集团总部做出。企业集团的决策过程可描述为集团总部决定中间产品转移价格的大小，下游子公司根据转移价格的高低同时确定最优的最终产品价格和产量。决策过程相当于两阶段完美信息动态博弈，可以采用逆推归纳法求解均衡结果。

假设总部的生产能力完全可以满足下游子公司的需求。首先，从博弈的第二阶段开始，下游子公司在给定转移价格的条件下，根据各自的利润最大化，同时确定最优的最终产品价格。为分析方便，假设下游子公司生产一单位最终产品刚好需要上游子公司提供的一单位中间产品。

$$\max_{P_i} \pi_i = (p_i - c_i - T_i)(\alpha - p_i + \beta p_j) \tag{5-15}$$

假设下游子公司的利润函数 π_i 是关于最终产品价格 p_i 的严格凹函数，对式（5-15）求偏导，得下游子公司的反应函数为

$$\frac{\partial \pi_i}{\partial p_i} = \alpha - 2p_i + c_i + T_i + \beta p_j = 0 \tag{5-16}$$

求解式（5-16），得最终产品价格与转移价格之间的关系式为

$$p_i = \frac{(2+\beta)\alpha + 2(c_i + T_i) + \beta(c_j + T_j)}{4 - \beta^2} \tag{5-17}$$

其次进入博弈的第一阶段，集团总部根据第二阶段得到的结果，确定达到集团利润最大化的转移价格 T_i。

$$\max \pi = (p_1 - c_1 - C)(\alpha - p_1 + \beta p_2) + (p_2 - c_2 - C)(\alpha - p_2 + \beta p_1) \tag{5-18}$$

将式（5-17）代入式（5-18），得

$$\max_{T_1, T_2} \pi = \frac{1}{(\beta^2 - 4)^2} \{ [\alpha(2+\beta) + (\beta^2 - 4)C + (\beta^2 - 2)c_1 + \beta(c_2 + T_2) + 2T_1][\alpha(2+\beta)$$
$$+ (\beta^2 - 2)c_1 + (\beta^2 - 2)T_1 + \beta(c_2 + T_2)] + [\alpha(2+\beta) + (\beta^2 - 4)C + (\beta^2 - 2)c_2$$
$$+ \beta(c_1 + T_1) + 2T_2][\alpha(2+\beta) + \beta(c_1 + T_1) + (\beta^2 - 2)(c_2 + T_2)] \}$$

$$\tag{5-19}$$

对式（5-19）针对 T_1 和 T_2 求极值得

$$\begin{cases} \dfrac{\partial \pi}{\partial T_1} = \dfrac{1}{(\beta^2 - 4)^2}[(\beta+2)^2(\alpha\beta + (\beta^2 - 3\beta + 2)C) + \beta^4 c_1 \\ \qquad\qquad + \beta^3(3c_2 + 2T_2) + 6\beta^2 T_1 - 4\beta c_2 - 8T_1] = 0 \\ \dfrac{\partial \pi}{\partial T_2} = \dfrac{1}{(\beta^2 - 4)^2}[(\beta+2)^2(\alpha\beta + (\beta^2 - 3\beta + 2)C) + \beta^4 c_2 \\ \qquad\qquad + \beta^3(3c_1 + 2T_1) + 6\beta^2 T_2 - 4\beta c_1 - 8T_2] = 0 \end{cases} \tag{5-20}$$

求解方程组式（5-20）得最优转移价格为

$$T_i = \frac{\alpha\beta + (1-\beta)[(2-\beta)C - \beta c_j]}{2(1-\beta)} \tag{5-21}$$

由式（5-21）可以看出，中间产品的最优转移价格除了与中间产品的生产成本 C 有关外，还与下游子公司加工中间产品为最终产品的成本 c_j，以及最终产品之间的相关关系 β 有关，并且针对各下游子公司的加工成本不同，集团总部对中间产品采用了差别转移定价（假设集团总部可以限制下游子公司之间的套利行为）。

由式（5-21）可得

$$\frac{\partial T_i}{\partial C} = \frac{2-\beta}{2} > 0 \tag{5-22}$$

$$\frac{\partial T_i}{\partial c_j} = -\frac{\beta}{2}\begin{cases} < 0, & \beta \in (0,1) \\ = 0, & \beta = 0 \\ > 0, & \beta \in (-1,0) \end{cases} \tag{5-23}$$

由式（5-22）可以看出，当 c_j、β 给定时，随着中间产品生产成本的增加，转移价格将不断增大，表明当生产总部的生产成本增大时，中间产品的转移价格也将提高。

由式（5-23）可以看出，当 c_j、β 给定时，随着下游子公司加工中间产品的成本的变化，集团总部的转移定价策略表现出不同的形式。

（1）当各下游子公司生产的最终产品之间为替代关系，即 $\beta \in (0,1)$ 时，随着子公司 j 加工成本 c_j 的增大，集团总部供给子公司 i 的转移价格 T_i 将不断减小。可以解释为集团总部通过转移定价策略促使下游子公司之间相互竞争，不断降低成本，从而达到集团的总体利润最优。

（2）当各下游子公司生产的最终产品之间为互补关系，即 $\beta \in (-1,0)$ 时，随着子公司 j 加工成本 c_j 的增大，集团总部供给子公司 i 的转移价格 T_i 也将不断增大。可以解释为当下游子公司生产的最终产品为互补关系时，它们之间具有正的外部效应，从而集团总部通过转移定价策略调整下游子公司的成本，使各下游子公司的成本尽量保持平衡，从而保持最终产品的价格相一致，以达到集团的总体利润最优。

（3）当下游子公司生产的最终产品相互独立，即 $\beta = 0$ 时，转移价格不受下游子公司加工成本的影响。

接下来分析当中间产品的生产成本 C 和加工成本 c_j 给定时，β 和转移价格之间的关系。

将式（5-21）代入式（5-17），计算得最终产品的市场价格为

$$p_i = C + c_i + \frac{\alpha - (1-\beta)(C + c_i)}{2(1-\beta)} \tag{5-24}$$

由于最终产品市场为不完全竞争市场，因此，$p_i > C + c_i$，即

$$\alpha > (1-\beta)(C + c_i) \tag{5-25}$$

同理，可得

$$\alpha > (1-\beta)(C + c_j) \tag{5-26}$$

令 $\gamma = \alpha - (1-\beta)(C + c_j)$，将式（5-21）进一步化简得

$$T_i = C + \frac{\gamma\beta}{2(1-\beta)}, \ \gamma > 0 \tag{5-27}$$

由式（5-27）可以得出如下结论：

$$T_i \begin{cases} > C, \ 0 < \beta < 1 & \text{（即最终产品之间为替代关系时，} \\ & \quad \text{最优转移价格大于边际成本）} \\ = C, \ \beta = 0 & \text{（即最终产品之间相互独立时，} \\ & \quad \text{最优转移价格等于边际成本）} \\ < C, \ -1 < \beta < 0 & \text{（即最终产品之间为互补关系时，} \\ & \quad \text{最优转移价格小于边际成本）} \end{cases} \tag{5-28}$$

式（5-28）的第一个结论，当 $0 < \beta < 1$ 时，$T_i > C$，表明当最终产品之间为替代关系时，最优转移价格为中间产品的边际成本加成。根据 Bulow 等（1985）的研究结论，寡头竞争的企业，一方提高产品价格会导致对方企业的边际利润增加，均衡结果是，双方同时提高价格。因此由第一个结论可以看出，若集团总部提高中间产品的转移价格，可以促使两下游子公司同时提高最终产品的市场价格，进而增加集团的整体利润；第二个结论，当 $\beta = 0$ 时，$T_i = C$，与 Hirshleifer（1956）的研究结论相符，表明当最终产品之间相互独立时，最优转移价格应等于中间产品的边际成本；第三个结论，当 $-1 < \beta < 0$ 时，$T_i < C$，表明由于最终产品之间为互补关系，因而最终产品市场具有正的外部性。由引理 3-1 可知，集团总部通过降低转移价格，使下游子公司降低最终产品市场价格，从而使最终产品的销量增加。由于下游子公司的最终产品之间具有正的外部性，一种最终产品的销量增加必然会带动另一种最终产品的销量上升，最终达到集团的整体利润增加。

5.2.3　集团利润分析

根据前面得到的转移价格结果确定集团的利润状况。

将式（5-24）代入式（5-18），用上标 s 表示最优转移定价策略情况，得集团的总利润为

$$\pi^s = \frac{2\alpha^2 - 2\alpha(1-\beta)(2C + c_1 + c_2)}{4(1-\beta)}$$
$$+ \frac{1}{4}(2(1-\beta)C^2 + c_1^2 - 2\beta c_1 c_2 + c_2^2 + 2(1-\beta)C(c_1 + c_2)) \tag{5-29}$$

为了判断得到的转移定价策略的优劣程度，将该定价策略下的集团利润与Hirshleifer（1956）提出的边际成本定价策略下的集团利润进行比较分析。

假设集团总部以边际成本的价格为各下游子公司提供中间产品，则各下游子公司根据自身利润最大化确定最优的最终产品市场价格，即

$$\max_{p_i} \pi_i = (p_i - c_i - C)(\alpha - p_i + \beta p_j) \tag{5-30}$$

对式（5-30）求极值，得下游子公司的反应函数为

$$\frac{\partial \pi_i}{\partial p_i} = \alpha - 2p_i + c_i + C + \beta p_j = 0 \tag{5-31}$$

求解上述方程组，得

$$p_i = \frac{(2+\beta)(\alpha + C) + 2c_i + \beta c_j}{4 - \beta^2} \tag{5-32}$$

将式（5-32）代入式（5-18），得边际成本转移价格条件下（用上标 c 表示）集团的总利润为

$$\pi^c = \frac{1}{(\beta^2 - 4)^2}[2\alpha^2(2+\beta)^2 + 2(\beta^2 + \beta - 2)^2(C^2 + Cc_1 + Cc_2) + (\beta^4 - 3\beta^2$$
$$+ 4)(c_1^2 + c_1^2) + (4\beta^3 - 8\beta)c_1 c_2 + 2\alpha(\beta - 1)(\beta + 2)^2(2C + c_1 + c_2)] \tag{5-33}$$

比较两种定价策略下集团公司的总利润状况，由式（5-29）～式（5-33）得

$$\Delta\pi = \pi^s - \pi^c$$
$$= \frac{\beta^2}{4(1-\beta)(\beta^2 - 4)^2}\{2\alpha^2(\beta + 2)^2 + (\beta - 1)[(\beta + 2)^2 2\alpha(2C + c_1 + c_2)$$
$$+ 2(\beta - 1)(\beta + 2)^2(C^2 + Cc_1 + Cc_2) + (3\beta^2 - 4)(c_1^2 + c_2^2) + 2\beta^3 c_1 c_2]\} \tag{5-34}$$

其中，$\Delta\pi$ 为考虑最终产品相互关系的转移定价策略下集团总利润与边际成本转移定价策略下集团总利润之差。

对式（5-34）进一步分析得

$$\Delta\pi \begin{cases} > 0, & 0 < \beta < 1 \\ = 0, & \beta = 0 \\ > 0, & -1 < \beta < 0 \end{cases} \tag{5-35}$$

由式（5-35）分析结果可以看出，只有当 $\beta = 0$，即最终产品之间完全独立时，考虑最终产品相互关系的转移定价策略与边际成本定价策略产生的集团总利润是相等的。其他任何条件下，考虑最终产品相互关系的转移定价策略产生的集团总利润较边际成本转移定价策略产生的集团总利润大。

5.2.4　算例分析

设中间产品的生产成本 $C = 1$，下游子公司加工中间产品为最终产品的成本 $c_1 = c_2 = 1$。最终产品的市场需求函数为 $Q_i = 5 - p_i + \beta p_j$。

将 $C = 1$，$c_1 = c_2 = 1$，$\alpha = 5$ 代入式（5-21）得

$$T_i = \frac{5\beta + 2(1-\beta)^2}{2(1-\beta)}$$

上式表示在图形上，如图 5-1 所示。

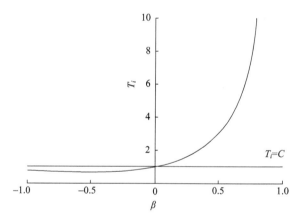

图 5-1　转移价格关系图

图 5-1 表明当最终产品之间为互补关系时，最优转移价格应该小于边际成本；当最终产品之间相互独立时，最优转移价格应严格等于边际成本；而当最终产品之间为替代关系时，最优转移价格应大于边际成本，并且随着替代关系的不断增强，转移价格应不断增大。

将 $C = 1$，$c_1 = c_2 = 1$，$\alpha = 5$ 分别代入式（5-29）、式（5-33）得

$$\pi^s = \frac{[2(1-\beta) - 5]^2}{2(1-\beta)}$$

$$\pi^c = \frac{1}{(\beta^2-4)^2}[50(2+\beta)^2 + 6(\beta^2+\beta-2)^2 + 2(\beta^4-3\beta^2+4)$$
$$+ (4\beta^3-8\beta) + 40(\beta-1)(\beta+2)^2]$$

将上述两式绘制在同一坐标系上，如图 5-2 所示。

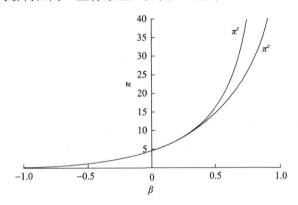

图 5-2　两种转移定价策略下集团利润比较图

图 5-2 表明，无论最终产品之间是何种类型，考虑最终产品相互关系的转移定价策略产生的集团利润始终大于或等于（产品之间完全独立时）边际成本定价策略产生的集团利润。并且随着最终产品之间相互替代程度的不断增强，考虑最终产品相互关系的转移定价策略的优势也越来越明显。

将 $C=1$，$c_1=c_2=1$，$\alpha=5$ 代入式（5-34）得

$$\Delta\pi = \frac{\beta^2}{4(1-\beta)(\beta^2-4)^2}[(\beta+2)^2(6\beta^2+28\beta+16)$$
$$+ (\beta-1)(2\beta^3+6\beta^2-8)]$$

将上式绘制在图形上，如图 5-3 所示。

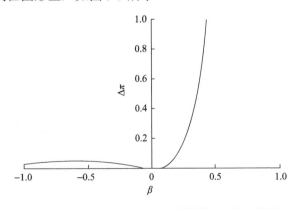

图 5-3　两种转移定价策略下集团利润之差变化图

图 5-3 表明，两种转移定价策略产生的集团利润的差额在 $\beta = 0$ 时为零，其他任何条件下均大于零。当最终产品之间为替代关系时，随着最终产品之间替代程度的不断增强，利润差额逐渐增大。当最终产品之间为互补关系时，在 $\beta = -0.5$ 处两种策略形成的利润差距达到最大，随着 β 趋向于 -1 而逐渐减小。

5.3　本章小结

本章分析了存在多种中间产品和多种最终产品的企业集团转移定价策略问题，提出当存在多种中间产品时，运用边际成本定价策略配合 Shapley 值利润分配手段，可以达到集团利润最优，同时保持下属子公司参与的积极性。当存在多种最终产品时，最优转移定价策略应随着下游子公司生产的最终产品之间关系的不同而不断变化。当最终产品之间为互补关系时，转移价格应小于中间产品的边际成本；当最终产品之间完全独立时，转移价格应等于中间产品的边际成本；当最终产品之间为替代关系时，转移价格应大于中间产品的边际成本，并且随着替代关系的不断增强，转移价格应不断提高。

参 考 文 献

Bulow J I, Geanakoplos J D, Klemperer P D. 1985. Multimarket oligopoly: strategic substitutes and complements[J]. Journal of Political Economy, 93(3): 488-511.

Hirshleifer J. 1956. On the economics of transfer pricing[J]. The Journal of Business, 29(3): 172-184.

Pfeiffer T. 1999. Transfer pricing and decentralized dynamic lot-sizing in multistage, multiproduct production processes[J]. European Journal of Operational Research, 116(2): 319-330.

第6章 技术产品转移定价

由于技术产品在企业内部以及子公司之间的转移已越来越普遍和频繁，兼之技术产品的独特性，技术产品的转移定价策略较普通产品更具有特殊性和复杂性。因此，本章以技术产品为研究对象，结合技术产品的共性和特性，分析转移定价的决策过程。在分析之前，需要先了解技术产品的特点及技术产品转移定价的研究现状。

6.1 技术产品转移定价概述

技术产品是以技术为内核，具有一定新颖性、独创性和实用性的特殊商品，如新产品、新工艺、新材料、新设备及其系统组合或混合的技术，以及伴随的技术咨询、技术服务等。它同一般商品一样具有所有价值和使用价值的两重性，但技术产品又有其不同于一般商品的特点。

6.1.1 技术产品特性

1. 技术产品是无形的

就其技术而言产品是无形的，属于无形商品。无形商品的交换与有形商品交换不同。一般情况下，不是交换商品的所有权，而是出让商品的许可权。如无特殊约定，技术出让方就同一技术可以多次出让而不必投入新的开发成本。

2. 技术产品结果不确定

由于生产技术产品的科研劳动有探索性、创造性，所以这种劳动的预期结果难以确定，不像物质商品生产结果较为明确。生产技术产品的劳动会出现这样几种情况：或是同样的消耗得到有重大差别的成果，或是在短期内研制一项重要技术成果。因此，技术产品生产在投入了科研设备、材料等大量劳动后不一定能达到预想的目的，付出代价与所得成果之间不完全具有直接的、必然的联系，即付出劳动与所得成果之间不一定是正比关系。

3. 技术产品价值难以估计

普通商品的价值是以简单劳动为衡量尺度，由生产该商品所花费的社会必要劳动时间决定的。在实际经济生活中，以保证生产大量商品的那部分生产者在生产该种商品上所消耗的劳动时间的价格可以通过市场的供求关系自然调节来确定。而技术产品属于复杂劳动产品，复杂劳动的价值应该是简单劳动的数倍。但是，这种复杂劳动往往又是唯一的，没有类比性，因此，技术产品的价值就难以确定。

4. 技术产品所有权是垄断的

技术产品的唯一性必然导致技术产品所有权的垄断。技术持有者通过法律（专利）或保密措施实现垄断目的，以便获取垄断利润。垄断的程度越高，技术卖方选择的余地以及讨价还价的可能性越小。

5. 技术产品交易具有严重的信息不对称性

技术是商品就是因为别人不知道有关知识，如果公开了有关知识，就没有人来购买该项技术。技术卖方为了卖出该项技术，在洽谈过程中必须保守技术秘密。技术的购买者在购买技术时，实际上对技术本身的信息了解甚少。因此，技术的购买方在技术交易的价格谈判中处于劣势地位。技术卖方对技术的了解和掌握方面比买方拥有更大的优势。交易的不彻底性使得技术买方不可能通过买断而彻底实现独家垄断，而且对技术卖方在很长时间内有不同程度的依赖。

6. 技术产品的使用价值是有风险的

技术产品使用价值并不随着引进方获得技术许可而立即实现，它必须经历一个引进技术的消化吸收过程。特别是高级、精密尖端的技术更是如此。因为技术产品通常是在科研单位研制的，它要从实验室走向社会生产实践，还需要一个转化过程，这些高技术生产的产品是否符合社会需要、有无产品市场等不完全有把握。而一旦使用失败，便会导致技术受让方的极大损失，所以技术产品需要一个由实验室到生产车间的中间试验。更重要的是：一方面，技术产品的使用价值能否充分实现，并不完全取决于技术本身，在相当程度上还要看引进方是否具有接受这些技术的能力和条件；另一方面，如果出现替代技术，那么该项技术的使用价值将会立即消失。

7. 技术产品在成果上具有单一性

技术产品具有独创性、新颖性，不可能像物质产品一样进行批量生产，由于它的无形性，它可以以信息形式通过各种现代化的通信技术广为传播。因此，对于某种特定技术产品，整个社会拥有一个便能满足需要，任何的重复研究都是浪费，且现代专利制度的实施也排斥他人研制或仿制已有的技术成果，而是要求创新技术。技术产品的单一性也就决定了它具有垄断性。

8. 技术产品在形态上具有多样性

物质商品是以有形物的形式出现的，有具体的物质形态，技术产品则有知识形态、经验形态、物质形态等几种形态。技术产品主要包括各种形式的工业产权、专有技术知识，通常是软件形式存在。为了传播并保存技术，有的技术也需要一个物质载体，但重要的不是这个外壳本身，而是其中容纳的和包含的思想、知识、诀窍与技能。技术产品的主要形态是无形性，有传递迅速、及时、辐散面广等特点。

9. 技术产品在功能上具有中介性

技术产品是中间产品，不能直接进入生活消费领域，它在功能上具有中介性，要通过物化在生产过程的三个要素中才能发挥效益。通过改进生产条件、提高管理水平、提高劳动者技能、提高原材料利用等，改变物质的性能和状态，生产出更多更好的物质产品。

10. 技术产品在产出上具有高效性

物质商品在生产消费中使用价值会消失，价值被转移。技术产品在消费中不仅不会消失，如电子计算机的程序可以反复多次使用而不报废，且技术产品在使用中有增值性，会带来较大的价值。技术受让方购买技术后，可以使技术带来比支出费用大得多的经济效益。

11. 技术产品在交易上具有多次性

技术产品由于不存在有形损耗问题，所以可以多次进行交换。技术产品是一种智力性产品，生产者并不因为转让了技术产品就变得缺乏这方面知识。在非独占性转让情况下，只要有需求技术产品生产者还可以多次转让这种技术产品。技术产品是一次投资、多次转让，从而使它有别于物质商品交易。不过，技术产品转让次数要受技术产品生命期限的制约。

12. 技术产品在转让中具有周期性

技术产品的转让过程较长，一般卖方要经过对技术产品进行专家鉴定、市场预测和调查、协定价格等一系列程序后才购买技术产品，且技术到手后还有一个吸收消化的过程，技术出让方不仅仅是转让技术成果本身，还要相应地提供一些技术服务。

6.1.2　技术产品转移定价特性

由于技术产品较普通产品具有独特性，因此技术产品的转移定价的确定也具有自己的特性。

1. 技术产品转移定价具有单件性

技术产品的单一性决定了技术产品转移定价具有单件性。技术产品不能成批生产，每项技术产品都是不同的。技术产品转移定价的对象是单一的，不是成批的，而每一个转移定价的对象又有其自身的特点。不仅不同的技术产品有其自身的特性，而且就同一类技术产品来说，也有许多不同之处，因而，技术产品的转移定价不仅需要因不同转移定价对象、不同转移定价目的、不同交易方式而异，还需要因时因地而异。对不同的技术产品，不论其同时转移定价还是异时转移定价，只能一项一项地进行，不能笼统进行和简单以此类推，只有区别情况，从特定的技术产品实际情况出发，认真独立地进行转移定价，才能正确反映特定转移定价对象的真实价值，提高转移定价的准确性。

2. 技术产品转移定价具有复杂性

相对有形商品转移定价而言，技术产品转移定价的复杂性主要表现为以下方面。

（1）技术产品种类多，彼此之间可比性差，每转移一项技术产品都要认真研究该项技术产品的性能、特点、经济技术参数等。

（2）在大多数转移定价项目中，都需要预测该技术产品的效益发挥时间和未来效益，由于影响这两项的因素测算难度大、不确定性因素多，不仅测算工作量大，而且其准确程序也难以把握。

（3）客观经济环境对技术产品作用的发挥有着较为密切的关系，把握和正确估算经济环境对技术产品效能发挥所起的正作用与负作用难度很大，需要从各个方面、各个角度、运用多种方法对各种情况进行综合而全面系统的分析、测算。

（4）多数技术产品时间更替较快，正确计算其有效使用的年限，确定其无形损耗、使用风险等都较为困难、复杂。因此，技术产品转移定价既要综合考虑技术产品自身的内在的各种因素，还要考虑多种经济、技术和政治等方面的因素。

3. 技术产品转移定价具有预测性

技术产品的转移定价，往往并不主要取决于取得这种技术产品所付出的代价，而主要取决于该项技术产品在有效期内所带来的经济效益和社会效益。运用该项技术产品的社会效益和经济效益是需要进行预测的，这是和有形商品的转移定价不完全相同的。

4. 技术产品转移定价具有动态性

技术产品转移定价是从动态的角度去考察转移定价对象的。这是因为，一方面，技术产品所处的环境是在不断发展变化的，比如，一项专利技术成果，该成果所处的技术环境、社会政治经济环境都在发展变化中，这些变化必然影响该技术产品的价值，转移定价工作也要随着这样的变化而重新评定该技术产品；另一方面，有些技术产品自身也有发生变化的可能。此外，货币时间价值的变化在技术产品转移定价中也影响其转移定价。只有正确把握相关技术产品的发展进程，适当预计技术产品更替过程，才能准确核定技术产品的有效年限；只有准确把握本国和世界政治、经济状况对商品供求的影响，才能有效地提高技术产品转移定价的准确性。

6.2　技术产品转移定价理论及方法

由于技术产品具有独特性，因此在确定其价格时就不能简单地套用普通商品的转移定价公式。在确定价格时，除了要考虑技术开发和转让花费的成本外，还要考虑技术的成熟程度、技术的法律状态和更新周期、技术转让的次数、技术所属行业的利润状况、技术引进方接受技术的能力、技术转让主体的预期收益、技术转让的条件和环境以及技术的供求状况与技术的垄断程度等一系列相关因素，这些诸多因素导致了技术产品在价格确定上的特殊复杂性。

6.2.1　技术产品转移定价理论

左佰臣（1998）对技术转移定价理论做了较好的总结，主要包括以下四种。

1. 经济效益论（也称使用价值论）

该理论认为，技术产品能产生较大的社会、经济效益，它所创造的价值往往比自身的价值要高出几个数量级，因此使用价值是决定高新技术产品价格的主要因素。这种定价方式可以鼓励科研单位努力研制使用价值大、经济效益高的技术产品，而且有利于放开技术产品的价格，对鼓励和刺激高新技术的研制与应用有一定的推进作用，但该理论忽略了技术产品价值构成中开发者所付出的劳动，以及当时社会经济环境多种因素。

2. 价值决定论

该理论认为技术产品的价值就是它的价格，所以技术产品定价可以套用物质产品的定价公式。但事实上，首先技术产品生产的单一性形成不了社会必要劳动时间，其次脑力劳动时间价值无法估量，最后，各行业技术产品的使用价值不存在可比性，使得试图用经济效益来计量知识产品的社会必要劳动时间的设想难以实现。

3. 垄断价格论

该理论认为技术开发的新颖性、创造性、风险性、单一性和技术使用中的高产出性，决定了技术产品具有相对的垄断性，能够形成垄断价格，具体技术产品的价格由买方的需求程度和支付能力决定。

4. 供需双方自由定价论

该理论认为，买方所付的钱，绝不会大于技术产品使用后所带来的超额利润，最后的成交价主要取决于买卖双方的谈判。

6.2.2　常用技术产品转移定价方法

根据杨华（1998）和周春喜（2002）的总结，目前我国实际应用中经常使用的技术产品转移定价方法主要有三种，即重置成本法、市场比较法和收益现值法，并在实际应用和理论研究中演化出了一些其他的定价方法，本章全部归结为新型技术产品转移定价法。下面主要从传统的转移定价方法和新型的转移定价方法两方面来分别进行分析。

1. 重置成本法

重置成本法（cost replacement approach）是指在现时条件下重新建造或购置一项全新状态的技术资产所需要的全部成本（简称重置全价）减去技术资产的损耗或贬值等因素，从而确定被评估技术资产价格的一种评估方法，其基本计算公式是

被评估技术资产的价格=重置全价-有形损耗-无形损耗

由上式可见，采用重置成本法的关键在于估算重置成本和损耗的大小。

1）技术资产重置成本的估算

（1）重置核算法。重置核算法是按被评估技术资产的成本构成，以现行市价为标准，计算被评估技术资产重置全价的一种方法。也就是将资产按成本构成分成若干组成部分，先确定各组成部分的现时价格，然后加总得出被评估技术资产的重置全价。重置成本的构成可分为直接成本（即物资资料实际消耗量）和间接成本（如管理费、摊派费等）。直接成本应按现时价格逐项计算并加总。间接成本

可以折合工时乘单位价格来计算，其公式为

$$重置全价=物资资料实际消耗量×现时价格+实耗工时×单位价格$$

（2）物价指数法。物价指数法是以技术资产的账面历史成本为基础，用价格变动指数进行调整估算技术资产重置成本的方法，计算公式为

$$技术资产的重置全价=技术资产研制开发账面历史成本$$
$$×技术资产置存期间物价指数的调整系数$$

2）损耗的估算

（1）有形损耗的估算。有形损耗可通过对资产的技术状态的观察、测量、分析估算或通过对使用年限的估计来估算。

一是观察法。通过有丰富经验的评估人员和技术人员的观察与技术鉴定，估计技术的磨损程度，判断其成新率，其公式为

$$技术资产有形损耗=重置成本×（1-成新率）$$

公式中成新率是指一项技术资产新旧程度的百分比。可用下述公式计算：成新率=剩余使用年限/全部使用年限。

具有法定使用年限的技术资产（如专利权等），其成新率的计算公式为：成新率=1-已使用年限/法定使用年限。

二是使用年限法。评估人员可以根据以下因素来确定其经济寿命。第一是法定寿命。专利法对有效保护年限作了明确的规定，超过规定的年限就不受法律保护。因此，一项专利的经济寿命最长不会超过它的法定寿命。第二是合同规定的年限（契约寿命）。有时技术资产转让的合同对一项技术资产转让使用的期限作了具体的规定，到期则不得使用。因此，对于受让方来说，其拥有的这个技术资产的经济寿命也同样不会超过合同规定的年限。

（2）无形损耗的估算。无形损耗可以选择采用新技术、新工艺、新生产方法的同类型参照技术相比较求出。在参照技术资产的产品产量与被评估技术资产的产品产量相同的条件下，逐项比较由于新技术、新工艺、新方法的采用而引起参照技术资产成本下降或销售利润增加，即被评估技术资产生产成本上升、销售利润减少，上升或减少的数额，就是无形损耗的数额。计算方法为

$$被评估技术资产无形损耗=被评估技术资产年产品生产成本上升额×剩余使用年限$$
$$×年金折现系数或被评估技术资产无形损耗$$
$$=被评估技术资产年产品利润减少额×剩余使用年限$$
$$×年金折现系数$$

在技术资产估价中，单独使用重置成本法的场合是以推销为目的的技术资产评估、工程图纸转让、计算机软件转让、技术转让中最低价格的评估、收益额无法预测和市场无法比较的技术转让等，也是技术市场进行拍卖时确定报价的基础。

重置成本法的应用前提是每一项成本的核算是可以用现值确定的。它的优点是直接以重置成本对评估对象进行评估和调整，具有评估准确性好等特点。重置成本法评估的结果通常为技术价格的下限，如果以重置成本法评估的价值作为交易的价格，则可以保证技术商品的出售方获得开发成本的补偿和必要的利润，此法容易被技术卖方接受。但此法在应用中要求满足两个条件：①估价对象的成本投入可以准确地识别与计量；②估价对象使用后产生的效益明显与成本成正比。

实际应用中，技术资产的特点很难符合这两个条件。首先，技术资产的价值与研发成本的对应性很弱，在投入既定的情况下，技术成果的出现带有较大的随机性和偶然性：有的技术资产在研发过程中耗费了大量的人才、物力和财力，成本极高，但其获利能力很小或根本没有使用价值；反之，有的技术研究开发成本很低，但经济效益却极其可观，因此，重置成本法更适合于有形资产的估价，用于评估技术资产的价值并不可行。其次，技术资产成本的完整计算在实际操作中有困难，技术资产是一种智力劳动成果，成本可分为两部分：资金成本和智力成本，前者即技术资产账面意义上的成本，核定比较简单，但这只是技术资产成本的一部分，而且是次要部分，技术资产的主要成本是智力成本，由于智力的投入受到技术资产的规模、复杂程度以及开发人员水平、开发环境等因素的影响，不容易进行定量分析。同时根据我国现行的财务会计制度，自创技术资产只有按照法律规定的程序申请，取得相关的产权证书后，才能按照申请过程而不是开发过程所支出的费用列入无形资产，此时技术资产的账面价值中仅包含开发完成后的注册登记费、专利申请费，而技术开发过程中的大量投入均未计入，技术资产成本的计量是不完整的。

2. 市场比较法

市场比较法（market comparison approach）是通过市场调查，选择一个或几个近期技术交易中与评估对象相同或类似的资产作为比较对象，分析比较对象的成交价格和交易条件，进行对比调查和调整，以已成交资产的交易价格为基础来为评估资产定价。市场比较法的基本公式为

技术商品的评估价值=技术市场同类技术价格×（1-累计折旧比率）

市场比较法应用的前提条件是：所选取的样本是在公平条件下正常交易的可比性强的同类技术商品。市场法与成本法相比，简单易行。此法省略了对几十项成本的核算，也不用对技术新增收益进行估算。但是，应用此方法需要满足三个条件：①有一个充分活跃的资产市场；②被评估资产的市场比较对象及其相比较的指标是可搜集的，原则上要求可以找到三项以上与被估资产类似的资产参照物；③被选取的样本是在公平条件下的正常交易。

　　这一方法理论上是行得通的，只要找到可比较的对象及其差异，并根据其差异因素进行科学合理的调整，即可获得估价结果。

　　但从实际应用来看，采用市场比较法估价技术资产可操作性比较差，原因如下。首先，技术资产的可比性差，由于基本上是一次性生产并且产量唯一，以后仅仅是该资产在时间与空间上的传播，每项技术资产都是独特的，几乎不可能重复，即便有一个活跃的技术市场，要在市场上找到与被估价技术相似的已成交技术也是很困难的，如果要选择三个以上的交易实例就更困难了。其次，公平交易的假设难以满足，导致市场法的可操作性很低。技术市场中已成交的案例情况比较复杂，由于买方经营思路、魄力、素质以及对该技术领域发展状况及趋势的了解程度不同，对于同一技术愿意付出的代价会有明显差别，同时谈判过程具有复杂性。最后的成交价格往往不一定反映技术资产的真实价值。这些差异因素在估价中是很难甚至无法了解的，因而也就无法进行差异调整，前期技术资产的价格信息对现时的技术资产定价的参考意义很低。

　　3. 收益现值法

　　收益现值法（income approach）是通过计算被评估资产给买方带来的未来预期收益，用适当的折现率折现，计算得出被评估资产在评估基准日的现值作为定价依据。计算公式为

$$P = \alpha \sum_{i=1}^{n} R_i / (1+r)^i$$

其中，P 为技术资产的价格；n 为技术资产预计使用年限，即有效使用年限；r 为折现率；R_i 为使用该技术资产后第 i 年带来的追加收益（利润）额；α 为出让方分享追加收益（利润）的比例，具体表现形式有转让费率、提成率、利润分成率等。这一方法把定价基础建立在资产为买方带来的预期收益基础上，可以真实和较准确地反映企业投资的本金化与投资决策相结合的特点，相对于上述两种评估方法而言更具有合理性，也更容易为买卖双方所接受，因此在技术转让资产评估中被广泛应用。使用此方法也要有两个前提条件：①被评估资产必须是能用货币衡量其未来期望收益的单项资产或整体资产，要求能够获得预期收益、折现率及持续获利时间等三个基本参数；②产权所有者所承担的风险必须可以用货币来衡量。

　　收益现值法把转让技术资产评估的依据建立在技术资产为买方带来的未来收益的基础上，更加强调了技术作为稀缺资产而具有的市场需求价值；同时在计算未来收益的现值时，按特定的贴现率进行折现，反映了资金利用的机会成本同时考虑到某些特定因素对买方企业收益的影响；预测未来收益时参考盈利历史数据，

强调了过去和将来之间的联系，使估价结果有据可依。同时把投资项目的未来收益和成本的不确定性转化为资本的价值量形式，在结论上比较直观，利于资产评估的操作。

然而，收益现值法在实际应用中所面临的主要困难有以下方面。

（1）对技术资产未来预期收益的预测通常采用对历史数据进行回归分析的方法，假定在其他生产条件不变的情况下计算未来收益。技术资产大多属于高技术、新技术，往往尚未投产或即将准备投产，所以缺少历史财务数据，无法根据过去和现在的盈利来预测技术资产的未来权益，即便可以获得相应的数据，外部环境不变的假定也往往不符合现实。

（2）折现率确定的难度大。折现率是指与投资于技术资产相适应的投资报酬率，是确定技术资产价值的重要因素，其微小差异会导致评估结果发生很大的变化。从理论上讲，折现率的确定应考虑无风险利率、风险报酬率和通货膨胀率等。对于风险报酬率的确定是一个比较棘手的问题，目前的实际做法是，项目风险的扩大将导致更高的风险报酬率而降低技术资产预期收益的现值，其科学性有待商榷。

（3）收益现值法直接以技术资产未来收益的现值作为评估价值，没有考虑到买方在技术使用，即投资过程中的决策灵活性而使定价考虑不完全。预测技术资产未来收益的前提是确定性的投资环境，而买方获得技术转让以后，实际面对的是不确定的外部环境，由于企业拥有在不确定环境下灵活决策的权利，可以避免确定环境带来的不利影响而增加技术资产的使用价值，这是收益现值法所没有考虑的。

上述收益现值法的不足也影响到对转让技术的估价结果的完整性和科学性。为把不确定的投资环境折为确定因素作为收益法使用的前提，不得不提高风险折现率而降低了预期收益的现值；在估价过程中没有考虑到企业在投资过程中的灵活性对技术资产使用价值的影响，这都导致了技术资产价格的低估。应用于实践，有可能导致技术转让方无法及时、足额地收回研发成本而影响进一步研发的能力，也会导致受让方由于对技术资产价值的低估而放弃了潜在的获利机会，不利于技术转让市场的进一步活跃和我国企业技术水平的提高。因此，应该对现有技术定价方法进行改进。

综上所述，传统的技术产品转移定价方法存在一定的局限性。收益现值法，虽然能比较真实地反映技术商品获利的目的及获利大小，较全面地考虑了影响收益的各种因素，如市场收益大小、技术商品获利期的长短、市场的风险等要素，但是，现实中要准确地确定收益现值法的这三大要素却是困难的。首先，因为收益的大小不仅取决于市场的需求和变化、技术本身的成熟度，还取决于技术应用单位相应的技术消化吸收能力、开发能力、企业整体素质等各种因素。其次，即使能对收益进行较准确的预测，但要区分企业的收益中哪些是由技术商品带来的，哪些是由有形资产和其他无形资产产生的，也是比较困难的。同时，估计各种风险因素、确定贴现率、估计收益期等，都会对用收益现值法评估技术商品的结果产生一定影响。重置成本法，虽然具有评估准确性好的特点，但是它对一种技术商品重置成本的估计，是通过考察历史成本及趋势，并折成现值表示出来的，不考虑市场需求及与技术型资产相关的制成品的市场及经济效益的信息。也就是说，用重置成本法评估技术价格，缺乏对影响技术商品价值的市场因素及经济效益因素的考察。市场比较法，虽然对评估技术商品的变现价格和清算价格是比较合适的，但是其应用的前提是必须要有完善、规范、活跃的技术市场，而我国目前尚不具备这一条件，因此，应用市场法所需的市场参照物、技术参数和交易中的技术经济信息及资料难以获得，即使能够获得，交易资料的可信度与可用性也有限，这必将影响技术价格评估的可靠性。特别是由于技术市场受国家政策、不同行业科技发展速度、交易的环境与可比性等因素的影响，常常波动较大，交易中的价格未必就是公平市价，模拟市场更是扑朔迷离。当我们拥有了参照物及其交易的具体信息时，市场可能早已发生变化，过去的交易信息不再具有参考价值，以过去的交易价格作为现在进行技术商品交易的价值尺度，就会造成较大的失真。

6.2.3　新型技术产品转移定价方法

针对传统技术产品转移定价方法的局限性，学术界和企业界长期以来针对具体的交易对这些定价方法进行了一定的改进和完善，得到了如下的新型技术产品转移定价方法。

1. 招标拍卖法

招标拍卖法指由成果研制者向使用者招标，通过使用者之间的竞价，以最终竞价决定技术产品的价格，一般适用于卖方市场、使用范围较广的技术产品，也可由使用者向研制者招标，由于使用者直接接触生产及市场，容易发现需要解决的技术问题，因此研究与生产、市场联系密切，以需定研。在实行招标时，可用减价招标或增价招标法。这种方法是最简单的，但是这种方式需要有完善的技术商品交易市场为支撑，技术的需求市场要比较大，才能形成一个买方竞价市场。同时竞价方出价本身也要以价值为基础，否则就是盲目竞价。所以此法不太适用于复杂技术商品的交易。

2. 利润或销售额分成法

利润或销售额分成法指按技术受让方在一定时期内的利润或销售额的一定比例分成计算的定价法。利润分成率一般为5%～30%，销售额分成率一般为3%～7%，分成期一般为1～5 年，这种方法较注重技术商品的使用价值，即经济效益，使转让后转让双方的协作关系更加密切，但利润或销售额除受技术成果的影响外，还受其他很多因素的影响，如企业经营水平、成本耗费的增减、市场营销变化等，技术成果的价格受这些非相关因素的影响，显然是不合理的。这种方法一般适用于产品生产稳定、市场潜力大、标准化管理水平高的企业及新办企业。

3. 耗费节约分成法

耗费节约分成法指采用新技术成果后，所节约的成本耗费按一定的分成率计算的一种计价方法。用公式表示，即

$$转让价格=单位耗费节约额×年产量×使用年限×分成率$$

分成率一般为 5%～50%。这种方法计算准确，所需数据也容易确定，与成果效益结合密切，便于操作。

4. 投入产出对比法

投入产出对比法即采用新技术后的产出所需投入与用方法相同产出所需投入的差额，按一定比例支付给转让方的一种定价法。这种方法计算简单，它实质上是相对的耗费节约分成，只不过是计算方法不同而已，适用于工程设计改造，设备改进等技术产品。

5. 因素滑动价格法

这种计价法是在上述几种定价法的基础上，根据对技术及效益的一些重要的不确定的因素，双方通过协商制定一定的权数比例，视实际执行结果，对价格进行调整的一种定价方法。这种定价法把技术执行过程中一些不确定因素的风险控制在一定范围之内，可保证定价双方的公平利益。该方法针对未来的不确定因素，提前确定调整方法，避免了合同价格的纠纷，具有较大的现实意义，主要适用于影响价格因素较多，而这些因素又受时间及客观条件的制约影响，事先又无法准确测算的技术成果。

上述五种方法具体采用哪种定价法应根据技术产品的具体特点和受让方的情况而选用，也可以多种方法结合使用。计价付款方式应与科研成果转化为生产能力、效益见效的快慢相结合。有些成果效益明显，见效也快，应用时难度低，一般可采用一次性付款，用成本加成法、投入产出对比法、招标拍卖法等。有些成果技术复杂，推广、应用时间较长，受未定因素影响较多，见效慢，对于这一类技术产品，应采用利润或销售额分成、耗费节约分成法和因素滑动价格法等。以上几种方法从不同的角度对技术商品的价值进行评估，在技术商品交易定价中各有其适用的方面，又都存在着局限性。除了影响技术商品价格的许多因素难以确定以外，买卖双方严重的信息不对称更是加剧了技术商品交易定价的难度。

6.2.4　对现有转移定价方法的改进

张林（2001）在对比研究了现存的几种技术定价方法后，提出了一个受让方定价模型，认为受让方购买、使用技术的行为属于生产性投资，目的在于在一定时期内通过技术制成品的生产和销售收回投资，并在一定时期后获得投资报酬。因此，投资定价的一般理论方法应作为技术受让方可接受价格计量的主要依据。技术交易的整个过程中，技术受让方主要面临两类风险：生产风险和市场风险。这使技术在使用过程中实际的产出效益具有很大的不确定性，实际产出效益往往偏离预期估计。由于技术受让方的技术定价与其将来的收益有着极密切的联系，风险的识别与控制就要在技术受让方的定价模型中充分体现。在此基础上，提出了受让方定价模型：

$$P = \sum_{t=0}^{n} \frac{\Delta M_t}{(1+r)^t} - \sum_{t=0}^{n} \frac{\Delta P_t}{(1+r)^t}$$

其中，P 为技术受让方接受的技术商品最高价格；ΔM_t 为技术应用带来的第 t 年的新增利润；ΔP_t 为技术应用中第 t 年新增的投资额；r 为行业基准收益率；n 为技术的寿命周期。

该受让方定价模型实际上是收益现值法的一种演变，从结构上看是简单的，易于理解的，更多地考虑了买方将面临的生产风险和市场风险，使得定价模型中的成本、利润等参数实际只是预测数据，具有一定程度的不确定。

陶雷和魏祥云（1999）参考了国际上通用的利润分享原则即技术供方占受方利润的份额（licensor's share on licensee's profit，LSLP）提出了对单项技术商品转让的定价方法。他们认为，买方一般着眼于应用此技术所能带来的超额收益，而卖方则希望按质论价，使其创造性劳动得到回报，所以双方都关注技术商品的获利能力。除非是技术商品的成本额比较大，转让方重在回收成本且能提供翔实的成本数据时，或者技术是全新的，很难预测其利润时，可以考虑用重置成本法或使用"成本+利润"模型。而在大多数情况下，应遵循国际公认的利润分享原则来评定转让价格，即将技术受让方所获得的利润的一部分作为转让方转让技术的回报，其计算公式为

$$P = \sum_{t=0}^{n} \frac{\Delta M_t}{(1+r)^t} \cdot \alpha\%$$

应用此法的关键是确定以下四个参数。

（1）受让方应用该项技术所获得的年新增收益，取决于技术项目的生产规模、产品竞争能力、市场容量。

（2）转让方的利润分享率，又称利润分成率，可通过边际分析法、约当分析

法和层次分析法来确定。

（3）技术商品的经济寿命，主要参考法律合同的规定年限和技术特点决定的技术生命周期。

（4）在其经济寿命期内的折现率，又称投资报酬率，具体方法包括加权平均资本成本法（weighted average cost of capital，WACC）、无风险利率+风险溢酬法和资产收益法。

姜彦福等（2001）考虑到转让方和受让方在谈判过程中的动态竞价因素，提出了技术转让价格的博弈模型，指出技术转让中，转让方和受让方（博弈双方）在谈判开始期，只能凭借已知的信息和经验去推测各自未知的信息。随着谈判的进行，双方在讨价还价过程中逐渐披露各自的信息，并不断修正对对方私有信息的推测，即不断调整其后验概率，直到截止期的那次谈判。这是一个不完全信息的动态有限次博弈。通过比较详尽的分析，我们看到，谈判中的博弈可能导致非效率的结果：一方面愿意出高价的受让方会做出将交易推迟的判断，而这实际上使得支付被贴现；另一方面愿意出低价的购买者始终不愿购买，从而丧失了可能从技术贸易中获得的潜在收益。转让方在谈判中具有优势，而受让方的讨价还价能力相对较弱。在双方轮流出价的情况下，先出价者享有优势。

除此之外，还包括以下几类改进方法：①将无形资产的评估方法进行改进，把技术视为无形资产，以资产评估中的成本法或收益现值法为基础，经改进得出技术转移定价模型（Halperin and Srinidhi，1996；Borkowski，2001；Przysuski et al.，2004a，2004b）；②借鉴金融理论中的定价模型，如资本资产定价模型或期权定价模型，再根据技术的特点加以修正，形成技术定价模型（Purnell，1992；Rosenberg and Mclennan，2002；Norton and Burns，2006）；③运用运筹学决策模型和模糊数学思想进行技术转移定价模型研究，主要是根据多因素层次分析法、模糊综合评估法以及二者综合应用确定的技术价值评估模型。但这些方法往往由于分析过程复杂，信息要求高，参数确定困难而在实际的技术交易中应用非常有限。

通过前述的分析我们发现，传统采用的技术产品转移定价方法除了我们列举的局限性之外，还存在一个共同的特点，即都采用一次性支付的方式（有些情况下可能采用分期付款，但付款期限相对较短，因此本章都作为一次性支付来处理）。也就是交易达成时，受让方必须一次性支付给转让方全部的技术成交价格。这种支付方式存在很大的缺陷：一方面，一次性支付的方式会给受让方带来沉重的资金压力，尤其对于新创立的企业，巨额的技术转移费用往往会使企业背负沉重的包袱；另一方面，一次性支付导致了风险过度集中。由于市场的不确定性，在技术交易时，很难对未来的技术收益进行准确的把握。如果未来市场低迷，受让方可能将无法收回投资成本，最终导致企业倒闭；如果未来市场高涨，受让方会得到可观的收益，而转让方会感觉付出没有得到相应的回报，从而会挫伤员工研发的积极性。

因此，本章在考虑现有技术产品转移定价方法局限性的基础上，从实际应用出发，在技术交易过程中，转移价格由固定费用和变动费用两部分构成。在交易达成时，受让方首先支付给转让方一个固定的费用，其次在未来的经营过程中再按照产品的销售数量或销售收益支付一个变动的费用。这种方法缓解了一次性巨额支付给受让方带来的资金压力，同时将转让方的利益与未来的市场效益相挂钩，实现了转让方和受让方的利益共享与风险共担。

6.3　基于数量提成的技术产品转移定价

本节主要研究在技术转移过程中，当交易达成时，受让方首先支付给转让方一个固定的费用，其次在未来的经营过程中再按照产品的销售数量支付一笔变动费用。下面将针对技术转移过程中存在的所有权转让和使用权转让两种不同的现象，分别从两个方面进行讨论。

6.3.1　所有权转让的技术产品转移定价策略

技术所有权转让也就是技术开发公司只能将技术转让给一家企业，这家企业可以是研发企业的全资子公司、控股子公司、参股公司或完全独立的外部企业。假定研发企业的技术研发成本为 C，将技术转移给下游生产公司时采用两部转移定价策略，其中固定费用为 F，每销售一单位产品需要缴纳的变动费用为 T，技术受让方运用技术加工生产最终产品的单位成本为 c，假定固定成本为 0。设最终产品的市场需求函数为 $Q(p)$，其中 p 为最终产品的价格。

整个决策过程为两阶段动态博弈，第一阶段，研发企业决定技术转移价格 $\{F, T\}$。第二阶段，下游生产公司在研发企业制定的技术转移价格的基础上，决定最终产品的市场价格。假设信息完全充分，因此，决策过程相当于两阶段的完美信息动态博弈，采用逆推归纳法求解均衡结果。

首先从决策的第二阶段开始，下游生产公司根据自身利润最大化，确定最优的最终产品市场价格 p。

$$\max_{p} \pi = (p - c - T)Q(p) - F \tag{6-1}$$

假设下游生产公司的利润函数 π 是关于价格 p 的严格凹函数，对式（6-1）求偏导，得下游生产公司的反应函数为

$$\frac{\partial \pi}{\partial p} = Q(p) + (p - c - T)\frac{\partial Q}{\partial p} = 0 \tag{6-2}$$

根据式（6-2），可得出最终产品的均衡价格与变动费用之间的函数关系

$p^*(T)$。

其次进入决策的第一阶段，研发企业根据第二阶段得到的最终产品价格与变动费用之间的函数关系，确定达到研发企业利润最大化的变动费用 T。

研发企业的收益由三部分构成：交易达成时的固定费用、下游生产公司获得收益后的变动费用以及根据对下游生产公司投资比例的股权分成。具体利润函数形式如式（6-3）所示（由于贴现率对本节的研究结果影响不大，因此为了简化研究过程将其假定为1）：

$$\max_{T} \Pi = F + TQ(p^*(T)) + \alpha\pi^* - C$$
$$= (1-\alpha)F + (1-\alpha)TQ(p^*(T)) + \alpha(p^*(T) - c)Q(p^*(T)) - C \quad (6-3)$$

其中，α 为研发企业对下游生产公司的持股比例；$\alpha\pi^*$ 为研发企业从下游生产公司获得的股权分成，$\alpha \in [0,1]$。当 $\alpha = 0$ 时，表示下游生产公司和研发企业完全独立，研发企业的收入只包括固定费用和变动费用；当 $\alpha = 1$ 时，表示下游生产公司是研发企业的全资子公司；当 $\alpha \in (0,1)$ 时，表示下游生产公司是研发企业的参股或控股公司。

令 $p^* = p^*(T)$，对式（6-3）求一阶偏导，得

$$\frac{\partial \Pi}{\partial T} = [T + \alpha(p^* - c - T)]\frac{\partial Q}{\partial p}\frac{\partial p^*}{\partial T} + Q(p^*)\left(1 - \alpha + \alpha\frac{\partial p^*}{\partial T}\right) = 0 \quad (6-4)$$

将式（6-2）代入式（6-4）得

$$T\frac{\partial Q}{\partial p}\frac{\partial p^*}{\partial T} - (1-\alpha)(p^* - c - T)\frac{\partial Q}{\partial p} = 0 \quad (6-5)$$

令 $\dfrac{\partial Q}{\partial p}\dfrac{\partial p^*}{\partial T} = m$，$\dfrac{\partial Q}{\partial p} = n$，化简式（6-5）得

$$mT - n(1-\alpha)(p^* - c - T) = 0 \quad (6-6)$$

由式（6-6）可得最优变动费用为

$$T = \frac{n(1-\alpha)}{m + n(1-\alpha)}(p^* - c) \quad (6-7)$$

引理 6-1 下游生产企业的市场均衡价格，随着转移价格的增加而严格递增（Göx，2000），即

$$\frac{\partial p}{\partial T} > 0 \quad (6-8)$$

引理 6-1 直观上很容易理解，当转移价格增加时，下游生产公司的边际成本将随之增加，边际成本曲线将向上移动，边际收益曲线保持不变，根据边际收益等于边际成本的均衡条件，均衡点将向上移动，下游生产公司将减少产量，提高价格。

根据引理 6-1 可知，$m < 0$，因此：

$$0 < \frac{n(1-\alpha)}{m+n(1-\alpha)} < 1 \tag{6-9}$$

由式（6-9）可知，最优变动费用 T 是按照下游生产公司最终产品毛利（$p^* - c$）的一定比例进行提取的。在最终产品市场需求一定的情况下，提取比例的大小取决于研发企业对下游生产企业的持股比例 α。

将式（6-7）对 α 求一阶偏导，得

$$\frac{\partial T}{\partial \alpha} = -\frac{mn}{[m+n(1-\alpha)]^2}(p^* - c) < 0 \tag{6-10}$$

由式（6-10）可以得出，研发企业对下游生产公司的持股比例 α 与技术转移的最优变动费用 T 成反比。也就是说研发企业在确定技术转移的变动费用的时候，应对于自己持股比例越高的企业收取越低的费用，而对于自己持股比例越低的企业收取越高的费用。

将式（6-7）代入式（6-2）可得最终产品的最优价格为

$$p^* = \frac{m\varepsilon}{m(1+\varepsilon)+n(1-\alpha)}c \tag{6-11}$$

其中，$\varepsilon = \frac{\partial Q}{\partial p}\frac{p}{Q}$ 为下游生产公司的最终产品需求价格弹性。

由式（6-11）可以看出，下游生产公司的最终产品价格与最终产品的需求价格弹性和研发企业的持股比例有关。

将式（6-11）对 α 求一阶偏导，得

$$\frac{\partial p^*}{\partial \alpha} = \frac{n}{[m(1+\varepsilon)+n(1-\alpha)]^2}c < 0 \tag{6-12}$$

由式（6-12）可以得出，最终产品的市场价格与研发企业对下游生产公司的持股比例 α 成反比。也就是说最终产品的市场价格随着研发企业持股比例增加而降低，随着研发企业持股比例减少而提高。反映在现实企业中就是越是研发企业自己设立的子公司进行技术开发时，越容易采用一种侵略性的价格，通过扩大市场份额来获取利润。

1. 线性需求下的转移定价决策分析

下面以线性需求函数为例进行技术转移定价策略的相关特征分析，设下游生产公司的最终产品需求函数为线性函数 $Q = a - bp$，其中 $a > 0$，$b > 0$。

首先，从决策的第二阶段开始，下游生产公司在给定技术转移价格的条件下，根据自身利润最大化确定最优的最终产品价格。

$$\max_{p} \pi = (p - c - T)(a - bp) - F \tag{6-13}$$

对式（6-13）求偏导，得下游生产公司的反应函数为

$$\frac{\partial \pi}{\partial p} = a - bp - b(p - c - T) = 0 \tag{6-14}$$

求解式（6-14）得最终产品价格、产量分别为

$$p^* = \frac{a + b(c + T)}{2b} \tag{6-15}$$

$$Q^* = \frac{a - b(c + T)}{2} \tag{6-16}$$

其次进入决策的第一阶段，研发企业根据第二阶段得到的决策结果，确定达到研发企业利润最大化的变动费用 T。

$$\begin{aligned}
\max_{T} \Pi &= F + TQ^* + \alpha \pi^* - C \\
&= (1 - \alpha)F + (1 - \alpha)TQ^* + \alpha(p^* - c)Q^* - C
\end{aligned} \tag{6-17}$$

将式（6-15）、式（6-16）代入式（6-17），求偏导得

$$\frac{\partial \Pi}{\partial T} = \frac{(1 - \alpha)(a - bc)}{2} - \frac{(2 - \alpha)b}{2}T = 0 \tag{6-18}$$

求解式（6-18）得最优变动费用为

$$T^* = \frac{1 - \alpha}{(2 - \alpha)b}(a - bc)$$

将 T^* 分别代入式（6-15），式（6-16）得最优最终产品价格和需求量为

$$p^* = \frac{(3 - 2\alpha)a + bc}{2(2 - \alpha)b}$$

$$Q^* = \frac{a - bc}{2(2 - \alpha)}$$

将 p^*、Q^* 代入式（6-13）得下游生产公司的最优利润为

$$\begin{aligned}
\pi^* &= (p^* - c - T)Q^* - F \\
&= \left[\frac{a + b(c + T)}{2b} - c - T\right]\frac{a - b(c + T)}{2} - F \\
&= \frac{[a - b(c + T)]^2}{4b} - F \\
&= \frac{(a - bc)^2}{4(2 - \alpha)^2 b} - F
\end{aligned}$$

对于研发企业来说，要保证下游生产公司的参与，必须使 $\pi^* \geqslant 0$，即

$$\frac{(a-bc)^2}{4(2-\alpha)^2 b} - F \geqslant 0$$

因此，技术转让的固定费用必须满足 $F \leqslant \dfrac{(a-bc)^2}{4(2-\alpha)^2 b}$，在满足上限约束的条件下，交易双方通过谈判确定最终的固定费用大小。

从而研发企业的最优利润表现为

$$\Pi^* \leqslant \frac{(3-2\alpha)(a-bc)^2}{4(2-\alpha)^2 b} - C$$

2. 算例分析

分别对前面涉及的各个参数取值，令 $a=4$，$b=1$，$c=1$，则最优变动费用和最终产品价格分别为

$$T^* = \frac{3(1-\alpha)}{2-\alpha}$$

$$p^* = \frac{4(3-2\alpha)+1}{2(2-\alpha)}$$

T^* 和 p^* 随 α 的变动趋势如图 6-1 所示。从图 6-1 可以看出，最优变动费用和最终产品价格都随研发企业对下游生产公司的控股比例 α 的增加而减少。当 α 等于 1，即下游生产公司是研发企业的全资子公司时，变动费用为零，最终产品价格降到最低。因此在实际应用中，研发企业对于自己持有股权比例越大的下游生产公司，收取的技术转让变动费用越低。

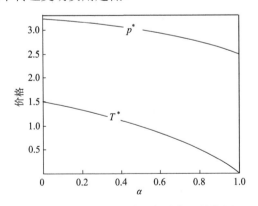

图 6-1　最终产品价格和变动费用趋势图

将各个参数的值分别代入研发企业和下游生产公司的利润函数，并根据下游生产公司的参与约束可得如下利润函数不等式：

$$0 \leqslant \pi^* \leqslant \frac{9}{4(2-\alpha)^2}$$

$$\Pi^* \leqslant \frac{9(3-2\alpha)}{4(2-\alpha)^2} - C$$

上述利润函数不等式随 α 的变动趋势如图 6-2 所示（由于技术研发成本 C 对结果分析不产生影响，故本例取值为 0）。从图 6-2 可以看出，技术转让双方的利润都随研发企业对下游生产公司的控股比例 α 的增加而增加。但下游生产公司的利润变化幅度要大于研发企业的利润变动幅度。另外，下游生产公司的利润边界与坐标轴组成的区域表示了技术转让的初始固定费用 F 的谈判区域，固定费用的具体大小取决于技术的研发成本以及交易双方的谈判能力。

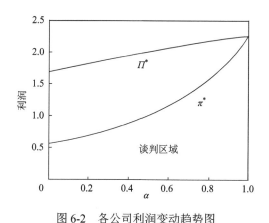

图 6-2　各公司利润变动趋势图

6.3.2　使用权转让的技术产品转移定价策略

技术使用权转让也就是技术研发公司可以将一种技术转让给多家受让方的情况。为了简化研究过程，我们重点分析同一技术转让给两家受让方的情形，对于转移给两家以上企业的情形可以在本书研究基础上进一步扩展得到。设研发企业将技术转移给下游生产公司 i（$i=1,2$）。假定这两家公司之间是竞争关系，生产的最终产品之间具有一定的替代性。由于最终产品市场有两家企业参与竞争，因此任一产品的市场需求除了取决于自身的价格高低外，还要受到竞争对手价格的影响。设最终产品的市场需求函数为 $Q_i(p_i,p_j)$，$i,j \in \{1,2\}$，$i \neq j$（下面提到的 i，j 的约束条件与此相同），其中 p_i、p_j 分别为两家下游生产公司的产品价格。设研发企业的技术研发成本为 C，下游生产公司利用获得的技术生产最终产品的单位成本为 c_i，假定固定成本为零。假设两家下游生产公司的最终产品同属一个产品大类内的不同品牌，即两家公司的产品具有一定的替代性，但一方又不能完全替代另一方。式（6-19）所表示的条件成立：

$$\frac{\partial Q_i}{\partial p_i} < 0, \quad \frac{\partial Q_i}{\partial p_j} > 0, \quad \frac{\partial Q_i}{\partial p_j} = \frac{\partial Q_j}{\partial p_i}, \quad \frac{\partial Q_j}{\partial p_i} < \left|\frac{\partial Q_i}{\partial p_i}\right| \tag{6-19}$$

式（6-19）中前两个不等式表示两家生产公司最终产品的替代性，即任一公司的最终产品需求随着自己本身价格的上升而下降，随着竞争对手价格的上升而上升。式（6-19）中的等式表示需求交叉效应的对称性，最后一个不等式表示两家公司的产品具有不完全替代性，即任一公司都不能通过削价而完全占领整个市场。

整个决策过程为两阶段动态博弈，第一阶段，研发企业决定技术转移价格 $\{F_i, T_i\}$，其中 F_i 为达成交易时下游生产公司需要支付给研发企业的固定费用。T_i 为下游生产公司获得收益后需要支付给研发企业的变动费用。第二阶段，两家下游生产公司在研发企业制定的技术转移价格的基础上，决定最终产品的市场价格。假设信息完全充分，因此，决策过程相当于两阶段的完美信息动态博弈，采用逆推归纳法求解均衡结果。

首先从决策的第二阶段开始，下游生产公司根据自身利润最大化，确定最优的最终产品市场价格 p_i 和 p_j。

$$\max_{p_i} \pi_i = (p_i - c_i - T_i)Q_i(p_i, p_j) - F_i \tag{6-20}$$

假设下游生产公司的利润函数 π_i 是关于价格 p_i 的严格凹函数，对式（6-20）求偏导，得下游生产公司的反应函数为

$$\frac{\partial \pi_i}{\partial p_i} = Q_i(p_i, p_j) + (p_i - c_i - T_i)\frac{\partial Q_i}{\partial p_i} = 0 \tag{6-21}$$

根据式（6-21），可得出下游生产企业的最终产品均衡价格与变动费用之间的函数关系 $p_i^*(T_i, T_j)$。

其次进入决策的第一阶段，研发企业根据第二阶段得到的最终产品价格与变动费用之间的函数关系，确定达到研发企业利润最大化的变动费用 T_i 和 T_j。

研发企业的收益由三部分构成：交易达成时的固定费用、下游生产公司获得收益后的变动费用以及根据对下游生产公司投资比例的分成部分，具体利润函数形式如式（6-22）所示：

$$\begin{aligned}
\max_{T_i, T_j} \Pi &= \sum_{i=1}^{2} [F_i + T_i Q_i(p_i^*(T_i, T_j), p_j^*(T_i, T_j)) + \alpha_i \pi_i] - C \\
&= \sum_{i=1}^{2} [(1-\alpha_i)F_i + (T_i + \alpha_i(p_i^*(T_i, T_j) - c_i - T_i)) \\
&\quad \times Q_i(p_i^*(T_i, T_j), p_j^*(T_i, T_j))] - C
\end{aligned} \tag{6-22}$$

其中，α_i 为研发企业对下游生产公司 i 的持股比例；$\alpha_i\pi_i$ 为研发企业从下游生产公司 i 获得的股权分成，$\alpha_i \in [0,1]$。当 $\alpha_i = 0$ 时，表示下游生产公司 i 和研发企业完全独立，研发企业的收入只包括固定费用和变动费用；当 $\alpha_i = 1$ 时，表示下游生产公司 i 是研发企业的全资子公司；当 $\alpha_i \in (0,1)$ 时，表示下游生产公司 i 是研发企业的参股或控股公司。

令 $p_i^* = p_i^*(T_i, T_j)$，$p_j^* = p_j^*(T_i, T_j)$，$Q_i^* = Q_i(p_i^*, p_j^*)$，$Q_j^* = Q_j(p_i^*, p_j^*)$，对式（6-22）求一阶偏导得

$$
\begin{cases}
\dfrac{\partial \Pi}{\partial T_i} = (1-\alpha_i)Q_i^* + T_i\left(\dfrac{\partial Q_i}{\partial p_i}\dfrac{\partial p_i^*}{\partial T_i} + \dfrac{\partial Q_i}{\partial p_j}\dfrac{\partial p_j^*}{\partial T_i}\right) + \alpha_i(p_i^* - c_i - T_i)\dfrac{\partial Q_i}{\partial p_j}\dfrac{\partial p_j^*}{\partial T_i} \\
\qquad + T_j\left(\dfrac{\partial Q_j}{\partial p_i}\dfrac{\partial p_i^*}{\partial T_i} + \dfrac{\partial Q_j}{\partial p_j}\dfrac{\partial p_j^*}{\partial T_i}\right) + \alpha_j(p_j^* - c_j - T_j)\dfrac{\partial Q_j}{\partial p_i}\dfrac{\partial p_i^*}{\partial T_i} = 0 \\[4mm]
\dfrac{\partial \Pi}{\partial T_j} = (1-\alpha_j)Q_j^* + T_j\left(\dfrac{\partial Q_j}{\partial p_j}\dfrac{\partial p_j^*}{\partial T_j} + \dfrac{\partial Q_j}{\partial p_i}\dfrac{\partial p_i^*}{\partial T_j}\right) + \alpha_j(p_j^* - c_j - T_j)\dfrac{\partial Q_j}{\partial p_i}\dfrac{\partial p_i^*}{\partial T_j} \\
\qquad + T_i\left(\dfrac{\partial Q_i}{\partial p_j}\dfrac{\partial p_j^*}{\partial T_j} + \dfrac{\partial Q_i}{\partial p_i}\dfrac{\partial p_i^*}{\partial T_j}\right) + \alpha_i(p_i^* - c_i - T_i)\dfrac{\partial Q_i}{\partial p_j}\dfrac{\partial p_j^*}{\partial T_j} = 0
\end{cases}
$$

（6-23）

求解式（6-23）可得最优变动费用 T_i^* 为

$$
\begin{aligned}
T_i^* ={} & \frac{M_j(1-\alpha_i)Q_i^* - N_i(1-\alpha_j)Q_j^*}{N_i N_j - M_i M_j} \\[3mm]
& + \frac{\left(\dfrac{\partial Q_i}{\partial p_j}\dfrac{\partial p_j^*}{\partial T_i}M_j - \dfrac{\partial Q_i}{\partial p_j}\dfrac{\partial p_j^*}{\partial T_j}N_i\right)}{N_i N_j - M_i M_j}\alpha_i(p_i^* - c_i) \\[3mm]
& + \frac{\left(\dfrac{\partial Q_j}{\partial p_i}\dfrac{\partial p_i^*}{\partial T_i}M_j - \dfrac{\partial Q_j}{\partial p_i}\dfrac{\partial p_i^*}{\partial T_j}N_i\right)}{N_i N_j - M_i M_j}\alpha_j(p_j^* - c_j)
\end{aligned}
$$

（6-24）

其中，$M_i = \dfrac{\partial Q_i}{\partial p_i}\dfrac{\partial p_i^*}{\partial T_i} + (1-\alpha_i)\dfrac{\partial Q_i}{\partial p_j}\dfrac{\partial p_j^*}{\partial T_i}$，$N_i = \dfrac{\partial Q_j}{\partial p_j}\dfrac{\partial p_j^*}{\partial T_i} + (1-\alpha_j)\dfrac{\partial Q_j}{\partial p_i}\dfrac{\partial p_i^*}{\partial T_i}$。

由式（6-24）可以看出，最优变动费用 T_i^* 是下游各生产公司毛利 $(p_i^* - c_i)$ 的加权平均，权重的大小取决于研发企业对下游各生产公司的持股比例 α_i 和 α_j。

将 T_i^* 代入式（6-20），可得下游生产企业的最优利润 π_i^*，而固定费用 F_i 的取值必须满足 $F_i \leqslant \pi_i^*$，具体大小取决于交易双方的谈判能力。由此可得，针对下游生产公司 i 的最优两部转移定价策略为 $\{F_i, T_i^*\}$。

1. 线性需求下的转移定价决策分析

下面以线性需求函数为例进行技术使用权转移定价策略的相关特征分析。设下游生产公司的最终产品需求函数为线性函数 $Q_i = a - p_i + \beta p_j$，其中 $a > 0$，$\beta \in (0,1)$。

首先，从决策的第二阶段开始，下游生产公司在给定技术转移价格的条件下，根据各自的利润最大化，同时确定最优的最终产品价格。

$$\max_{p_i} \pi_i = (p_i - c_i - T_i)(a - p_i + \beta p_j) - F_i \quad (6\text{-}25)$$

对式（6-25）求偏导，得下游生产公司的反应函数为

$$\frac{\partial \pi_i}{\partial p_i} = a - 2p_i + c_i + T_i + \beta p_j = 0 \quad (6\text{-}26)$$

求解式（6-26），得最终产品价格与变动费用之间的关系式为

$$p_i = \frac{a(2 + \beta) + 2(c_i + T_i) + \beta(c_j + T_j)}{4 - \beta^2} \quad (6\text{-}27)$$

其次，进入决策的第一阶段，研发企业根据第二阶段得到的决策结果，确定达到研发企业利润最大化的变动费用 T_i。

$$\max_{T_i, T_j} \Pi = \sum_{i=1}^{2} [(1 - \alpha_i)F_i + (T_i + \alpha_i(p_i^* - c_i - T_i))(a - p_i^* + \beta p_j^*)] - C \quad (6\text{-}28)$$

将式（6-27）代入式（6-28），整理得

$$\max_{T_i, T_j} \Pi = \sum_{i=1}^{2} \{(1 - \alpha_i)F_i + \alpha_i[(\beta^2 - 2)(c_i + T_i) + \beta(c_j + T_j) + a(\beta + 2)]^2 / (\beta^2 - 4)^2$$
$$+ [(\beta^2 - 2)(c_i + T_i) + \beta(c_j + T_j) + a(\beta + 2)]T_i\} - C$$
$$(6\text{-}29)$$

对式（6-29）求极值，计算得最优变动费用 T_i^* 为

$$T_i^* = \frac{\beta - 1 - a}{2(\beta - 1)} + \frac{\alpha_i[a(\beta + 2) - c_i(2 - \beta^2) - c_j\beta] - \alpha_i\alpha_j[a(\beta + 1) + c_i(\beta^2 - 1)]}{2[\beta^2 - 4 - \alpha_i(\beta^2 - 2) - \alpha_j(\beta^2 - 2) + \alpha_i\alpha_j(\beta^2 - 1)]} \quad (6\text{-}30)$$

由式（6-30）可以看出最优变动费用 T_i^* 与研发企业对技术受让方的持股比例 α_i、α_j 和最终产品的替代程度 β 有关。

将式（6-30）对 α_i 求导，得

$$\frac{\partial T_i^*}{\partial \alpha_i} = \frac{[4 - \beta^2 + \alpha_j(\beta^2 - 2)]\{a[\alpha_j - 2 + (\alpha_j - 1)\beta] + c_i[2 - \beta^2 + \alpha_j(\beta^2 - 1)] - c_j\beta\}}{2[\beta^2 - 4 - \alpha_i(\beta^2 - 2) - \alpha_j(\beta^2 - 2) + \alpha_i\alpha_j(\beta^2 - 1)]^2} < 0$$
$$(6\text{-}31)$$

由式（6-31）可知，下游生产公司 i 的最优变动费用 T_i^* 与研发企业对该公司的持股比例 α_i 成反比，即持股比例越大，征收的变动费用越低。

将式（6-30）对 α_j 求导，得

$$\frac{\partial T_i^*}{\partial \alpha_j} = \frac{c_i \alpha_i \beta^2 + c_j \alpha_i \beta[\beta^2 - 2 + \alpha_i(1-\beta^2)] + a\alpha_i \beta[\beta + 2 - \alpha_i(\beta+1)]}{2[\beta^2 - 4 - \alpha_i(\beta^2-2) - \alpha_j(\beta^2-2) + \alpha_i \alpha_j(\beta^2-1)]^2} > 0 \quad (6\text{-}32)$$

由式（6-32）可知，研发企业针对下游生产公司 i 的最优变动费用 T_i^* 与其对其他生产公司的持股比例 α_j 成正比，即在保持对该企业持股比例 α_i 不变的情况下，研发企业对其他生产公司的持股比例越大，则对该企业征收的变动费用越高。

将式（6-30）对 β 求导，得

$$\frac{\partial T_i^*}{\partial \beta} = \frac{-\alpha_i[2c_i(2-3\alpha_j+\alpha_j^2)\beta] + c_j[4+\beta^2 - \alpha_i(\beta^2+2) - \alpha_j(\beta^2+2) + \alpha_i \alpha_j(\beta^2+1)]}{2[-4+\beta^2 - \alpha_i(\beta^2-2) - \alpha_j(\beta^2-2) + \alpha_i \alpha_j(\beta^2-1)]^2}$$

$$+ \frac{a[(-4+\beta^2)^2 + \alpha_i(-20+4\beta+15\beta^2-2\beta^3-3\beta^4) + \alpha_i^2(6-9\beta^2+2\beta^3+2\beta^4)]}{2(1-\beta)^2[-4+\beta^2 - \alpha_i(\beta^2-2) - \alpha_j(\beta^2-2) + \alpha_i \alpha_j(\beta^2-1)]^2}$$

$$+ \frac{a\alpha_j^2[(-2+\beta^2)^2 + 2\alpha_i^2(-1+\beta^2)^2 + \alpha_i(-6+2\beta+7\beta^2-3\beta^4)]}{2(1-\beta)^2[-4+\beta^2 - \alpha_i(\beta^2-2) - \alpha_j(\beta^2-2) + \alpha_i \alpha_j(\beta^2-1)]^2}$$

$$- \frac{a\alpha_j[2(8-6\beta^2+\beta^4)^2 - 2\alpha_i(11-3\beta-11\beta^2+\beta^3+3\beta^4) + \alpha_i^2(7-13\beta^2+2\beta^3+4\beta^4)]}{2(1-\beta)^2[-4+\beta^2 - \alpha_i(\beta^2-2) - \alpha_j(\beta^2-2) + \alpha_i \alpha_j(\beta^2-1)]^2}$$

$$> 0$$

$$(6\text{-}33)$$

由式（6-33）可知，最优变动费用 T_i^* 与下游生产公司的产品的替代程度 β 成正比，即下游生产公司最终产品的替代程度越高，研发企业确定的变动费用越高。反映在现实中主要表现为：由于下游生产公司的最终产品的替代程度越高，在最终产品市场越容易形成恶性竞价的局面，从而损害了研发企业的利益。因而研发企业通过提高变动费用来增加下游生产公司的变动成本，以此来促使下游生产公司提高最终产品价格。

将式（6-30）代入式（6-27）得最优的最终产品价格为

$$p_i^* = \frac{c_i(-2+\alpha_i) + c_j(-1+\alpha_i)\beta}{2[\beta^2 - 4 - \alpha_i(\beta^2-2) - \alpha_j(\beta^2-2) + \alpha_i \alpha_j(\beta^2-1)]}$$

$$+ \frac{a(1-\alpha_i)[2(2-\alpha_j) - \beta + 2\beta^2(1-\alpha_j)] + a(2-\alpha_j)}{2(\beta-1)[\beta^2 - 4 - \alpha_i(\beta^2-2) - \alpha_j(\beta^2-2) + \alpha_i \alpha_j(\beta^2-1)]} \quad (6\text{-}34)$$

将式（6-34）代入式（6-25），得下游生产公司的最优利润为

$$\pi_i^* = \frac{[(a-c_i+c_j\beta) + (1+\beta)(1-\alpha_j)(a-c_i+c_i\beta)]^2}{4[\beta^2 - 4 - \alpha_j(\beta^2-2) - \alpha_i(\beta^2-2) + \alpha_i \alpha_j(\beta^2-1)]^2} - F_i$$

对于研发企业来说，要保证下游生产公司的参与，必须使 $\pi_i^* \geqslant 0$，即

$$\frac{[(a - c_i + c_j\beta) + (1+\beta)(1-\alpha_j)(a - c_i + c_i\beta)]^2}{4[\beta^2 - 4 - \alpha_j(\beta^2 - 2) - \alpha_i(\beta^2 - 2) + \alpha_i\alpha_j(\beta^2 - 1)]^2} - F_i \geqslant 0$$

因此，技术转让的固定费用必须满足：

$$F_i \leqslant \frac{[(a - c_i + c_j\beta) + (1+\beta)(1-\alpha_j)(a - c_i + c_i\beta)]^2}{4[\beta^2 - 4 - \alpha_j(\beta^2 - 2) - \alpha_i(\beta^2 - 2) + \alpha_i\alpha_j(\beta^2 - 1)]^2}$$

在该上限约束的条件之下，交易双方通过谈判确定最终的固定费用大小。

2. 算例分析

分别对前面涉及的各个参数取值，令 $a = 4$，$c_1 = c_2 = 1$，，则最优变动费 T_i^* 为

$$T_i^* = \frac{\beta - 5}{2(\beta - 1)} + \frac{\alpha_i(\beta^2 + 3\beta + 6) - \alpha_i\alpha_j(\beta^2 + 4\beta + 3)}{2[\beta^2 - 4 - \alpha_i(\beta^2 - 2) - \alpha_j(\beta^2 - 2) + \alpha_i\alpha_j(\beta^2 - 1)]}$$

最优的变动费 T_i^* 随研发企业对下游生产公司的持股比例 α_i 和 α_j 的变化而变化的趋势如图 6-3 所示。由图 6-3 可以看出，研发企业对下游生产公司 i 的最优变化费用 T_i^* 随着研发企业对该生产公司持有的股权比例 α_i 的增加而减少，随着研发企业对其他生产公司持有的股权比例 α_j 的增加而增加。这说明在实际应用中，研发企业对于持股比例越高的技术受让方收取越低的变动费用，而对于持股比例越低的受让方收取越高的变动费用。

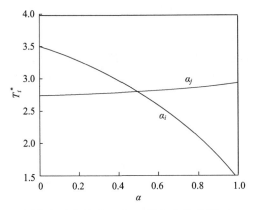

图 6-3　最优变动费用随 α_i 和 α_j 的变化趋势图（$\beta = 1/2$）

最优变动费 T_i^* 随最终产品的替代程度 β 的变化趋势如图 6-4 所示。由图 6-4 可以看出，研发企业对下游生产公司 i 的最优变动费用 T_i^* 随着下游生产公司的最终产品的替代程度 β 的增加而增加，且 T_i^* 随着替代程度趋向于 1 而趋向于最大值，

说明在实际应用中,下游生产公司之间最终产品的替代程度越高,在最终产品市场越容易导致"价格战",从而损害了研发企业的利益。因而研发企业通过提高变动费用来增加下游生产公司的变动成本,以此来促使下游生产公司提高最终产品价格。

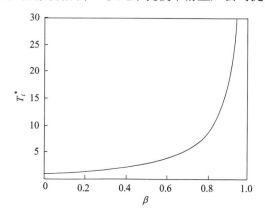

图 6-4　最优变动费用随最终产品替代程度 β 的变化趋势图($\alpha_i = \alpha_j = 1/2$)

将各个参数的值代入下游生产公司的利润函数,并根据下游生产公司的参与约束,得

$$0 \leqslant \pi_i^* \leqslant \frac{[(3+\beta)+(1+\beta)(1-\alpha_j)(3+\beta)]^2}{4[\beta^2 - 4 - \alpha_j(\beta^2 - 2) - \alpha_i(\beta^2 - 2) + \alpha_i\alpha_j(\beta^2 - 1)]^2}$$

π_i^* 随研发企业对下游生产公司的持股比例 α_i 和 α_j 的变动趋势如图 6-5 所示。从图 6-5 可以看出,下游生产公司 i 的利润随研发企业对该公司的持股比例 α_i 的增加而增加,随研发企业对其他生产公司的持股比例 α_j 的增加而减少。

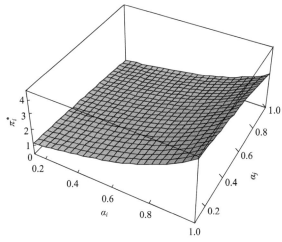

图 6-5　下游生产公司的利润 π_i^* 随 α_i 和 α_j 变化趋势图($\beta = 1/2$)

　　将各个参数的值代入研发企业的利润函数，得

$$\Pi^* \leqslant \sum_{i=1}^{2} \frac{(3+\beta)^2[\alpha_j(1+\beta)-2-\beta][-6+\beta+2\beta^2+\alpha_i(4-\beta-2\beta^2)+\alpha_j(3-2\beta^2)+2\alpha_i\alpha_j(\beta^2-1)]}{4(1-\beta)[\beta^2-4-\alpha_j(\beta^2-2)-\alpha_i(\beta^2-2)+\alpha_i\alpha_j(\beta^2-1)]^2}$$
$$-C$$

　　Π^* 随 α_i 和 α_j 的变动趋势如图 6-6 所示（由于技术研发成本 C 对结果分析不产生影响，故本例取值为 0）。从图 6-6 可以看出，研发企业的利润随研发企业对下游生产公司的持股比例 α_i 和 α_j 的增加而增加。

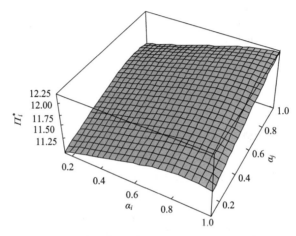

图 6-6　研发企业的利润 Π_i^* 随 α_i 和 α_j 变化趋势图（β=1/2）

　　研发企业和下游生产公司的利润随最终产品替代程度 β 的变化趋势如图 6-7 所示。从图 6-7 可以看出，研发企业和下游生产公司的最大利润都随着下游生产公司最终产品的替代程度 β 的增加而增加。但研发企业的利润递增程度更加明

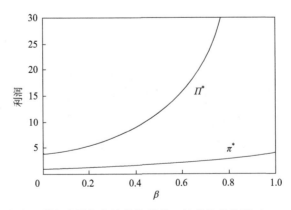

图 6-7　各公司利润随最终产品替代程度 β 的变化趋势图（$\alpha_i = \alpha_j$ =1/2）

显。因此说明,在现实中研发企业应该将技术转让给多个受让人,形成行业竞争,从而提高自身利益。

6.4 基于收益提成的技术产品转移定价

6.3 节主要分析了在技术转移定价机制设计中,变动费用部分是按照技术受让方销售的产品数量进行提成的,而有些时候技术的价格也和技术受让方的销售收入相挂钩。因此本章将受让方的销售收入提成作为变动费用,重新设计技术转移定价机制。我们仍然从所有权转让和使用权转让两个方面进行分析。

6.4.1 所有权转让的技术产品转移定价策略

假定研发企业的技术研发成本为 C ,将技术转移给下游生产公司时收取固定费用为 F ,每销售一单位产品需要按照比例 r 进行收益分成,技术受让方运用技术生产最终产品的单位成本为 c ,假定固定成本为 0。设最终产品的市场需求函数为 $Q(p)$,其中 p 为最终产品的价格。

整个决策过程为两阶段动态博弈,第一阶段,研发企业决定技术转移价格 $\{F, r\}$。第二阶段,下游生产公司在研发企业制定的技术转移价格的基础上,决定最终产品的市场价格。假设信息完全充分,因此,决策过程相当于两阶段的完美信息动态博弈,采用逆推归纳法求解均衡结果。

首先从决策的第二阶段开始,下游生产公司根据自身利润最大化,确定最优的最终产品市场价格 p。

$$\max_p \pi = (p - c - rp)Q(p) - F \tag{6-35}$$

假设下游生产公司的利润函数 π 是关于价格 p 的严格凹函数,对式(6-35)求偏导,得下游生产公司的反应函数为

$$\frac{\partial \pi}{\partial p} = (1 - r)Q(p) + (p - c - rp)\frac{\partial Q}{\partial p} = 0 \tag{6-36}$$

根据式(6-36),可得最终产品的均衡价格与分成比例之间的函数关系 $p^*(r)$。

其次进入决策的第一阶段,研发企业根据第二阶段得到的最终产品价格与分成比例之间的函数关系,确定达到研发企业利润最大化的分成比例。

研发企业的收益由三部分构成:交易达成时的固定费用、下游生产公司获得收益后的分成部分以及根据对下游生产公司投资比例的分成部分,具体利润函数形式如式(6-37)所示(由于贴现率对研究结果影响不大,因此为了简化研究过程本节仍将其假定为1):

$$\max_{r} \varPi = F + rp^*(r)Q(p^*(r)) + \alpha\pi^* - C$$

$$= (1-\alpha)F + (1-\alpha)rp^*(r)Q(p^*(r)) + \alpha(p^*(r)-c)Q(p^*(r)) - C \tag{6-37}$$

其中，α 为研发企业对下游生产公司的持股比例；$\alpha\pi^*$ 为研发企业从下游生产公司获得的股权分成，$\alpha \in [0,1]$。当 $\alpha = 0$ 时，表示下游生产公司和研发企业完全独立，研发企业的收入只包括固定费用和未来的收益分成；当 $\alpha = 1$ 时，表示下游生产公司是研发企业的全资子公司；当 $\alpha \in (0,1)$ 时，表示下游生产企业是研发企业的参股或控股公司。

对式（6-37）求一阶偏导，得

$$\frac{\partial \varPi}{\partial r} = (1-\alpha)p^*(r)Q(p^*(r)) + \left[Q(p^*(r))\frac{\partial p^*}{\partial r} + p^*(r)\frac{\partial Q^*}{\partial p}\frac{\partial p^*}{\partial r} \right]r$$

$$+ \alpha\left[(p^*(r)-rp^*(r)-c)\frac{\partial Q^*}{\partial p}\frac{\partial p^*}{\partial r} + (1-r)Q(p^*(r))\frac{\partial p^*}{\partial r} \right] = 0 \tag{6-38}$$

将式（6-36）代入式（6-38）得

$$(1-\alpha)p^*(r)Q(p^*(r)) + \left[Q(p^*(r))\frac{\partial p^*}{\partial r} + p^*(r)\frac{\partial Q^*}{\partial p}\frac{\partial p^*}{\partial r} \right]r = 0 \tag{6-39}$$

求解式（6-39）得

$$r^* = -\frac{(1-\alpha)p^*(r)Q(p^*(r))}{Q(p^*(r))\dfrac{\partial p^*}{\partial r} + p^*(r)\dfrac{\partial Q^*}{\partial p}\dfrac{\partial p^*}{\partial r}} \tag{6-40}$$

由需求价格弹性公式 $\varepsilon = \dfrac{\partial Q}{\partial p}\dfrac{p}{Q}$，得

$$Q = \frac{\partial Q}{\partial p}\frac{p}{\varepsilon} \tag{6-41}$$

令 $\dfrac{\partial Q}{\partial p}\dfrac{\partial p^*}{\partial r} = m$，$p^* = p^*(r)$，$R^* = p^*(r)Q(p^*(r))$，并将式（6-41）代入式（6-40），化简得

$$r^* = -\frac{(1-\alpha)R^*}{m(1-1/|\varepsilon|)p^*} \tag{6-42}$$

由式（6-42）可以看出，最优提成比例的大小与需求价格弹性和研发企业对下游生产公司的持股比例 α 有关。

将式（6-42）对 α 求一阶偏导，得

$$\frac{\partial r^*}{\partial \alpha} = \frac{R^*}{m(1-1/|\varepsilon|)p^*} < 0$$

可以看出，研发企业对下游生产公司的持股比例 α 与技术转移的最优分成比例 r^* 成反比。也就是说研发企业在确定分成比例的时候，对于自己持股比例越高的企业分成比例越低，而对于自己持股比例越低的企业分成比例越高。

1. 线性需求下的转移定价决策分析

下面以线性需求函数为例进行技术转移定价策略的相关特征分析，设下游生产公司的最终产品需求函数为线性函数 $Q = a - bp$，其中 $a > 0$，$b > 0$。

首先，从决策的第二阶段开始，下游生产公司在给定技术转移价格的条件下，根据自身利润最大化确定最优的最终产品价格。

$$\max_p \pi = (p - c - rp)(a - bp) - F \tag{6-43}$$

对式（6-43）求偏导，得下游生产公司的反应函数为

$$\frac{\partial \pi}{\partial p} = (1-r)(a-bp) - b(p-c-rp) = 0 \tag{6-44}$$

求解式（6-44），得最终产品价格、需求量分别为

$$p^* = \frac{a(1-r)+bc}{2b(1-r)} \tag{6-45}$$

$$Q^* = \frac{a(1-r)-bc}{2(1-r)} \tag{6-46}$$

其次进入决策的第一阶段，研发企业根据第二阶段得到的决策结果，确定达到研发企业利润最大化的分成比例 r。

$$\max_r \varPi = F + rp^*Q^* + \alpha\pi^* - C$$
$$= (1-\alpha)F + (1-\alpha)rp^*Q^* + \alpha(p^*-c)Q^* - C \tag{6-47}$$

将式（6-45）和式（6-46）代入式（6-47），求偏导得

$$\frac{\partial \varPi}{\partial r} = a^2(1-\alpha)(1-r)^3 - b^2c^2(1+\alpha)r - b^2c^2(1-\alpha) = 0 \tag{6-48}$$

求解式（6-48）得最优收益分成比例为

$$r^* = 1 - \frac{b^2c^2(1+\alpha)}{\sqrt[3]{3}M} + \frac{M}{\sqrt[3]{9}a^2(1-\alpha)}$$

其中，$M = \left[-9a^4b^2c^2(1-\alpha)^2 + \sqrt{81a^8b^4c^4(1-\alpha)^4 + 3a^6b^6c^6(1-\alpha^2)^3} \right]^{1/3}$。

将 r^* 分别代入式（6-45）、式（6-46）得最优最终产品价格和需求量为

$$p^* = \frac{\sqrt[3]{3}aM^2 - 3a^2bc(1-\alpha)M - \sqrt[3]{9}a^3b^2c^2(1-\alpha^2)}{2\sqrt[3]{3}bM^2 - 2\sqrt[3]{9}a^2b^3c^2(1-\alpha^2)}$$

$$Q^* = \frac{\sqrt[3]{3}aM^2 + 3a^2bc(1-\alpha)M - \sqrt[3]{9}a^3b^2c^2(1-\alpha^2)}{2\sqrt[3]{3}M^2 - 2\sqrt[3]{9}a^2b^2c^2(1-\alpha^2)}$$

将 p^*、Q^* 代入式（6-43），得下游生产公司的最优利润为

$$\pi^* = (p^* - c - rp^*)Q^* - F$$

$$= \frac{[\sqrt[3]{3}M^2 + 3abc(1-\alpha)M - \sqrt[3]{9}a^2b^2c^2(1-\alpha^2)]^2}{12\sqrt[3]{3}b(1-\alpha)M[\sqrt[3]{3}a^2b^2c^2(1-\alpha^2) - M^2]} - F$$

对于研发企业来说，要保证下游生产公司的参与，必须使 $\pi^* \geqslant 0$，即

$$\frac{[\sqrt[3]{3}M^2 + 3abc(1-\alpha)M - \sqrt[3]{9}a^2b^2c^2(1-\alpha^2)]^2}{12\sqrt[3]{3}b(1-\alpha)M[\sqrt[3]{3}a^2b^2c^2(1-\alpha^2) - M^2]} - F \geqslant 0$$

由此可得，技术转让的固定费用必须满足：

$$F \leqslant \frac{[\sqrt[3]{3}M^2 + 3abc(1-\alpha)M - \sqrt[3]{9}a^2b^2c^2(1-\alpha^2)]^2}{12\sqrt[3]{3}b(1-\alpha)M[\sqrt[3]{3}a^2b^2c^2(1-\alpha^2) - M^2]}$$

在该上限约束的条件之下，交易双方通过谈判确定最终的固定费用大小。

2. 算例分析

分别对前面涉及的各个参数取值，令 $a = 2$，$b = 1$，$c = 1$，则最优收益分成比例和最终产品价格分别为

$$r^* = 1 - \frac{(1+\alpha)}{\sqrt[3]{3}M} + \frac{M}{4\sqrt[3]{9}(1-\alpha)}$$

$$p^* = 1 - \frac{12(1-\alpha)M}{2\sqrt[3]{3}M^2 - 8\sqrt[3]{9}(1-\alpha^2)}$$

其中，

$$M = [-144(1-\alpha)^2 + 8\sqrt{324(1-\alpha)^4 + 3(1-\alpha^2)^3}]^{1/3}$$

r^* 和 p^* 随 α 的变动趋势如图 6-8 所示。从图 6-8 可以看出，最优收益分成比例和最终产品价格都随研发企业对下游生产公司的控股比例 α 的增加而减少。当 α 等于 1，即下游生产公司是研发企业的全资子公司时，收益分成比例为零，最终产品价格降到最低。这表明在实际应用中，研发企业对于自己持有的股权比例越大的下游生产公司，确定的收益分成比例应该越低。

将各个参数的值分别代入研发企业和下游生产公司的利润函数，并根据下游生产公司的参与约束可得如下利润函数不等式：

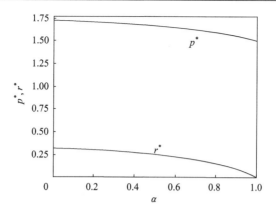

图 6-8　最终产品价格和收益分成比例趋势图

$$\pi^* \leqslant \frac{[\sqrt[3]{3}M^2 + 6(1-\alpha)M - 4\sqrt[3]{9}(1-\alpha^2)]^2}{12\sqrt[3]{3}(1-\alpha)M[4\sqrt[3]{3}(1-\alpha^2) - M^2]}$$

$$\Pi^* \leqslant \frac{2\sqrt[3]{3}(1-\alpha)M[-\sqrt[3]{3}M^2 - 6(1-\alpha)M + 4\sqrt[3]{9}(1-\alpha^2)]}{[4\sqrt[3]{3}(1-\alpha^2) - M^2]^2} - C$$

Π^* 和 π^* 随 α 的变动趋势如图 6-9 所示（由于技术研发成本 C 对结果分析不产生影响，故本例取值为 0）。从图 6-9 可以看出，各公司的利润都随研发企业对下游生产公司的控股比例 α 的增加而增加。但下游生产公司的利润的增加幅度要大于研发企业的利润增加幅度。另外，下游生产公司的利润边界与坐标轴组成的区域表示了技术转让的初始固定费用 F 的谈判区域，固定费用的具体大小取决于技术的研发成本以及交易双方的谈判能力。

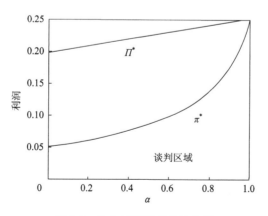

图 6-9　各公司利润变动趋势图

6.4.2 使用权转让的技术产品转移定价策略

接下来主要研究研发企业进行技术使用权转移，将一种技术转让给多家受让方的技术转移定价策略。我们仍然只分析同一技术转让给两家受让方的情形。设研发企业将技术转移给下游生产公司 i（$i=1,2$）。假定这两家公司之间是竞争关系，生产的最终产品具有一定的替代性。由于最终产品市场有两家企业参与竞争，因此任一产品的市场需求除了取决于自身的价格高低外，还要受到竞争对手价格的影响。设最终产品的市场需求函数为 $Q_i(p_i, p_j)$，$i, j \in \{1, 2\}$，$i \neq j$（下文提到的 i, j 的约束条件与此相同），其中 p_i、p_j 分别为两家下游生产公司的产品价格。设研发企业的技术研发成本为 C，下游生产公司利用获得的技术生产最终产品的单位成本为 c_i，假定固定成本为零。假设两家下游生产公司的最终产品同属一个产品大类内的不同品牌，即两家公司的产品具有一定的替代性，但一方又不能完全替代另一方。式（6-49）所表示的条件成立：

$$\frac{\partial Q_i}{\partial p_i} < 0, \ \frac{\partial Q_i}{\partial p_j} > 0, \ \frac{\partial Q_i}{\partial p_j} = \frac{\partial Q_j}{\partial p_i}, \ \frac{\partial Q_j}{\partial p_i} < \left| \frac{\partial Q_i}{\partial p_i} \right| \qquad (6\text{-}49)$$

式（6-49）分别表示两家生产公司最终产品的替代性、需求交叉效应的对称性、和不完全替代性。

整个决策过程为两阶段动态博弈，第一阶段，研发企业决定技术转移价格 $\{F_i, r_i\}$，其中 F_i 为达成交易时下游生产公司需要支付给研发企业的固定费用。F_i 的取值分为三种情况：$F_i > 0$，表明下游生产公司需要向研发企业支付费用；$F_i < 0$，表明研发企业需要向下游生产公司进行初期补贴；$F_i = 0$，表明交易没有固定费用，这时两部转移定价退化为单一的收益分成定价。r_i 为下游生产公司获得收益后需要支付给研发企业的分成比例。第二阶段，两家下游生产公司在研发企业制定的技术转移价格的基础上，决定最终产品的市场价格。假设信息完全充分，因此，决策过程相当于两阶段的完美信息动态博弈，采用逆推归纳法求解均衡结果。

首先从决策的第二阶段开始，下游生产公司根据自身利润最大化，确定最优的最终产品市场价格 p_i 和 p_j。

$$\max_{p_i} \pi_i = (p_i - c_i - r_i p_i) Q_i(p_i, p_j) - F_i \qquad (6\text{-}50)$$

假设下游生产公司的利润函数 π_i 是关于价格 p_i 的严格凹函数，对式（6-50）求偏导，得下游生产公司的反应函数为

$$\frac{\partial \pi_i}{\partial p_i} = (1 - r_i) Q_i(p_i, p_j) + (p_i - c_i - r_i p_i) \frac{\partial Q_i}{\partial p_i} = 0 \qquad (6\text{-}51)$$

根据式（6-51），可得出下游生产公司的最终产品均衡价格与收益分成比例之

间的函数关系 $p_i^*(r_i, r_j)$。

其次进入决策的第一阶段，研发企业根据第二阶段得到的最终产品价格与分成比例之间的函数关系，确定达到研发企业利润最大化的收益分成比例 r_i，r_j。

研发企业的收益由三部分构成：交易达成时的固定费用、下游生产公司获得收益后的分成部分以及根据对下游生产公司投资比例的分成部分。具体利润函数形式如式（6-52）所示：

$$\max_{r_i, r_j} \Pi = \sum_{i=1}^{2}[F_i + r_i p_i^*(r_i, r_j)Q_i(p_i^*(r_i, r_j), p_j^*(r_i, r_j)) + \alpha_i \pi_i] - C \quad （6-52）$$

其中，α_i 为研发企业对下游生产企业 i 的持股比例；$\alpha_i \pi_i$ 为研发企业从下游生产公司 i 获得的股权分成，$\alpha_i \in [0,1]$。当 $\alpha_i = 0$ 时，表示下游生产公司 i 和研发企业完全独立，研发企业的收入只包括固定费用和未来收益分成；当 $\alpha_i = 1$ 时，表示下游生产公司 i 是研发企业的全资子公司；当 $\alpha_i \in (0,1)$ 时，表示下游生产公司 i 是研发企业的参股或控股公司。

令 $p_i^* = p_i^*(r_i, r_j)$，$p_j^* = p_j^*(r_i, r_j)$，对式（6-52）求一阶偏导，得

$$\frac{\partial \Pi}{\partial r_i} = \left[r_i \frac{\partial p_i^*}{\partial r_i} + (1 - \alpha_i)p_i^*\right]Q_i(p_i^*, p_j^*) + r_i p_i^*\left(\frac{\partial Q_i}{\partial p_i}\frac{\partial p_i^*}{\partial r_i} + \frac{\partial Q_i}{\partial p_j}\frac{\partial p_j^*}{\partial r_i}\right) + \alpha_i(p_i^* - c_i - r_i p_i^*)\frac{\partial Q_i}{\partial p_j}\frac{\partial p_j^*}{\partial r_i}$$
$$+ r_j \frac{\partial p_j^*}{\partial r_i}Q_j(p_i^*, p_j^*) + r_j p_j^*\left(\frac{\partial Q_j}{\partial p_i}\frac{\partial p_i^*}{\partial r_i} + \frac{\partial Q_j}{\partial p_j}\frac{\partial p_j^*}{\partial r_i}\right) + \alpha_j(p_j^* - c_j - r_j p_j^*)\frac{\partial Q_j}{\partial p_i}\frac{\partial p_i^*}{\partial r_i} = 0$$

$$（6-53）$$

求解式（6-53）可得最优收益分成比例 r_i^* 为

$$r_i^* = \frac{N_j(1 - \alpha_i)R_i^* - M_j(1 - \alpha_j)R_j^*}{N_i N_j - M_i M_j}$$
$$+ \frac{\left(\dfrac{\partial Q_i}{\partial p_j}\dfrac{\partial p_j^*}{\partial r_i}M_j - \dfrac{\partial Q_i}{\partial p_j}\dfrac{\partial p_j^*}{\partial r_i}N_j\right)}{N_i N_j - M_i M_j}\alpha_i(p_i^* - c_i) + \frac{\left(\dfrac{\partial Q_j}{\partial p_i}\dfrac{\partial p_i^*}{\partial r_i}M_j - \dfrac{\partial Q_j}{\partial p_i}\dfrac{\partial p_i^*}{\partial r_i}N_j\right)}{N_i N_j - M_i M_j}\alpha_j(p_j^* - c_j)$$

其中，$R_i^* = p_i^* Q_i(p_i^*, p_j^*)$；$M_i = \dfrac{\partial p_i}{\partial r_j}Q_i(p_i^*, p_j^*) + \left[\dfrac{\partial Q_i}{\partial p_i}\dfrac{\partial p_i^*}{\partial r_j} + (1 - \alpha_i)\dfrac{\partial Q_i}{\partial p_j}\dfrac{\partial p_j^*}{\partial r_j}\right]p_i^*$；

$N_i = \dfrac{\partial p_i^*}{\partial r_i}Q_i(p_i^*, p_j^*) + \left[\dfrac{\partial Q_i}{\partial p_i}\dfrac{\partial p_i^*}{\partial r_i} + (1 - \alpha_i)\dfrac{\partial Q_i}{\partial p_j}\dfrac{\partial p_j^*}{\partial r_i}\right]p_i^*$。

可以看出，最优收益分成比例 r_i^* 是下游各生产公司毛利 $(p_i^* - c_i)$ 的加权平均，权重的大小取决于研发企业对下游生产公司的持股比例 α_i 和 α_j。

将 r_i^* 代入式（6-50），可得下游生产公司的最优利润 π_i^*，而固定费用 F_i 的取

值必须满足 $F_i \leqslant \pi_i^*$，具体大小取决于交易双方的谈判能力。由此可得，针对下游生产公司 i 的最优技术转移定价策略为 $\{F_i, r_i^*\}$。

1. 线性需求下的转移定价决策分析

下面以线性需求函数为例进行技术使用权转移定价策略的相关特征分析。设下游生产公司的最终产品需求函数为线性函数 $Q_i = a - p_i + \beta p_j$，其中 $a > 0$，$\beta \in (0,1)$。

首先，从决策的第二阶段开始，下游生产公司在给定技术转移价格的条件下，根据各自的利润最大化，同时确定最优的最终产品价格。

$$\max_{p_i} \pi_i = (p_i - c_i - r_i p_i)(a - p_i + \beta p_j) - F_i \tag{6-54}$$

对式（6-54）求偏导，得下游生产公司的反应函数为

$$\frac{\partial \pi_i}{\partial p_i} = -2(1-r_i)p_i + (1-r_i)(a - \beta p_j) + c_i = 0 \tag{6-55}$$

求解式（6-55），得最终产品价格与收益分成比例之间的关系式为

$$p_i^* = \frac{2c_i(1-r_j) + a(1-r_i)(1-r_j)(2-\beta) - c_j(1-r_i)\beta}{(1-r_i)(1-r_j)(4-\beta^2)} \tag{6-56}$$

其次进入决策的第一阶段，研发企业根据第二阶段得到的决策结果，确定达到研发企业利润最大化的收益分成比例 r_i 和 r_j。

$$\max_{r_i, r_j} \Pi = \sum_{i=1}^{2} [(1-\alpha_i)F_i + (r_i p_i^* + \alpha_i(p_i^* - c_i - r_i p_i^*))(a - p_i^* + \beta p_j^*)] - C \tag{6-57}$$

将式（6-56）代入式（6-57），求极值可得最优收益分成比例 r_i^* 和 r_j^*。

2. 算例分析

由于计算结果的代数解析式太过复杂，因此通过数字算例进行结果分析，分析过程及结果如下。

令 $a = 2$，$c_1 = c_2 = 1$，$\beta = 1/2$，$r_1 = r_2 = r$，根据研发企业对下游生产公司的不同持股比例，对比分析最优的收益分成比例、最终产品价格、下游生产公司利润和研发企业利润的变化趋势。

分别从 α_2 为 20%、50%、100% 三种情况出发进行分析，α_2 的三个取值分别代表下游生产公司 2 是研发企业的参股公司、控股公司和全资子公司。分析结果如表 6-1 所示。

表 6-1　收益分成比例、最终产品价格和各企业利润状况对比分析表

项目	α_1	α_2	r	p	π	Π
	0	20%	0.7380	2.3267	Max{0,−0.3266−F}	≤2.2200−C
	20%	20%	0.7526	2.3267	Max{0,−0.3550−F}	≤2.2200−C
$\alpha_2=20\%$	40%	20%	0.7672	2.4168	Max{0,−0.3461−F}	≤2.2431−C
	60%	20%	0.7816	2.5182	Max{0,−0.3331−F}	≤2.2497−C
	80%	20%	0.7953	2.6315	Max{0,−0.3157−F}	≤2.2327−C
	99%	20%	0.8076	2.7541	Max{0,−0.2929−F}	≤2.1851−C
	0	50%	0.7190	2.2235	Max{0,−0.3331−F}	≤2.1731−C
	20%	50%	0.7338	2.2235	Max{0,−0.3621−F}	≤2.1731−C
$\alpha_2=50\%$	40%	50%	0.7491	2.3026	Max{0,−0.3581−F}	≤2.2110−C
	60%	50%	0.7644	2.3943	Max{0,−0.3500−F}	≤2.2388−C
	80%	50%	0.7794	2.4978	Max{0,−0.3371−F}	≤2.2500−C
	99%	50%	0.7930	2.6132	Max{0,−0.3181−F}	≤2.2371−C
	0	100%	0.6847	2.0686	Max{0,−0.3358−F}	≤2.0639−C
	20%	100%	0.6991	2.0686	Max{0,−0.3646−F}	≤2.0639−C
$\alpha_2=100\%$	40%	100%	0.7147	2.1293	Max{0,−0.3671−F}	≤2.1126−C
	60%	100%	0.7312	2.2020	Max{0,−0.3669−F}	≤2.1611−C
	80%	100%	0.7480	2.2881	Max{0,−0.3621−F}	≤2.2051−C
	99%	100%	0.7639	2.3873	Max{0,−0.3519−F}	≤2.2371−C

由表 6-1 的数字结果可以看出，在持股比例 α_2 一定的情况下，收益分成比例 r 和最终产品价格 p 随着持股比例 α_1 的增加而增加；下游生产公司和研发企业的利润随着持股比例 α_1 的增加而先减少后增加。另外从分析结果可以看出，转移定价的固定费用 F 可能为负。也就是说，在实际交易中，有些条件下转让方可能需要通过前期补贴的方式让受让方快速发展起来，然后转让方从未来的收益分成中获取利润。

6.5　本 章 小 结

第一，本章研究了基于数量提成的技术转移定价策略问题，提出采用固定费用加变动费用的定价方法不仅可以达到研发企业的利润最优，同时可以缓解下游生产公司由于一次性支付所造成的资金压力。同时将研发企业的利润与技术的未来收益紧密联系起来，实现了转让方和受让方的收益共享、风险共担。分别从技术所有权转让和使用权转让两个方面分析了技术转让的定价策略问题。在技术所有权转让的定价分析过程中，首先从一般需求函数出发分析得出了研发企业利润最大化的技术转移定价解析表达式。其次以线性需求函数为例，分析了最优变动费用、最终产品价格、受让方和研发企业利润的具体特征。最后通过数值算例对比分析了各个变量随着转让方和受让方股权比例的不同而变化的趋势。分析发现，最优变动费用和最终产品价格随着技术转让方对受让方的持股比例的增加而减少。这说明在实际应用中，技术转让方对于自己持股比例越大的受让方，收取的技术转让变动费用应该越低，而对于自己持股比例越小的受让方，收取的技术转让变动费用应该越高。另外，受让方和转让方的利润随着转让方对受让方的持股比例的增加而增加。技术转让的初始固定费用 F 的取值范围由下游生产公司的利润边界来决定，最终大小取决于交易双方的谈判能力。接下来对研发企业进行技术使用权转让的定价策略进行研究。仍然首先通过一般需求函数分析得出了研发企业利润最大化的技术转移定价解析表达式。其次以线性需求函数为例，分析了最优变动费用、最终产品价格、受让方和转让方利润的特征。最后通过数值算例对比分析了各个变量随不同参数的变化趋势。分析发现，研发企业对某一受让方的最优变动费用随着研发企业对该受让方的持股比例的增加而减少，随着研发企业对其他受让方的持股比例的增加而增加。受让方的最大利润随研发企业对该受让方的持股比例的增加而增加，随研发企业对其他受让方的持股比例的增加而减少。研发企业的最大利润随研发企业对受让方的持股比例的增加而增加。另外，随着最终产品的替代程度的增加，最优变动费用随之增加，且研发企业和受让方的利润都随之增加。

第二，本章研究了基于收益提成的技术转移定价策略问题。仍然从所有权转让和使用权转让两个方面进行了分析。在分析研发企业进行所有权转移时的转移定价策略过程中，首先从一般需求函数出发分析得出了研发企业利润最大化的技术转移定价解析表达式。其次以线性需求函数为例，通过数值算例对比分析了收益分成比例、最终产品价格、受让方和研发企业利润随着研发企业对受让方持股比例的不同而变化的趋势。分析发现，最优收益分成比例和最终产品价格都随研发企业对下游生产公司的持股比例 α 的增加而减少。当 α 等于 1，即下游生产公司是研发企业的全资子公司时，变动费用为零，最终产品价格降到最低。各公司的利润都随 α 的增加而增加，且下游生产公司的利润增加幅度要大于研发企业的利润增加幅度。另外，技术转让的初始固定费用 F 的取值范围由下游生产公司的利润边界来决定，最终大小取决于交易双方的谈判能力。接下来分析了研发企业进行使用权转移的转移定价策略。先从一般需求函数出发分析得出了研发企业利润最大化的技术转移定价解析表达式。再从线性需求函数入手，通过数值算例对比分析了收益分成比例、最终产品价格、受让方和研发企业的利润随着转让方与受让方持股比例的不同而变化的趋势。分析发现，在受让方 j 的持股比例一定的情况下，收益分成比例和最终产品价格随着受让方 i 的持股比例的增加而增加；受让方和转让方的利润随着受让方 i 的持股比例的增加而先增加后减少。研究结果表明在现实企业中，研发企业通过自己设立全资子公司进行产品开发和转移给完全独立的外部公司都不能达到利润最优，应该选择一个合适的控股企业作为技术的受让方可以达到利润最优。从本章的数字算例可以看出，研发企业对技术受让方的最优投资比例应该大于 50%，说明现实企业中，研发企业应该将技术转移给自己的绝对控股公司（控股比例 $\alpha > 50\%$），可以获得最大的利润。另外从分析结果可以看出受让方支付给研发企业的固定费用 F 有可能为负。说明在实际交易中，有些条件下转让方可能需要通过前期补贴的方式让受让方快速发展起来，然后转让方从未来的收益分成中获取利润。

参 考 文 献

姜彦福, 程源, 程航. 2001. 国际技术转让的博弈论议价模型分析[J]. 技术经济, (10): 33-35.

陶雷, 魏祥云. 1999. 技术商品转让定价 LSLP 法参数的确定方法[J]. 科技进步与对策, (1): 61-63.

杨华. 1998. 高校技术商品实用定价方法研究[J]. 西南师范大学学报(自然科学版), (1): 116-120.

张林. 2001. 技术商品定价模型的研究初探[J]. 河南师范大学学报(自然科学版), 29(4): 99-105.

周春喜. 2002. 技术资产估价方法研究[J]. 价格理论与实践, (1): 42-43.

左佰臣. 1998. 技术资产评估价格理论及价格影响因素分析[J]. 工业技术经济, (5): 85-87.

Borkowski S C. 2001. Transfer pricing of intangible property: harmony and discord across five countries[J]. The International Journal of Accounting, 36(3): 349-374.

Göx R F. 2000. Strategic transfer pricing, absorption costing and vertical integration[J]. Management Accounting Research, 11(3): 52-67.

Halperin R, Srinidhi B. 1996. U.S. income tax transfer pricing rules for intangibles as approximations of arm's length pricing[J]. The Accounting Review, 71(1): 61-80.

Norton C, Burns P. 2006. Transfer pricing for intangible development: cost-sharing alternatives[J]. International Tax Review, (12): 47-51.

Przysuski M, Lalapet S, Swaneveld H. 2004a. Transfer pricing of intangible property-part I: a Canadian-US comparison[J]. Corporate Business Taxation Monthly, 5(7): 10-18.

Przysuski M, Lalapet S, Swaneveld H. 2004b. Transfer pricing of intangible property: a Canadian-US comparison-part II[J]. Corporate Business Taxation Monthly, 5(9): 1-9.

Purnell E A. 1992. The net present value approach to intangible transfer pricing under section 482: an economic[J]. Tax Lawyer, 45(3): 647-684.

Rosenberg J B, McLennan B N. 2002. Technology, licensing, and economic issues in transfer pricing[J]. Corporate Business Taxation Monthly, 3(4): 10-11.

第 7 章　动态转移定价

动态转移定价主要强调转移定价系统应随着企业环境和企业组织的变化而不断改变（Demski，1981；Swieringa and Waterhouse，1982）。Kovac 和 Troy（1989）提出解决转移定价问题的方法是建立一个关于成本基础转移定价策略的反馈周期系统。转移定价起初保持稳定，当不满足的条件出现时，便会执行一个成本执行系统，成本本身改变为新的状态，从而转移定价也变为新条件下的成本基础转移价格。

7.1　动态转移定价理论概述

Cats-Baril 等（1988）考虑了产品属性对转移定价策略的影响，他们分析了不同产品种类与转移定价方法选择之间的关系（表 7-1），并且提出没有哪一个转移定价策略能够适应任何条件，合理的转移定价策略应该是随着时间的改变而不断变化的。他们比较了不同的转移定价策略在满足公司目标方面的特点（表 7-2）。

表 7-1　产品种类与转移定价方法之间的关系

产品种类	转移价格的谈判基础
1. 独一无二，专利产品	
A. 命令型产品	实支成本+固定费用
B. 投机型产品	实支成本+利润分成
2. 非标准化产品	相近替代品的价格或外部供给者的报价
3. 标准化产品	相同产品的价格

表 7-2　不同转移定价方法属性比较表

方法	促进最优短期决策制定	提供利润激励	能很好度量子公司的利润贡献
基于销售子公司的实支成本+机会成本	是	不常是	否
双重转移定价	是	是	否
实支成本+固定费用	是	是	否
实支成本+利润分成	是	是	否
基于购买子公司的机会成本定价（外部供给者价格）	不常是	是	是

Solomons（1965）提出转移定价策略应该在考虑中间产品外部市场条件和内部环境的基础上进行选择。具体列出了五种选择标准。

（1）存在中间产品的完全竞争市场，且买方子公司可以自由地得到它所需要的中间产品时，应采用市场价格法。

（2）不存在中间产品的完全竞争市场，但转移的中间产品不是很重要，则采用在总成本加成资产公平回报的基础上谈判的定价方法。

（3）不存在中间产品的完全竞争市场，转移的中间产品很重要但不是供应子公司的核心部分，应采用两部转移定价法。变动部分应等于供应子公司的边际成本，固定部分应在保证各个子公司有年利润的前提下由谈判来确定。

（4）不存在中间产品的完全竞争市场，转移的中间产品是供应子公司的核心部分，没有产品或服务的提供能力约束，应采用两部转移定价法，变动部分等于标准变动成本，固定部分基于期间来确定。

（5）不存在中间产品的完全竞争市场，转移的中间产品是供应子公司的核心部分，有能力约束，应采用数学规划模型方法。

Anthony 等（1984）在考虑中间产品专属性的基础上，提出了四种转移定价的选择标准。

（1）外部企业不可能生产子公司之间转移的中间产品，应采用标准成本加利润补贴的方法。

（2）中间产品长期来看可以选择从外部市场购买，则应采用基于长期竞争价格的市价法。

（3）中间产品可以短期内选择从外部市场购买不会有重要影响，则采用市场价格法。

（4）中间产品可以从外部市场购买也可以销往外部市场，则采用竞争性价格，但应保证这种价格是可以实际获得的。

Kaplan 和 Atkinson（1989）则在强调中间产品外部市场环境的条件下，提出了三种转移定价选择标准。

（1）存在中间产品的完全竞争外部市场，则采用市场价格，应扣除销售、配送和收回债务的成本。

（2）存在竞争性外部市场，但不是完全竞争市场，采用协议转移定价法。

（3）不存在外部市场，应采用两部转移定价法，变动部分为边际成本，固定部分为能够涵盖固定成本和投资成本的固定费用。

上述研究大都停留在转移定价策略的离散的点的选择上，只能在满足特定条件的基础上选择特定的策略，因而不能解决介于过渡状态的转移定价策略选择问题，并且没有注重转移定价策略随着条件的改变而变动的过程。

Eccles（1985）从系统的角度考虑了转移定价问题。他在大量实证调研的基础上，通过纵向一体化战略和分散化战略建立了一个二维管理者分析平面图，将企业组织划分为四种类型即合作型（cooperative）、协作型（collaborative）、集中型（collective）和竞争型（competitive），并指出不同类型的企业，应选择相应的转移定价方法（图 7-1）。

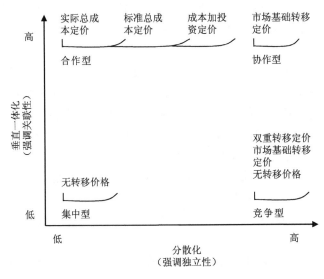

图 7-1　转移定价策略和战略目标框图

对 Eccles 来说，如果没有内部交易，垂直一体化的组织结果是不可能实现的。他非常关心转移定价系统的公平问题，指出公平是减轻内部冲突所引起的负面影响的最主要的因素（Eccles，1985）。

在 Williamson（1979，1985）的组织失灵与 Watson 和 Baumler（1975）的行为论文的基础上，通过引入组织、行为、战略和交易变量构建了转移定价模型（图 7-2）。模型强调内部交易的专属性，通过将交易的商品分为异质型、定制型和标准型来区分内部资本投资的特点以及子公司相互联系过程中的技术敏感程度。同时，将中间产品的"制造还是购买"决策与生产和交易成本的总和联系起来考虑，因而，在决策过程中反映了内部生产和外部获得的交易风险程度。另外，模型将内部交易的稳定程度也作为转移定价执行过程中的一个重要的纬度加以考虑。

Emmanuel 和 Mehafdi（1994）在 Eccles（1985）与 Spicer（1988）的基础上通过引入了定性和定量两组变量建立了一个环绕型转移定价模型。模型涉及的变量包括价值链、组织结构、子公司自主权、内部交易尺度以及绩效特征、评价和报酬系统（图 7-3）。模型强调转移定价系统的动态性和可调整性。

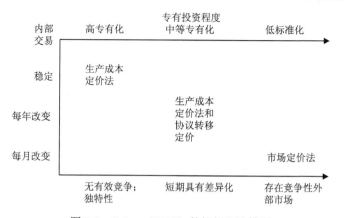

图 7-2　Spicer（1988）的组织理论模型

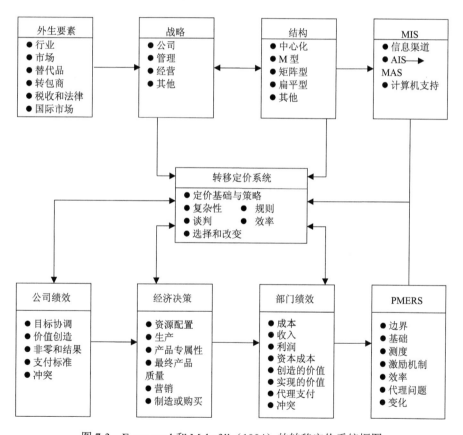

图 7-3　Emmanuel 和 Mehafdi（1994）的转移定价系统框图

MIS（management information system，管理信息系统）；AIS（accounting information system，会计信息系统）；MAS（management accounting system，管理会计系统）；PMERS（performance measurement，evaluation，and reward system，绩效测度、评价和报酬系统）

三大模型在分析影响转移定价决策的因素方面有所差异。Eccles（1985）指出内部代理关系在一个特定的公司结构和战略下是非常重要的。Spicer（1988）强调交易产品的特点和投资战略是影响非中心化与设计管理控制系统的重要因素。Emmanuel 和 Mehafdi（1994）认为绩效评价和报酬系统与转移价格之间的相互作用对一个公司的影响是非常重要的。

Schroeder（1993）通过建立模型研究了企业组织结构与转移定价之间的关系。具体模型如下：

$$\max_{y_1, y_2, m} [\Pi_c(y_1, y_2) - a_c(m)]$$

其中，$\Pi_c(y_1, y_2) = P_1(y_1, y_2)y_1 + P_2(y_1, y_2)y_2 - C(y_1, y_2)$ 为各子公司的总利润之和扣除内部交易的利润；y_1 为销往外部市场的中间产品的数量；y_2 为销往外部市场的最终产品的数量；$P_1(y_1, y_2)$ 为中间产品外部市场逆需求函数；$P_2(y_1, y_2)$ 为最终产品外部市场逆需求函数；$C(y_1, y_2) = C_1(y_1, y_2)(y_1 + y_2) + C_2(y_2)y_2 + C_{12}(y_1, y_2)$；$C_1(y_1, y_2)$ 为中间产品的平均生产成本；$C_2(y_2)$ 为加工中间产品为最终产品的平均增加成本；$C_{12}(y_1, y_2)$ 为联合生产的共同成本以及中间产品和最终产品的营销成本；$a_c(m)$ 为总部管理者的无效努力，m 随组织结构的不同而变化。

通过模型分析，得出当中间产品和最终产品存在相关性时，生产线型组织结构比功能型组织结构更有效的结论。

7.2　动态转移定价策略

动态转移定价强调从企业战略的角度出发，以企业内部组织结构为基础，结合企业所处的外部竞争性环境，进行企业集团的划分，并讨论每一类型企业所适合的转移定价方法。本节采用内外相结合的方法，以企业内部分权化程度和外部竞争性程度为划分标准，将企业划分为集中型、协作型、合作型和分散型四种类型。分别以内部分权化程度和外部竞争性程度为横坐标与纵坐标，建立企业划分框架，如图 7-4 所示。

坐标系中的每一个点都与特定的企业战略组织环境相联系。构成战略组织环境的要素有：公司的战略方案和战略规划过程；最高管理层所采用的主要控制方法，对公司内部经营单位行为的衡量、评价及奖励标准，公司管理方式以及外部的市场竞争环境等。一个公司的转移价格政策就取决于其在坐标系中的位置及公司未来拟移动的方向。以下主要对四种企业类型及与之相适应的转移定价策略进行系统分析和论述。

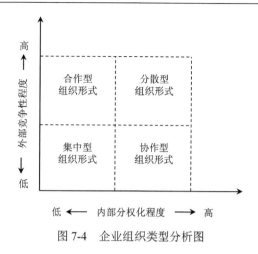

图 7-4 企业组织类型分析图

7.2.1 集中型组织形式

集中型组织具有集权化和低外部竞争性的特征，企业内部的决策权大都由集团总部控制，企业的目标是追求整体的利益最优，下属经营单位必须为集团的总体利益服务，各经营单位的绩效考核、目标评估、奖惩条件等主要以集团的整体利益为基础。

对于集中型企业组织，适合的转移定价策略主要有以下两种。

1. 边际成本转移定价策略

边际成本转移定价主要是总部为了追求集团的整体利润最优，规定中间产品的生产单位必须以边际成本的价格为最终产品生产单位提供产品。这种定价策略完全剥夺了中间产品生产单位的参与积极性，中间产品的生产单位不会积极进行产品革新，也不会进行技术改造，或采用先进的生产技术和工艺流程去降低变动成本，从而不能保证集团公司采用最合适的技术方法。

2. 变动成本转移定价策略

由于在实际应用中，生产单位的边际成本核算比较困难，并且带有很大的主观因素，因此变动成本转移定价策略就成为达到集团整体利益最大的比较理想的定价方法。按变动成本定价可以防止各责任中心片面追求局部利益最大化而损害整体利益，有利于责任中心制定出符合整体利益的最佳经营策略，但它与边际成本转移定价策略存在同样的缺陷，即剥夺了下属经营单位的自主权和参与的积极性。

7.2.2　协作型组织形式

高内部分权化程度和低外部竞争性程度构成了协作型组织类型。协作型组织内部经营单位通常都具备完整的经营功能，它们之间的相互依赖性很小。协作型组织对下属经营单位业绩的衡量、评估和奖励，主要侧重于采用将业绩与预算、计划及其他类似经营单位业绩进行比较的方法。各下属经营单位为取得比其他经营单位更好的业绩表现，在公司内部展开了资源、预算等方面的竞争。协作型组织由于分权化程度较高，总部通常将大多数经营决策权下放到各下属经营单位，因此公司内部交易决策通常是由经营单位自主做出。同时，协作型组织外部环境的竞争程度较低，通常都具有垄断经营的特征。

协作型组织适合以下几种内部转移定价策略。

1. 市场基础转移定价策略

由于协作型组织的高分权化特征，集团总部可以以外部市场价格作为内部转移价格。市场基础转移定价策略就是直接比照市场价格来制定内部转移价格。对于各经营单位而言，采用此法，可使其责任利润接近于实际利润，促使各经营单位既抓质量成本，又抓品种，同时将激烈的外部市场竞争机制引入企业内部。作为购入方，可以在价格相等的条件下，选择质量更好的非本企业内的其他企业的产品。作为售出方同样可以舍内向外，以获得更高的收入。根据具体企业环境的不同，市场基础转移定价策略又可以分为市场价格法和市场价格扣减固定折扣法两种。

1）市场价格法

这种方法是以市场价格直接作为中间产品的转移价格。其目的是促进集团子公司的经营者客观地评价经营成果。

2）市场价格扣减固定折扣法

这种内部转移价格是以市场价格为基础，在它的基础上打一个固定百分比的折扣，从而使购买单位能够获得一定的超额利润。

市场基础转移定价策略可以促进各经营单位努力降低成本，有效地使用人力和物力资源，并有助于客观评价子公司的经营成果。同时，采用市场基础转移定价策略也是公平合理的，即无论是对内部经营单位和外部公司，对同样产品支付同样的价格。另外，采用市场基础转移定价法，可以防止企业主管人员和会计人员任意操纵会计数据，篡改利润。但是，市场基础转移定价法也存在缺点：一是市场上常常缺乏中间产品或半成品的市场价格，使得无法确定子公司之间的转移价格；二是不利于集团公司灵活地运用转移定价战略，加强竞争、扩大利润。

2. 协议转移定价策略

如果中间产品没有市场价格，或者虽有市场价格，但不是完全竞争的市场价格，这时最好由买卖双方协调拟定一个双方都能接受的结算价格，这就是协议转移定价法。这种转移定价方法体现了各经营单位独立自主经营的特点，但是，由于转移价格对于上游部门而言是收入，而对于下游部门则是成本，因此协商的结果必然是某一部门的收益以另一部门的损失为代价，这样企业内部交易就会在激烈的分权部门竞争中相持不下，最终的转移价格往往需要仲裁机构的裁定，因而必然会导致企业整体利益的损失。

3. 双重转移定价策略

具有高分权化的企业集团，为了降低内部经营单位之间的冲突，总部可以采用双重转移定价方法进行内部转移定价决策。双重转移定价是指对中间产品的买卖双方分别采用不同的价格，谋求维护整体利益。双重转移定价策略对卖方可定较高的转移价格，但以不超过市场价格为度。对买方可定较低的转移价格，但以不低于卖方的中间产品单位变动成本为度。双重转移定价策略在实际应用中主要以以下几种形式出现。

1）标准成本与市价双重转移定价

采用此法，各经营单位之间相互提供的产品与劳务一律按标准成本定价，以反映各经营单位在生产经营过程中的实际耗费，便于企业及时进行成本核算。同时为了加强协作，鼓励售出方优先考虑向企业内部其他经营单位提供产品或劳务，对拥有外销权的经营单位的半成品、产品或劳务，按市价定价，以保证其利润完整，并以此作为考核业绩的依据。

2）标准成本与成本加成双重转移定价

采用此法，各经营单位之间相互提供的产品或劳务一律按标准成本定价，便于企业及时进行成本核算，编制上报会计报表。同时，用含一定利润的内部转移价格进行第二重核算，以确定各经营单位的责任利润，将其作为评价考核的依据。

3）市价与变动成本双重转移定价

采用这种方法，对售出方出售的产品或劳务，按市价定价，以利于考核其经营业绩，对于购入方购入的产品和劳务，按变动成本定价，以利于做出正确的经营决策。

这种转移定价策略避免了对下属经营单位积极性的打击，提高了公司内部交易量，降低了单位制造成本。同时，双重转移定价策略有助于公司战略的转变过程。一个协作型组织如打算提高其集权化程度，就可以应用此项政策，达到加强公司内部经营单位之间相互依赖程度的目的。反映在图 7-1 所示的分析框架上，就是推动公司由右向左的位置转移。

　　然而，双重转移定价策略也存在着问题，它要求公司必须具有完善的内部财务会计控制系统。而且由于公司内部交易价格已经确定，使各经营单位失去了关注其他经营单位业绩表现的动力，这就丧失了组织内部通过竞争提高效率的机理。因此，双重转移定价政策只能暂时性地应用于公司内部个别产品的转移定价决策上。

　　4. 差别转移定价策略

　　由于协作型组织的外部市场环境一般具有垄断性质，因此中间产品的生产单位，可以根据内外部需求的不同采用差别转移定价，或者以两部转移定价的形式让中间产品的购买单位在购买中间产品时，除了付单位产品价格外，还要定期缴纳一个固定费用。这种转移定价策略有利于激励上游企业生产的积极性，提高上游企业的收益，但可能造成"双重加价"现象，从而损害企业的整体利益。

7.2.3　合作型组织形式

　　合作型组织中，由于集权化程度较高，各经营单位之间是紧密合作的。下属经营单位通常扮演双重角色，当对外销售其产品时，是利润中心，而在公司内部提供其中间产品时，是成本中心，公司的整体战略由总部统一制定。虽然合作型企业组织同样考核下属经营单位的收入与成本，但其侧重于与此经营单位的历史数据相比较，而不是与同类其他经营单位相比较。由于在此类组织中相互合作的重要性，因此公司总部将严厉处罚为提高本经营单位业绩而损害公司整体利益的行为，同时对下属经营单位经理职位的提升、奖金的确定是基于公司整体业绩而非经营单位业绩之上的。上述政策使合作型组织内部各经营单位之间缺乏竞争性关系，而更为强调合作性关系。

　　合作型组织将下属单位大部分经营决策权集中于公司总部，这也包括经营单位的大部分购销决策。因此，经营单位之间的交易关系由公司总部统一确定，各经营单位为公司整体利益的最大化可以牺牲自我利益。合作型组织主要适用以下几种转移定价策略。

　　1. 实际成本定价

　　集团总部根据公司的内外部环境以及公司的整体发展战略目标，可使用产品实际成本确定内部转移价格。总部将经营单位一个期间所有的固定成本和变动成本归集到所生产的产品上，计算出产品的实际成本，并以此确定此产品的内部转移价格。由于成本归集的复杂性，实际成本的判断往往掺入主观的成分。实际成本法实施的主要困难是中间产品的价格波动。当公司内部和外部的需求同时下降时，公司内部销售单位的产品销售数量将下降，造成单位产品的实际成本上升，依实际成本法定价的公司内部产品转移价格也将升高。

2. 标准成本定价

实际成本定价法的缺陷，使得在实际应用中一般采用标准成本来代替实际成本进行转移定价决策。标准成本法是指中间产品是由公司总部所确定的产品标准成本来定价的。标准成本是公司总部对下属经营单位所生产产品的期望成本。公司总部通过对销售数量、原材料成本以及其他费用的估算，在生产设备满负荷运转的假设前提下计算出产品标准成本。一个有效的标准成本确定系统可以通过实际成本高于或低于标准成本的差距来分析其背后的主要原因，如管理效率的降低、原材料价格的上升等。

应用标准成本定价法可以大大降低购买单位所面临的产品价格的波动性，从而更为准确地衡量出各个经营单位对公司业绩的贡献。但标准成本定价法同样具有缺陷：购买单位可能会认为销售单位的产品标准成本定得过于保守，从而夸大其业绩表现。

3. 标准成本加成定价

由于集团内外部环境和发展战略的不同，总部也可以采用标准成本加上一定的利润来进行转移定价决策。标准成本加成定价是在产品或劳务的标准成本基础上加上合理的利润并以此作为内部转移价格。根据确定利润方法的不同，标准成本加成定价有以下三种。

1）按综合成本利润率确定利润的标准成本加成定价法

内部转移价格=标准成本+标准成本×综合成本利润率

其中，综合成本利润率=企业预计内部分配利润总额 / 标准成本总额。

这种定价方法适用于各经营单位的标准成本比较接近的企业。

2）按员工成本利润率确定利润的标准成本加成定价法

内部转移价格=标准成本+工资成本×工资成本利润率

其中，工资成本利润率=企业预计内部分配利润总额 / 标准工资总额。

这种方法的运用必须以原有职工工资分配比较合理为前提。适用于各经营单位的标准成本比较接近的企业。

3）按分项成本利润率确定利润的标准成本加成定价法

内部转移价格=直接材料标准成本×（1+材料成本利润率）+直接人工标准成本
　　　　×（1+工资成本利润率）+制造费用标准成本×（1+制造费用利润率）

其中，材料成本利润率=完成材料用量标准应得利润/直接材料标准成本总额；工资成本利润率=完成工时用量标准应得利润/直接人工标准成本总额；制造费用利润率=完成制造费用标准应得利润/制造费用标准成本总额。如有其他直接费用，并入制造费用计算。

企业预计内部分配利润总额=完成材料用量标准应得利润

+完成工时用量标准应得利润

+完成制造费用标准应得利润

这种方法使企业可以利用价格杠杆来调节各经营单位之间的利润水平，有利于调动各经营单位的积极性。

7.2.4　分散型组织形式

分散型组织形式综合了协作型组织和合作型组织的不同特征，它既具有较高的内部分权化程度，又具有较高的外部竞争性程度。分散型组织对下属经营单位业绩的衡量、评估和奖励的标准同样综合了其他两种组织所采用标准的特征。一方面，分散型组织使用利润、收入、成本等业绩指标，衡量下属同类型经营单位的业绩表现，并做出奖励与处罚的决定，这就促进了经营单位之间的相互竞争关系；另一方面，分散型组织将组织的总体战略目标的实现程度作为评价下属经营单位的一个基本标准，并将公司业绩表现和下属经营单位经理的奖金与升职联系起来，从而限制了各经营单位为自身利益而背离整个公司目标的行为。

分散型组织转移价格决策是四种组织类型中最为复杂的一个。分散型组织的转移定价决策，可以视组织内外部具体情况综合运用协作型组织和合作型组织的转移定价方法。

7.3　动态转移定价策略框架应用

在现实社会中，公司外部的市场结构各不相同，公司内部的组织架构和管理控制系统也是千差万别的。此分析框架正是从战略的角度对公司进行分类，归纳出不同的组织类型，并进而据以制定出适应的公司转移定价策略。公司在实际应用此分析框架制定自身转移价格策略时，一般应遵循以下步骤。

第一，确定公司在组织类型分析图中所处的位置。应明确公司外部市场竞争性程度和内部分权化程度，进而对本公司下属经营单位的相互竞争和相互合作的关系做出界定。

第二，根据公司在组织类型分析图中所处的位置，结合公司的经营规模、定价目标以及公司的总体发展战略，考虑在此位置上应采取的合理的转移定价策略。

第三，建立转移定价体系。这是一项复杂的价格系统工程，一开始应先局部试行初始价格，经过多次实践，以证明这种价格不会由于制定不适当给公司带来损失。体系的内容一般应包括：①价格体系的目标；②经营商品；③定价的标准；④定价依据；⑤外购政策；⑥解决部门之间矛盾与纠纷的机构与方法；⑦仲裁委员会及其职责。

第四，寻找特殊问题的存在。如果公司战略、转移价格策略，与组织环境特征相互匹配，但公司转移价格策略实施情况仍不理想，说明存在其他一些特殊性问题（如部门经理之间个人冲突的存在等），影响内部转移价格策略的实施，公司应努力寻找并确定这些问题。

第五，定期检查并修订转移定价体系。经济环境的频繁变化，可能导致原有的价格体系与外在环境不相适应，或与公司内在经营不相适应。这样就需要对原有的价格体系作一些修改与补充，使其更加完善，更能适应外部经济环境和内部经营管理的需要。

第六，考虑公司未来发展战略。由于公司战略与转移价格策略之间的互动关系，公司在考虑未来战略时，应将战略的实施步骤与转移价格策略的变动步骤联系考虑，综合规划。

参 考 文 献

Anthony R, Dearden J, Bedford N. 1984. Management Control Systems[M]. Homewood: Richard D. Irwin.

Cats-Baril W L, Gatti J F, Grinnell D J. 1988. Making transfer pricing fit your needs[J]. CMA, 62(5): 40-44.

Demski J. 1981. Cost allocation games[C]//Moriarty S. Joint Cost Allocations, Centre for Economic and Management Research, University of Oklahoma: 142-183.

Eccles R G. 1985. The Transfer Pricing Problem[M]. New York: Lexington Books.

Emmanuel C R, Mehafdi M. 1994. Transfer Pricing[M]. New York: Academic Press.

Kaplan R S, Atkinson A A. 1989. Advanced Management Accounting[M]. 2nd ed. Englewood Cliffs: Prentice Hall.

Kovac E J, Troy H P. 1989. Getting transfer prices right: what Bellcore did[J]. Harvard Business Review, 67(5): 148-150, 152, 154.

Schroeder D A. 1993. Organizational structure and intrafirm transfer prices for interdependent products[J]. Journal of Business Finance & Accounting, 20(3): 441-455.

Solomons D. 1965. Divisional Performance, Measurement and Control[M]. New York: Financial Executives Research Foundation.

Spicer B H. 1988. Towards an organizational theory of the transfer pricing process[J]. Accounting, Organizations and Society, 13(3): 303-322.

Swieringa R J, Waterhouse J H. 1982. Organizational views of transfer pricing[J]. Accounting

　　Organizations and Society, 7(2): 149-165.

Watson D J H, Baumler J V. 1975. Transfer pricing: a behavioural context[J]. The Accounting Review, 50(3): 466-474.

Williamson O E. 1979. Transaction-cost economics: the governance of contractual relations[J]. The Journal of Law and Economics, 22(2): 233-261.

Williamson O E. 1985. The Economic Institutions of Capitalism[M]. New York: Free Press.

第8章 转移定价拓展

Vancil 和 Buddrus（1979）在研究中提到"我的最大的失望是在转移定价问题的研究方面，不能提出任何权威性的甚至稍微有用的东西。……从业者在实际应用中为学术界留下了一个永久性的难题。我希望以后的研究者能够处理好这个难题"。关于转移定价的未来研究方向，大量的学者从不同角度进行了分析。Kaplan（1983）、Tomkins（1986）、Grabski（1985）、Johnson 和 Kaplan（1987）与 McAulay 和 Tomkins（1992）提出了将案例研究作为未来的研究方向。Spicer（1988）建议使用实证研究检验现存的理论是未来的主要研究方向。他在 Williamson（1970，1975，1979，1985）的基础上建立了转移定价的组织理论框架（图 8-1）。基于该理论框架提出了六大假设，建议未来通过实证进行检验。Eccles（1985）同样提出了 38 条假设，供未来进一步研究证实。

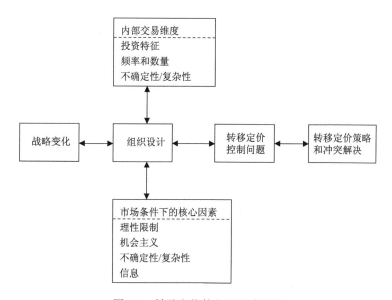

图 8-1 转移定价的主要影响因素

Swieringa 和 Waterhouse（1982）与 McAulay 和 Tomkins（1992）针对实际应用转移定价过程中所面临的一些困惑提出了一个选择框架。实际中从业者往往会遇到诸如应该鼓励竞争还是保持合作，应该注重过程还是注重结果等这样一些问题，他们通过设定一些变量，建立了一个联系框架（图 8-2）。他们建议应进一步研究框架在现实中的合理性，以及这些变量对转移定价实际影响的大小，同时通过实证研究来验证企业应该如何根据这些条件选择合理的转移价格。

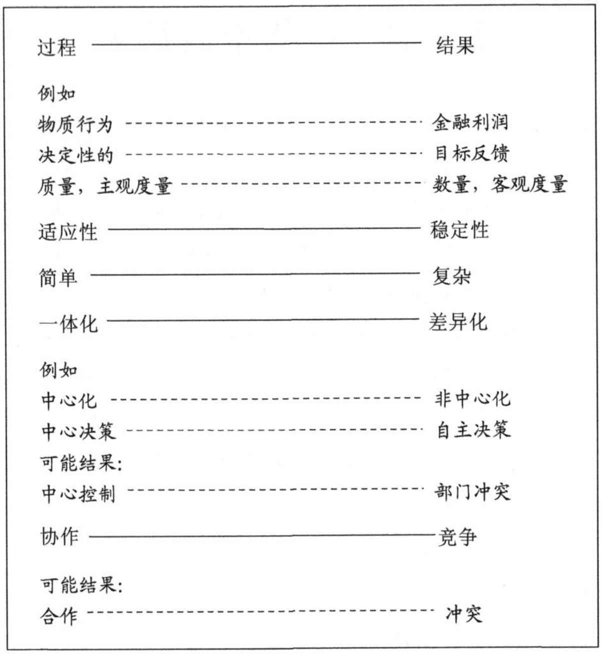

过程 ——————————————— 结果

例如
物质行为 -------------------------------- 金融利润
决定性的 -------------------------------- 目标反馈
质量，主观度量 -------------------------- 数量，客观度量

适应性 ——————————————— 稳定性

简单 ——————————————— 复杂

一体化 ——————————————— 差异化

例如
中心化 -------------------------------- 非中心化
中心决策 -------------------------------- 自主决策

可能结果：
中心控制 -------------------------------- 部门冲突

协作 ——————————————— 竞争

可能结果：
合作 -------------------------------- 冲突

图 8-2　转移定价操作选择框图

　　张永冀等（2014）基于战略转移定价理论，利用 2007 年至 2013 年间上市企业关联方交易数据作为内部转移定价的代理变量，以三种方式定义产品市场竞争度，实证检验市场竞争度与企业内部关联方交易之间的相关关系。检验结果支持了战略转移定价理论认为的转移定价是厂商获取战略优势的工具。当外部市场竞争激烈时，分权化经营会增加运营成本，企业会降低内部转移以增强产品的价格优势。而在竞争度较低的行业，企业会通过更多的内部转移虚拟地推高产品成本，隐藏垄断利润，从而维持当前的市场竞争格局。

　　通过对前述研究的分析了解，我们认为除了继续进行实证研究和案例研究以达到现有理论与实践相结合的同时，在理论研究方面应主要集中在以下几个方向。

8.1　不确定性环境下的转移定价研究

　　传统的转移定价研究一般假设企业的内外部环境是确定的，而现实企业所面对的更多是一种不确定性环境，如中间产品市场需求的不确定、最终产品市场需

求的不确定、原材料市场的不确定、资本市场的不确定以及参与主体行为偏好的
不确定性等。

　　大多数产品由多个零售商销售。这些零售商可以是独立运营的，如汽车特许
经销商，也可以是集中所有的，如拥有多个地点的大型零售连锁店（例如，沃尔
玛、科禄格、沃尔格林等）。不确定的顾客需求，再加上漫长的生产和分销提前期，
通常会导致每个零售商代价高昂的供需不匹配。幸运的是，今天零售商可以使用
信息技术方便跟踪库存和其他的通信（Axsäter，2003），使得在可能的情况下重
新分配库存既可行又有利可图。这种零售商间产品的交换被称为转运（Krishnan
and Rao，1965；Rudi et al.，2001）。转运在很多行业都很常见，如汽车、玩具、
体育用品、大宗商品、重型机械、服装和批发/零售（Dong and Rudi，2004；Zhao
et al.，2005；Cömez et al.，2012；Park et al.，2016；Li and Chen，2020；Zhao et al.，
2021）、半导体制造（Kranenburg and van Houtum，2009），以及金融和电子市场
等。库存转运可能是解决需求不确定导致的库存不匹配问题的潜在解决方案。在
库存转运协议下，库存不足的零售商可以购买另一家零售商的多余库存，从而避
免了初始制造商的加急订单，后者的快速响应生产成本可能非常昂贵，而库存过
剩的零售商可以以高于产品剩余价值的转移价格出售部分多余库存。运营管理文
献已经对不直接相互竞争的零售商之间的库存转移的好处进行了广泛研究（Rudi
et al.，2001；Cömez et al.，2012）。实际中也观察到竞争零售商之间的库存转运。
例如，很多汽车经销商通常愿意根据要求将库存转移给销售相同车型的其他当地
经销商（Olivares and Cachon，2009）。Olivares 和 Cachon（2009）做的实证研究
揭示了竞争经销商之间的库存转移，并表明库存转运对经销商的库存决策有很大
的经济影响。除了汽车行业，一些同一品牌的特许经营商也是相互竞争的独立零
售商，然而，当需要的时候它们也可能会共享它们的多余库存（Davis et al.，2022）。
一些制造商也提供了连接零售商的内联网系统，以便库存共享（Zhao and Atkins，
2009）。这种 B2B（business to business，企业对企业）共享已经成为近年来日益
增长的共享经济的重要组成部分。Guo 和 Jiang（2023）构建了一个博弈论模型，
其中两个零售商销售同一制造商的同一产品，并通过提供差异化服务来争夺顾客。
每个零售商在销售季到来之前都面临需求不确定；它的需求随着自己的服务质量
的提高而增加，随着竞争对手的服务质量的提高而降低。两个零售商可以决定是
否共享库存，以及以何种转移价格共享；在销售季之前，零售商会从制造商处订
购一些初始库存，并决定各自的服务质量。当零售商的产品库存耗尽时，如果它
们同意共享库存它可以通过快速响应订单直接从制造商处补充库存，和/或从竞争
对手那里获得剩余库存。研究发现，根据转移价格的不同，库存共享可能会加剧
或弱化服务竞争，导致服务成本的升高或降低。当转移价格较低时，增加的服务
成本将超过风险分担带来的收益，使两家零售商都蒙受损失。当转移价格中等时，

尽管库存共享会导致服务质量的提高，但由于风险分担的益处相对激烈的服务竞争占优，因此仍然可以使零售商获得更高的收益。当转移价格较高时，服务成本的降低和风险的集中使得库存共享对零售商有益。此外，使两家零售商利润最大化的最优转移价格是最高的无争议转移价格，这使得库存共享比不共享更有利可图，但还是无法像集中式系统那样实现协调。

数据技术的发展让厂商可追踪消费者历史购买信息并基于其显示偏好进行差别转移定价。同时，随着各类市场中可供消费者选择的商品种类和数量激增，消费者寻求多样性行为变得越发显著。刘思雨和胡奇英（2021）研究了竞争厂商在面对寻求多样性的消费者时基于行为定价的本质特征和形成机制，并探讨了其对厂商利润的影响。研究发现厂商均衡时的定价策略和利润水平取决于消费者寻求多样性倾向与消费者对产品的偏好强度之间的相对关系。当消费者寻求多样性倾向相对较低时，厂商会采取诱导转移定价；否则，厂商会采取奖励忠诚定价。数字经济和电子商务使得制造商销售绿色产品入侵到零售市场成为可能。李进等（2024）考虑消费者绿色偏好、渠道竞争和入侵成本等，允许制造商通过一个转移价格赋予其零售部门自主定价权，构建制造商生产绿色产品的分散式入侵模型。研究表明制造商通过向其零售部门征收转移价格，缓解了与其下游零售商之间的渠道竞争强度，从而提高了供应链中各成员的利润及产品的绿色度。

因此，今后的研究应考虑更多不确定条件下中间产品的转移定价决策问题，同时结合各个参与主体的行为偏好，研究转移定价方法的决策问题。

8.2　供应链环境下的转移定价研究

传统的转移定价研究主要集中在企业集团内部交易的前提下，而越来越多的研究将转移定价的概念进一步拓展到供应链以及产业链等一切组织结构内部，考虑生产流程中各个环节的库存管理成本（Lodish，1980；Rajan et al.，1992），并结合信息传递过程中的放大和扭曲效应，制定合理的转移定价决策方法，以达到渠道的协调一致。路应金等（2007）将供应链管理系统中与原材料和产品流动过程有关的产品转移价格作为上游企业基于提前期内下游企业对产品的反馈信息做出的预期价格，提出了预期机制下供应链产品的非线性、非均衡转移定价模型，研究了供应链管理系统产品转移价格决策的混沌动力行为，并基于最大 Lyapunov（李雅普诺夫）指数对供应链产品转移价格进行预测。冯华等（2008）在将缺货成本和延期惩罚成本纳入决策模型的前提下，对供应商—制造商两阶供应链在转移定价、安全库存，以及总成本之间的相互作用进行了研究。通过分析发现，承诺的交货期、延期惩罚成本与缺货成本将会影响供应链的总成本和转移定价决策，进而影响供应商的最优库存决策，而制造商则可以通过适当的激励机制设计，激励供应商按照供应链整体最优的方式确定转移定价、安全库存及相关决策。周茂森等（2017）针对由一个集团采购组织（group purchasing organization，GPO）和两个差异化竞争制造商组成的集团采购供应链，考虑 GPO 以批量折扣价格集中采购某种部件，并以转移价格提供给制造商，然后各制造商分别将其加工为一种差异化替代产品。分别构建了集中决策下的基准模型，以及分别由 GPO 和制造商主导的两种权力结构博弈模型，并得到唯一均衡解。进而分析了权力结构、产品差异化、规模经济性等因素对均衡结果的影响，最后从供应链视角提出了两种权力结构在不同环境下的适用性和演化路径。研究发现集中决策下的最优产量和系统利润均随规模经济性呈单峰变化，分散决策在规模经济性足够高时可达最优；制造商主导的系统利润在规模经济性较低时高于 GPO 主导，而在规模经济性较高且产品差异化较大时低于 GPO 主导；制造商主导时可能无法实施集团采购，并且当产品差异化较小时，还可能对制造商不利，而对 GPO 和系统有利。

　　离岸外包指的是跨国公司在外国设立制造子公司，向其在母国的零售子公司供应投入品（如零部件或最终产品），现在已经越来越成为一个受欢迎的全球供应链实例，因为它能够降低劳动力成本（Markides and Berg，1988；Morris，2015），并提供节税机会（Hsu and Zhu，2011；Shunko et al.，2014）。例如，宝洁公司在中国的金霸王电池工厂为其自有品牌金霸王和好市多旗下的柯克兰品牌生产电池（Howard，2016；Verdi，2014）。大黄蜂的波多黎各工厂为其自有品牌和柯克兰品牌供应长鳍金枪鱼（Seaman，2014）。其中要考虑的一个重要问题是跨国公司是否应该允许它们的海外制造子公司向竞争对手供应投入品，这些竞争对手最终可能会在下游零售市场与其零售子公司竞争。一方面，向竞争对手销售投入品为跨国公司的制造子公司打开了更多可行的收入来源。这种上游收入可能非常可观，尤其是当竞争对手已经占据了下游零售市场很大的市场份额并且因此需要更多来自跨国公司的投入品时。例如，三星的设备解决方案业务会向苹果等竞争对手销售零部件，而这一业务的收益占整个公司利润的 63%。另一方面，向竞争对手销售可能会造成跨国公司制造子公司和零售子公司之间的关系紧张，因为前者向后者的现存或潜在新竞争对手提供必要的投入品，将不可避免地使下游零售市场更具竞争性，并且因此损伤后者的利润。当竞争对手获得必须投入品的替代方案成本很高或者根本不存在时，这种担忧尤其明显。因此，为了保护其下游零售子公司的利益，跨国公司可能会通过提高投入品的价格，或者甚至完全拒绝竞争对手获得其投入品供应来故意提高其竞争对手的成本（Ordover et al.，1990）。Jung 等（2016）研究了当综合性公司向下游零售竞争对手销售产品时，对企业的利润和消费者剩余的影响。他们发现，公平价格的限制促使竞争对手更喜欢古诺竞争而不是伯川德竞争，并且可能会导致消费者剩余降低。Wang 等（2013）考虑了这样一种情景，一家综合性公司向它的有替代采购选择的竞争对手销售其产品。他们假设该综合公司会集中决策制造数量和零售数量，因此总会以低于竞争对手替代采购成本的批发价格向竞争对手销售产品。

　　一些论文专门研究了跨国公司如何利用转移价格来把握节税机会。Huh 和 Park（2013）比较了跨国公司在其内部各部门之间交易的不同转移定价方法下的税后盈利能力。Shunko 等（2014）通过描述转移价格的激励作用和税收作用之间的权衡，研究跨国公司应该如何在其内部生产和外部采购部门间分配订单数量。黎继子等（2017）基于跨国公司以供应链方式在全球范围内整合资源，分析了跨国供应链在海内外两个市场间的跨链合作框架，探讨了跨国供应链的隐性利益输送的前提条件。通过引入转移定价，建立海内外两个单链无横向合作和有横向合作的跨国供应链隐性利益输送的决策模型，然后，设计出在考虑隐性利益输送下的单转移定价模式和双转移定价模式；并进一步，针对上述两种模型探讨了不同转移定价模式组合策略和实施条件，发现不同国家所得税的差异对通过转移定价来实现隐性利益转移起到很大作用，而且在单转移定价模式下，由于触发机理简单，更容易被监管和识别，需配合成本增减，来实现隐性利益输送；在双转移定价模式下，两种转移价格反向变化比同向变化来进行利益转移更为隐蔽，且在横向合作下隐形利益输送形成的利润率高于由于需求增加所带来的利润率。

　　实际上，一个跨国公司更有可能在多个有不同税率的国家拥有多个工厂。在未来，研究哪个工厂应该向竞争对手销售产品，哪家工厂应该不销售，甚至跨国公司的最终选址决策将是非常有趣的研究问题。由于转移价格规定，与柯克兰的外部交易确实对宝洁的内部转移价格决策产生了限制。因此，在考虑全球税收因素的情况下，研究跨国公司的全球销售供应链转移定价决策机制具有重要的现实意义。

8.3　无形商品的转移定价研究

　　无形商品是相对于有形商品而提出的，是指能够为企业未来带来经济利益，但不具有实物形态的商品。一般用于组织内部交易的无形商品大概可以分为两大类：第一类是用于投资的无形资产，第二类是用于消费的服务商品。传统的无形资产包括：对企业资产使用的权利，如专利、商标、贸易称谓、设计或模型等，文学和艺术著作权、知识产权，如专有技术和贸易机密等。1996 年 4 月，OECD（Organisation for Economic Co-operation and Development，经济合作与发展组织）创造性地将无形资产的定义进行了扩展，将其划分为两大类：第一类，市场无形资产，除了传统意义上的商标商誉外，还包括固定的客户、销售渠道及对有关产品具有主要推销价值的专有名称、符号及图像等；第二类，贸易无形资产，除了传统的专利权、专有技术以外，还包括其他一些通过研究、开发而形成的无形资产，如货物生产或劳务提供中使用的设计与模型，以及转让给客户或应用于商业业务（如电脑软件）的自有商业资产的无形权利等。定义扩展后承认了新型无形资产的所有权，即承认企业可以通过其积极的生产与市场营销等经营活动创造出无形财产，并且对其享有包括收益权在内的各种所有权权利。服务商品是组织内部相互提供的管理、咨询、技术支持等服务而产生的一种商品。

关于传统转移定价策略的研究，大都将无形商品与有形商品同样处理，只有少量的文献研究了企业内部提供诸如 MIS 之类的服务商品时，应如何制定转移价格（Westland，1992）。但都没有形成系统的理论框架或定价模型。无形商品的独一无二性或高度差异性使得无形商品的转移定价研究显得更加复杂。无形商品大都存在着高固定成本和低变动成本的特点，因而，用于有形商品的一些转移定价策略，如边际成本法、变动成本法等难以适用于无形商品。

大型软件系统的开发过程带来了各种重要的管理挑战。其中一个挑战是开发过程中各种利益相关者之间存在不一致的目标（Banker and Kemerer，1992；Gurbaxani and Kemerer，1989，1990）。Ceran 等（2014）描述了一个在大型石油勘探公司内部进行的真实软件项目的案例。该项目包括将一个大型遗留石油钻井应用程序迁移到基于 Microsoft Windows 的系统。该应用程序有助于记录和分析钻井作业期间产生的数据。在这个应用程序中，与特定钻具相关的元素记录并分析钻具作业时进行的测量。由一组元素组成的组用于为用户生成报告。整个软件程序由大约 750 个组和 80 个元素组成。这些组将按照用户部门和开发团队商定的固定顺序交付给用户。收集的关于每个已完成组（给最终用户）提供的价值的数据表明，一个组的价值与其他已完成组的存在无关。此外，最终用户没有将任何重要的价值或功能与单个的元素联系起来，只有当一个组被发布时，即当该组所有的元素都被创建时，对最终用户的价值才会累积。考虑在开发流体用于油藏工程时使其可复用，为了实现这一点，在为该组创建元素时需要一些额外的工作（复用工作）。这种复用工作必须在创建过程中进行，而不能在创建元素之后进行。这种被称为带复用的开发的复用策略在实践中是很典型的（Poulin，1995；Lynex and Layzell，1998；Ramachandran，2005）。如果流体元素是可复用的，则可以通过一些额外的工作（特化工作）将其专门用于监测。例如，可能需要这样的特化工作，以使流体能够处理储层枯竭、注水和注气的有效性以及与流体接触的变化——这些是监测所需的特定任务，但油藏工程不需要。另外，如果流体元素不能复用，则需要重新创建该元素以便在监测中部署。

Ceran 等（2014）研究了软件项目中各种组的发布时间（以及由此产生的复用决策）可能会导致用户和开发人员之间的分歧与冲突，通常会导致企业的次优结果。他考虑了一个内部软件开发项目，其功能是增量发布给最终用户的。在一个增量发布机制中，正在开发的系统的部分甚至在系统还未完全完成之前就会变得可用并交付价值（Liu et al.，2007）。在这种设置下，开发人员和最终用户之间可能会出现关于功能发布时间的冲突。为了强调与组的发布时间相关的冲突，考虑两个关键的利益相关者：开发人员和最终用户。通常，用户不知道（或关心）复用细节。使用者对尽早接收重要的组（功能）感兴趣，即使这有时意味着完整系统的交付延迟。另外，开发人员对最大限度减少在项目上所进行的整体工作的价值感兴趣。例如，虽然在为油藏工程开发流体元素时，需要花费一些复用工作来使得流体元素变得可复用，但这种选择可能会为开发团队带来回报，因为不必重新创建该元素进行监测。相反，只需少量的特化工作，就可以扩展流体元素用于监测。然而，使流体可复用的额外（复用）工作将会延迟油藏工程的发布。如果用户迫切需要油藏工程提供的功能，这种延迟就会对他们造成伤害。他们开发了最优转移定价方案，以管理增量软件开发中的软件复用。这些定价方案是从企业的角度制定的，该企业对平衡开发人员和用户的目的，同时为未来的项目创建可复用的资产感兴趣。提出了单用户单开发人员、多用户单开发人员、单用户多开发人员和多用户多开发人员四种场景下的最优转移定价方案。

　　然而，无形商品在使用过程中，往往会产生网络外部性、拥塞外部性、建立标准、锁定和转移成本等因素，因此今后的研究应综合考虑以上因素的影响，并对每个因素确定对应的量化指标，建立更为合适的无形商品转移定价方案。

8.4　存在灰色市场的转移定价研究

　　灰色市场商品（也被称为平行进口）是指最初在制造商指定的市场销售，然后通过未经制造商授权的渠道转售到其他市场的名牌商品。当交易和搜索成本低到允许商品从一个细分市场"泄露"到另一个细分市场时，灰色市场就会出现。活跃的灰色市场的行业例子包括药品、汽车和电子产品等。

　　可以理解的是，受影响各方对灰色市场侵蚀的反应不一。一方面，消费者权益保护者和政府对灰色市场在改善国内竞争方面发挥的日益重要的作用表示赞赏。这种观点在美国得到了法院裁决的支持，这些裁决使得版权所有者几乎没有办法执行禁止从外国再进口商品的合同。此外，一些国际监管机构甚至采取了积极的立场，遏制跨国公司否定灰色市场的努力。例如，1998 年欧盟委员会对大众汽车处以 9000 万欧元罚款，原因是该公司阻止其授权的意大利经销商向德国和奥地利客户销售汽车。欧盟委员会的网站明确指出，"通过大众案和随后的裁决，欧盟委员会表明了它重视消费者在欧洲的自由"。另一方面，跨国公司谴责灰色市场在经济中日益重要的作用，仅在信息技术制造部门，灰色市场每年造成的蚕食销售额估计为 580 亿美元。此外，Li 和 Robles（2007）的理论与证据表明，灰色市场可能扼杀跨国公司的创新动机，因为灰色市场会阻止跨国公司收获其研发的全部回报。

作为打击灰色市场活动的一种机制，对附属外国子公司调整内部转移价格。这种策略的影响是，更高的转移价格增加了国外卖家的成本基础，这导致国外市场上最终用户价格更高，灰色市场的成本基础也更高。灰色市场的成本基础越高，当灰色市场公司重新进口商品到国内市场时，其竞争力就越弱，从而导致来自国内母公司的蚕食销售减少。例如，克莱斯勒加拿大公司在其加拿大工厂制造并在整个北美运行的许多克莱斯勒车型（如道奇战马）（Bennett，2009）。克莱斯勒加拿大公司在加拿大零售其部分库存，并以指定的转移价格将剩余库存转移给美国的附属经销商，然后这些经销商将汽车出售给美国消费者（Keenan，2011）。由于各种经济原因，美国汽车的零售价格要比加拿大低。而且，同一车型的国内和国外版本并不相同（例如，美国版本与国际版本在可用颜色、排放标准、发动机功率和其他特性方面有所不同）。较低的汽车价格和产品差异化导致加拿大消费者对美国汽车的需求增加。结果，一个活跃的灰色市场应运而生，根据 Hirshleifer（1956）与 Assmus 和 Wiese（1995）的证据，克莱斯勒加拿大公司可以使用来阻止灰色市场的一个方法是为其美国经销商设置高于边际成本的转移价格。更高的转移价格将意味着更高的美国汽车最终用户的价格，美国出口商品的灰色市场竞争力下降，加拿大汽车销售被美国灰色市场蚕食的情况也会减少。

必须注意到，跨国公司设定转移价格的自由裁量权通常受到监管它的所在国政府的限制。就美国和其他 OECD 国家而言，跨国公司必须使用几种规定方法中的一种，为外国子公司设定公平转移价格。从所在国税务监管机构的角度来看，实施公平价格标准的一个假定好处是，当跨国公司有动机将转移价格设定在公平价格水平之下时，这样做应该会提高所在国税收收入。在公平价格税务执法案件中涉及的资金可能相当可观。例如，2009 年，加拿大税务机关向克莱斯勒加拿大公司收取了 5 亿美元的罚款，原因是该公司将运往美国的零部件和车辆的转移价格设定在低于公平价格的水平，而美国是一个相对较低的税收管辖区。这个例子表明：①所在国税务监管机构急于执行公平价格标准，以获得更多的税收收入；②跨国公司有动机设定低于公平价格水平的转移价格，以便在所有司法管辖区实现利润最大化。Assmus 和 Wiese（1995）的研究结果表明，灰色市场活动可能会影响跨国公司附属部门之间内部转移的最优价格。2009 年加拿大税务机关对克莱斯勒加拿大公司实施公平价格标准。一方面，加拿大经济受益于公平价格标准的实行，因为这会迫使克莱斯勒向它的美国经销商收取更高的转移价格，导致加拿大的税收收益增加。另一方面，当实行公平价格标准时，加拿大的经济会受到损害。因为更高的转移价格会转化为更高的美国汽车价格、竞争更少的灰色市场，以及更低的加拿大消费者剩余。在这种情况下，消费者剩余的侵蚀造成的福利破坏，相对由于规定公平转移价格而产生的福利收益可能更占优。

Autrey 和 Bova（2012）考虑了最初由跨国制造公司在国外市场销售的商品，然后由灰色市场公司（即跨国公司授权渠道之外的公司）重新进口至国内市场。研究发现，无论跨境税收差异如何，在封闭市场和灰色市场设置下获得的公平转移价格都严格高于不受限制的转移价格。进一步地，当国外市场和国内市场之间彼此封闭时（即当不存在灰色市场时），跨国公司从不受限制的转移价格向公平转移价格的转变会导致国内社会福利和国内税收收益的严格增加，而跨国公司的情况则会严重恶化。然而，当灰色市场公司从国外市场泄露产品到国内市场时，国内消费者剩余意外扭曲，且更广泛地，国内社会福利在类似的公平转移定价转变中扭曲。具体来说，从不受限制的转移价格向公平转移价格的转变通过使灰色市场成为相对高成本的生产者，削弱了国内市场的消费者剩余，从而降低了国内的竞争力。

今后还可以进一步研究存在竞争对手或存在信息不对称等情形下的灰色市场对转移定价决策的影响，并分析其均衡结果。

8.5　转移定价协调机制研究

通常情况下企业的内部采购部门可能会被诱导保留过多的生产能力，因为对于其产品的需求是不确定的，而且成本定价规则只会向部门收取和它实际使用的产能成比例的费用（Simons，2000）。这就要求转移定价的设计必须考虑企业内部各个部门之间的协调。

Dutta 和 Reichelstein（2010）的研究结果确定了全成本转移定价会带来有效结果的条件。Reichelstein 和 Rohlfing-Bastian（2015）从规划和产品定价的角度考察了产能投资的相关全成本衡量标准。Baldenius 等（2016）研究了在市场不利状态下能力可能闲置的环境下的管理绩效评估。Pekelman（1974）提出的营销-运营界面管理在 Erickson（2011）的论文中得到了推广。他选择了一个没有协调的部门组织，其中生产和营销部门是两个战略上相互作用的单位。生产部门选择满足动态积压约束的成本最小化的产出水平，而营销部门选择对公司商誉存量的最优投资和向最终客户销售产品的价格。假设需求为线性，成本为二次，Erickson（2011）为这个博弈推导出了线性策略中唯一的闭环均衡。结果表明，均衡广告和定价是单调的，而生产要么是单调的，要么改变一次方向。尽管这两个部门是战略上的竞争对手，但它们是同一家企业在中央管理层控制下的单位。这就引发了一个问题，即在不破坏部门激励的情况下，采用哪种机制来协调分散的营销和运营决策。Erickson（2012）扩展了他对生产和营销界面管理的初步分析，将恒定的转移价格机制看作一个协调部门激励的协调装置。他假设在一个动态层次协调和产-销博弈中，中央管理者充当一个积极的 Stackelberg（斯塔克尔伯格）领导者。领导者在第一阶段设定一个恒定的转移价格以最大化企业利润；在第二阶段，营销和生产部门作为战略互动部门选择它们的最优行动。虽然这种协调结构减少了在不协调分散组织中存在的损失，但不一定实现了一阶最优共谋解决方案。第一，中央管理层作为领导者的 Stackelberg 博弈并不能消除现存于各部门间产-销博弈中的战略外部性。第二，如果领导者不使用子博弈精练均衡策略，Stackelberg 博弈就会面临时间不一致问题。Dockner 和 Fruchter（2014）在给定动态转移价格的假设下，求解了两种可选博弈设置下的均衡生产和营销决策。第一，假设两个部门都预先提交并选择开环策略。第二，假设实现承诺是不可能的且部门使用闭环策略（马尔可夫完美策略）。对于这两种类型的博弈，描述了有协调和没有协调的均衡生产与定价决策，并将结果与共谋解决方案进行比较。在共谋解决方案下，生产和营销决策是完全协调的，并通过最大化整体企业利润来实现（一阶最优结果）。Dutta 和 Reichelstein（2021）考虑了与前期产能投资相关的资源分配决策及优化可用产能的后续需求的设置。模型考虑了两个部门，每个部门在不同市场销售一种产品。由于技术专长，上游部门配置并维护所有的生产能力，还负责生产下游部门销售的产品。因此，出于绩效评估的目的，上游部门会被视为一个投资中心，而下游部门没有资本资产，只会是一个利润中心。转移定价规则描述为，向部门收取所提供服务的全部成本，并促使部门经理做出有效的产能投资和产能利用决策。如果转移支付的贴现总额等于与向下游部门分配的产能和提供给该部门所有的后续产出服务相关的现金流出的现值，就将转移定价规则称为全成本规则。特别地，除了根据实际产量收取可变费用外，对每个时期的产能一次性收费的两部转移定价规则，将会被视为全成本转移价格。研究给出了与企业生产环境相关的条件，这些条件可以使全成本转移定价机制能有效地协调部门和整体企业间的利益。

　　传统上，采购决策和分销网络设计等供应链活动独立于转移定价等税收规划活动。然而，最近有充分的证据表明，跨国公司已经意识到，如果这两种活动可以得到协调，可以节省大量资金。例如，安永会计师事务所进行的一项全球转移定价调查发现，80%的美国跨国公司在商业计划的"概念或启动阶段"都涉及税务主管，只有 5%的跨国公司宣称它们没有税务主管（Young，2007）。德勤在其"战略税务愿景"中阐述，在任何新的商业项目开始时，跨国公司都应该让税务部门参与评估供应链战略，这些战略可能会降低结构性税率，从而提升税后收入（Deloitte，2008）。

　　税收策略的重要性及其与供应链建模的整合也引起了贸易研究者的广泛关注。Irving 等（2005）声称"通过调整其税收和全球供应链策略，一家公司可以建立税收和法律结构，在确保遵循适用法律法规的同时，节省大量税收（通常是数千万或数亿美元）。"曾有学者提到，"原本可以增加跨国公司价值的数百万美元最终落入了税务部门手中，并减少了通过供应链改善得来的来之不易的储蓄"。他们认为这可以通过供应链和税务规划的精心组合来实现。Sutton（2008）强调了供应链管理中税收考虑的重要性，并将采购和供应确定为可以通过税收规划与协调来加强的主要领域。

Shunko 等（2014）关注在不同税收管辖区运营的分散式跨国公司的采购决策，研究它可以怎样使用转移价格来减轻其税收负担。实际上，这是传统的"自制或外购"决策的跨国变体。一种采购选择是在海外设施进行内部生产，称为离岸。另一种采购选择是从外部供应商处采购，称为外包。外部供应商可能位于国内或国外。然而，由于外部供应商不是跨国公司的一部分，因此其位置并不影响跨国公司的纳税义务。这两种选择各有利弊：在海外设施进行内部生产可能比外包成本更高；然而，它可能带来税收优惠，并且可以避免一些可能会增加成本的外包不确定性（如质量、交付等），因为整个生产过程都在跨国公司的控制之下。然而，从外部供应商处采购可能更便宜（由于专业化和规模经济），但会涉及不确定性，因为跨国公司无法控制供应商的生产过程。当离岸外包选择的成本优势是确定的，且外国公司有税收优势时，解决方案是容易的：跨国公司应该离岸外包并将法律允许的尽可能多的利润转移到外国。因此，该研究关注成本优势不确定，且跨国公司面临着可能更高的外包成本和离岸外包的税收优惠之间的权衡的情况。张晓鹏等（2018）在考虑跨国公司利用转移定价进行全球税收筹划基础上，研究了跨国公司不仅通过生产满足其全球需求，还满足本地竞争品牌的需求。假设转移定价具有事前特征，研究以最大化全球税后利润为目标，分析跨国公司和本地品牌参与最终市场竞争并伴随着生产阶段合作的情形。研究结果显示，价格低廉不是本地品牌进行生产外包决策的适用准则，垄断本地市场也非跨国公司的目标。在该结果基础上，对考虑本地品牌生产外包情况下，跨国公司参与本地竞争及全球税后利润优化的动机进行了解释。

因而，进一步研究可以考虑企业内各部门之间，面临税收、政策等不确定因素的情形下，如何通过设计有效的转移定价机制进行公司各部门的运作协调。

8.6　特殊产业领域的转移定价研究

传统的转移定价方法主要是针对一般行业提出的，对于一些特殊的领域，传统的转移定价方法不能满足决策的需要。因此研究适用于具体行业的转移定价方法应是今后转移定价研究的另一个重点领域。

8.6.1　制药业

制药业是一个充满竞争与风险的行业，公司的利润高度依赖于新产品和新技术的研发周期与成本（Perrino and Tipping，1989；Henderson，1994）。要保持新药品推出的连续性，必须不断地进行研究开发，而这些研发多以失败告终。对于主要的制药跨国集团而言，它们平均要把销售收入的 15%投入到研发中去（Whittaker and Bower，1994；Anon，1994）。但药品的价值在于它的疗效和市场知名度，而不在于研发成本（Halliday et al.，1997）。另外，在制药业，相近的可比产品罕见，因而药品转移价格的确定便显得比较困难。同时，医药产品具有价值高、质量小的特性，公司在不同的生产和销售环节中跨国界运输医药产品变得极为平常，这一问题进而导致了药品生产企业转移定价的复杂化。另外，政府对药品价格和利润的控制将对转移定价产生影响，不同国家的卫生部门使用不同的机制来控制药品的市场售价，使得转移定价的确定变得更为复杂。因此，今后的研究应该针对制药业的具体特征，重点研究不同环节、不同时期合理转移定价方法的选择问题。

8.6.2　汽车业

汽车业是一个产业化程度和价值含量都很高的产业。其内部不断出现的企业全球化和公司兼并现象使得该产业充满了挑战与机遇。汽车业每年都要在研究开发领域进行大量投资（Grabowski and Baxter，1973），而且品牌知名度的价值可观（Dhebar et al.，1987），存在大流量的集团内部进出口交易。这些产业特点表明，转移定价可以对公司利润造成巨大的影响。

汽车行业新车型在其经营周期都会对公司的利润率产生较大的影响。因为新车型在经营周期的最初，都会存在低销售和高额初期成本问题，可能需要几个月甚至是几年才能进入盈利期。为了控制成本，保持竞争优势，许多公司已经开始对汽车零件和车型设计实行内部集中购买的方式。这种购买方式将增加公司的内部交易额，并提出了这样一个问题：究竟是将集中购买所节余的收益留给供应方呢还是转移给同为集团内部公司的零部件使用方。这就使得汽车行业转移定价决策过程中除了考虑税收因素外，内部协调因素也是必须重视的。

另外，20 世纪 90 年代开始的一体化并购浪潮，使得汽车行业中几乎没有独立的第三方汽车生产或分销商。这种行业一体化进程表明，今后在确定符合公平独立核算原则的定价范围时，可供选择的可比对象将越来越少。同时，许多主要的汽车生产厂商开始与大型的金融机构相互关联，以便向顾客提供各项贷款购车的金融服务，这使得汽车业的转移定价变得更为复杂。

8.6.3 再制造业

新产品的销售决定了未来再制造产品的供应,所以两个数量决策是相关联的。然而,负责生产/销售新产品的部门通常与负责再制造产品的部门不同。例如,包括惠普(van Wassenhove et al.,2002)、博世(Valenta,2004)、戴姆勒-克莱斯勒公司(Driesch et al.,2005)和奥西(Zuidwijk et al.,2005)在内的一些企业来说,出现的问题是,因为相同的投入品(材料、零件等)可能被使用两次来产生收入,那么谁应该承担这些投入品的成本?

Toktay 和 Wei(2011)研究了一家制造和销售新产品,随后再制造和再销售相同产品的企业。该企业需要为新的和再制造的产品制定两种不同的数量决策。他们研究了制造部门和再制造部门之间实现协调的转移定价方案。研究结果建议,除非旧产品的残值可以忽略不计,并且旧产品的供应很充足,否则应将最初生产成本的一部分分配给制造部门。此外,研究发现,费用收取应该独立于再制造的数量,并且适用于制造过程中生产的所有物品,否则将在再制造部门引入双重边际效应,导致企业的再制造水平低于最优水平。蒋琼等(2021)针对新兴智能回收,从闭环供应链渠道设计和回收定价角度,分别构建了单一回收渠道和双回收渠道下制造商一致与差异化转移定价决策模型,研究在制造商主导的闭环供应链中制造商的转移定价和最优利润决策问题。研究表明,相对于单一回收渠道,双回收渠道增加了产品回收率和供应链各成员利润;相对于差异化转移定价决策,制造商采取一致转移定价决策,能实现自身利润和智能回收商利润最大化,但会损害传统回收商利润,且不利于供应链其他成员利润的增长;当制造商采取差异化转移定价决策,虽不能实现自身利润最大,但相对于单一回收渠道,其利润也有所增长,也不会损害传统回收商利润,供应链其他成员的利润也会增长。

再制造业转移定价的研究还有很大的研究空间,如竞争市场、跨国环境、不确定性产出、信息不完全等都会对再制造转移定价决策带来挑战,值得进一步深入讨论。

8.6.4 电信业

由于放松管制和技术上更加先进,电信业迅速发展并逐渐从国内垄断走向国际市场,从传统产业走向以联合、投资、高效和创新为特点的新兴产业。然而,由于电信业的不断兼并扩张,使得电信公司必须从商业和税务两个方面考虑如何在集团内部的独立实体之间分配全球利润。而在电信业内部,许多关联和独立公司使用了由许多实体共同所有的通信网络,使得如何在集团内部的独立实体之间分配全球利润变得较为复杂(Valletti,2002)。

在电信企业内部转移定价的研究方面,确认通信网络所有权的归属是问题的关键，因为它决定了由谁来负责网络的发展，并在集团的最终利润和亏损中获得最大的份额（Armstrong，1998）。因此，今后关于电信业转移定价的研究应在充分考虑通信网络归属权的基础上，结合电信企业的结构特征，研究电信业转移定价方法的合理选择问题。

8.6.5　金融业

基础金融产品及其衍生产品的交易市场正在向全球化方向发展（Karatzas and Shreve，1991，1998）。金融机构可以通过一定组织形式对种类日益增多的金融产品进行全球化的交易（Krarnkov，1996）。对于交易形式，OECD 提到了三种：综合交易、集中产品管理和单独企业交易。在单独企业交易中，金融机构位于不同地点的每一个部门都是独立的盈利中心，分别有着各自的市场营销、交易和后勤人员。综合交易的情况却正好与之相反：位于不同交易中心的交易人对于共同持有的不同金融工具的头寸组合提出价格并进行交易。这种组合通常称为账单，这种账单随市场开市，闭市后由一地转移到另一地，或不同地点同时对之进行交易。集中产品管理正好介于上面两种方式的中间，即金融产品的交易在全球范围内分类进行。

全球化交易引发了一些问题，在综合交易中，由于金融工具的交易和管理在全球范围内发生，因此不同地区之间如何进行利润分配？同时，由于某些金融产品之间的交易是出于相互防范风险而进行的套头交易，因此如何在不同的金融产品之间分配利润？这些问题对传统的转移定价方法提出了挑战，传统的交易定价规则已经不再适用。因此，提出专门的、适用于全球金融产品特定内部交易的转移定价方法是今后研究的主要问题。

参 考 文 献

冯华, 崔元锋, 马士华. 2008. 基于交货期库存协调的供应链转移定价研究[J]. 管理科学学报, 11(2): 71-79.

蒋琼, 王勇, 刘名武. 2021. 新兴智能回收下制造商转移定价决策[J]. 中国管理科学, 29(9): 156-167.

黎继子, 汪忠瑞, 刘春玲. 2017. TP 模式下考虑隐性利益输送的跨国供应链决策分析[J]. 中国管理科学, 25(12): 48-58.

李进, 刘格格, 张江华. 2024. 基于消费者绿色偏好和渠道竞争的制造商分散式入侵策略[J]. 中国管理科学, 32(7): 281-290.

刘思雨, 胡奇英. 2021. 消费者寻求多样性下的行为定价研究[J]. 系统工程学报, 36(4): 448-463.

路应金, 唐小我, 张勇. 2007. 基于预期机制的供应链产品转移价格混沌预测研究[J]. 系统工程理论与实践, (1): 45-50.

张晓鹏, 关磊, 谢婷婷, 等. 2018. 基于本地品牌生产外包考虑的跨国公司竞争及转移定价策略研究[J]. 系统工程理论与实践, 38(9): 2289-2299.

张永冀, 炎晓阳, 张瑞君. 2014. 产品市场竞争与关联方交易: 基于战略转移定价理论的实证分析[J]. 会计研究, (12): 79-85, 96.

周茂森, 但斌, 周宇. 2017. 规模经济的差异化竞争制造商集团采购的权力结构模型[J]. 管理工程学报, 31(3): 192-200.

Anon. 1994. Pharmaceutical Industry in Japan 1994[M]. Tokyo: Japan Pharmaceutical Manufacturers Association.

Armstrong M. 1998. Network interconnection in telecommunications[J]. The Economic Journal, 108(448): 545-564.

Assmus G, Wiese C. 1995. How to address the gray market threat using price coordination[J]. Sloan Management Review, 36: 31-41.

Autrey R L, Bova F. 2012. Gray markets and multinational transfer pricing[J]. The Accounting Review, 87(2): 393-421.

Axsäter S. 2003. A new decision rule for lateral transshipments in inventory systems[J]. Management Science, 49(9):1168-1179.

Balachandran B V, Balakrishnan R, Sivaramakrishnan K. 1997. On the efficiency of cost-based decision rules for capacity planning[J]. The Accounting Review, 72(4): 599-619.

Balakrishnan R, Sivaramakrishnan K. 2002. A critical overview of the use of full-cost data for planning and pricing[J]. Journal of Management Accounting Research, 14(1): 3-31.

Baldenius T, Nezlobin A A, Vaysman I. 2016. Managerial performance evaluation and real options[J]. The Accounting Review, 91(3): 741-766.

Banker R D, Hughes J. 1994. Product costing and pricing[J]. The Accounting Review, 69(3): 479-494.

Banker R D, Kemerer C F. 1992. Performance evaluation metrics for information systems development: a principal-agent model[J]. Information Systems Research, 3(4):379-400.

Bennett J. 2009. Chrysler will restart seven plants[J]. Wall Street Journal, 253(141): B2.

Ceran Y, Dawande M, Liu D P, et al. 2014. Optimal software reuse in incremental software development: a transfer pricing approach[J]. Management Science, 60(3): 541-559.

Cömez N, Stecke K E, Cakanyildirim M. 2012. In-season transshipments among competitive retailers[J]. Manufacturing & Service Operations Management, 14(2): 290-300.

Davis A M, Huang R H, Thomas D J. 2022. Retailer inventory sharing in two-tier supply chains: an experimental investigation[J]. Management Science, 68(12): 8773-8790.

Deloitte. 2008. The forest and the trees: how a tax-aligned supply chain can reduce your structural tax rate[R]. Technical Report, Deloitte.

Dhebar A, Neslin S A, Quelch J A. 1987. Developing models for planning retailer sales promotions: an application to automobile dealerships[J]. Journal of Retailing, 63(4): 333-364.

Dockner E J, Fruchter G E. 2014. Coordinating production and marketing with dynamic transfer prices[J]. Production and Operations Management, 23(3): 431-445.

Dong L X, Rudi N. 2004. Who benefits from transshipment? Exogenous vs. endogenous wholesale prices[J]. Management Science, 50(5): 645-657.

Driesch H M, van Oyen H E, Flapper S D P. 2005. Recovery of car engines: the mercedes-benz case[M]//Flapper S D P, van Nunen J A E E, van Wassenhove L N. Managing Closed-loop Supply Chains. Heidelberg: Springer-Verlag: 157-166.

Dutta S, Reichelstein S. 2010. Decentralized capacity management and internal pricing[J]. Review of Accounting Studies, 15(3): 442-478.

Dutta S, Reichelstein S. 2021. Capacity rights and full-cost transfer pricing[J]. Management Science, 67(2): 1303-1325.

Eccles R G. 1985. The Transfer Pricing Problem: A Theory for Practice[M]. New York: Lexington Books.

Erickson G M. 2011. A differential game model of the marketing-operations interface[J]. European Journal of Operational Research, 211(2): 394-402.

Erickson G M. 2012. Transfer pricing in a dynamic marketing-operations interface[J]. European Journal of Operational Research, 216(2): 326-333.

Göx R F. 2002. Capacity planning and pricing under uncertainty[J]. Journal of Management Accounting Research, 14(1): 59-78.

Grabowski H G, Baxter N D. 1973. Rivalry in industrial research and development[J]. The Journal of Industrial Economics, 21(3): 209-235.

Grabski S V. 1985. Transfer pricing in complex organizations: a review and integration of recent empirical and analytical research[J]. Journal of Accounting Literature, 4: 33-75.

Guo X M, Jiang B J. 2023. Inventory sharing under service competition[J]. Manufacturing & Service Operations Management, 25(6): 2333-2351.

Gurbaxani V, Kemerer C F. 1989. An agent-theoretic perspective on the management of information systems[C]//Proceedings of the Twenty-Second Annual Hawaii International Conference on System Sciences.Volume III: Decision Support and Knowledge Based Systems Track. Washington, DC, 3: 141-150.

Gurbaxani V, Kemerer C F. 1990. An agency theory view of the management of end-user computing [C]//ICIS 1990 Proceedings International Conference on Information System: 279-289.

Halliday R G, Drasdo A L, Lumley C E, et al. 1997. The allocation of resources for R&D in the world's leading pharmaceutical companies[J]. R&D Management, 27(1): 63-77.

Henderson R M. 1994. Managing innovation in the information age[J]. Harvard Business Review, 72(1): 100-106.

Hirshleifer J. 1956. On the economics of transfer pricing[J]. The Journal of Business, 29(3): 172-184.

Howard C. 2016. Costco CEO shares tips with clark howard to help you save money[EB/OL]. https://clarkdeals.com/deal/costco-ceo-shares-tips-clark-howard-help-save-money/[2024-03-28].

Hsu V N, Zhu K J. 2011. Tax-effective supply chain decisions under China's export-oriented tax policies[J]. Manufacturing & Service Operations Management, 13(2): 163-179.

Huh W T, Park K S. 2013. Impact of transfer pricing methods for tax purposes on supply chain performance under demand uncertainty[J]. Naval Research Logistics (NRL), 60 (4): 269-293.

Irving D, Kilponen G, Markarian R, et al. 2005. A tax-aligned approach to SCM[J]. Supply Chain Management Review, 9(3): 57-61.

Johnson H T, Kaplan R S. 1987. Relevance Lost: The Rise and Fall of Management Accounting[M]. Boston: Havard Business School Press.

Jung S, Park K S, Huh W T. 2016. Price and quantity competitions and arm's length restriction in a decentralized supply chain[R]. Working Paper, Korea Advanced Institute of Science and Technology, Seoul, Korea.

Kaplan R S. 1983. Measuring manufacturing performance: a new challenge for managerial accounting research[J]. The Accounting Review, 58(4): 686-705.

Karatzas I, Shreve S E. 1991. Brownian Motion and Stochastic Calculus[M]. New York: Springer.

Karatzas I, Shreve S E. 1998. Methods of Mathematical Finance[M]. New York: Springer.

Keenan G. 2011-03-09. Daimler pays $1.5-billion to end tax fight[N]. The Globe and Mail (March 1), B1.

Kranenburg A A, van Houtum G J. 2009. A new partial pooling structure for spare parts networks[J]. European Journal of Operational Research, 199(3): 908-921.

Krarnkov D. 1996. On the closure of a family of martingale measures and an optional decomposition of a supermartingale[J]. Theory of Probability and Application , 41(4): 788-791.

Krishnan K S, Rao V R K. 1965. Inventory control in N warehouses[J]. Developments in Hematology & Immunology, 16: 212-215.

Li C Y, Robles J. 2007. Product innovation and parallel trade[J]. International Journal of Industrial Organization, 25: 417-429.

Li S, Chen K Y. 2020. The commitment conundrum of inventory sharing[J]. Production and Operations Management, 29(2): 353-370.

Liu D P, Dawande M, Mookerjee V. 2007. Value-driven creation of functionality in software projects: optimal sequencing and reuse[J]. Production and Operations Management, 16(3): 381-399.

Lodish L M. 1980. Applied dynamic pricing and production models with specific application to broadcast spot pricing[J]. Journal of Marketing Research, 17(2): 203-211.

Lynex A, Layzell P J. 1998. Organisational considerations for software reuse[J]. Annals of Software Engineering, 5(1): 105-124.

Markides C C, Berg N A. 1988. Manufacturing offshore is bad business[J]. Harvard Business Review, 66(5): 113-120.

McAulay L, Tomkins C R. 1992. A review of the contemporary transfer pricing literature with recommendations for future research[J]. British Journal of Management, 3(2): 101-122.

Morris D Z. 2015. Will tech manufacturing stay in China?[EB/OL]. http://fortune.com/2015/08/27/tech-manufacturing-relocation/[2024-03-28].

Olivares M, Cachon G P. 2009. Competing retailers and inventory: an empirical investigation of general motors' dealerships in isolated U.S. markets[J]. Management Science, 55(9): 1586-1604.

Ordover J A, Saloner G, Salop S C. 1990. Equilibrium vertical foreclosure[J]. The American Economic Review, 80(1): 127-142.

Park S J, Lai G M, Seshadri S. 2016. Inventory sharing in the presence of commodity markets[J]. Production and Operations Management, 25(7): 1245-1260.

Pekelman D. 1974. Simultaneous price-production decisions[J]. Operations Research, 22(4): 788-794.

Perrino A C, Tipping J W. 1989. Global management of technology[J]. Research Technology Management, 32(3): 12-19.

Poulin J S. 1995. Populating software repositories: incentives and domain-specific software[J]. Journal of Systems and Software, 30(3): 187-199.

Rajan A, Rakesh, Steinberg R. 1992. Dynamic pricing and ordering decisions by a monopolist[J]. Management Science, 38(2): 240-262.

Ramachandran M. 2005. Software reuse guidelines[J]. ACM SIGSOFT Software Engineering Notes, 30(3): 1-8.

Ray K, Gramlich J. 2016. Reconciling full-cost and marginal-cost pricing[J]. Journal of Management Accounting Research, 28(1): 27-37.

Reichelstein S, Rohlfing-Bastian A. 2015. Levelized product cost: concept and decision relevance[J]. The Accounting Review, 90(4): 1653-1682.

Reichelstein S, Sahoo A. 2018. Relating product prices to long-run marginal cost: evidence from solar photovoltaic modules[J]. Contemporary Accounting Research, 35(3): 1464-1498.

Rudi N, Kapur S, Pyke D F. 2001. A two-location inventory model with transshipment and local decision making[J]. Management Science, 47(12): 1668-1680.

Seaman T. 2014. Costco win for Tri Marine as retail giant puts canned skipjack under Kirkland Signature brand[EB/OL]. https://www.undercurrentnews.com/2014/09/02/costco-win-for-tri-marine-as-retail-giant-puts-canned-skipjack-under-kirkland-signature-brand/[2024-03-28].

Shunko M. Debo L, Gavirneni S. 2014. Transfer pricing and sourcing strategies for multinational firms[J]. Production and Operations Management, 23(12): 2043-2057.

Simons R L. 2000. Polysar limited[EB/OL]. https://apaxresearchers.com/wp-content/uploads/2021/04/Polysar.pdf[2024-03-28].

Spicer B H. 1988. Towards an organizational theory of the transfer pricing process[J]. Accounting, Organizations and Society, 13(3): 303-322.

Sutton G. 2008. The tax efficient supply chain [EB/OL]. https://www.sdcexec.com/sourcing-procurement/article/10352971/grant-thornton-llp-the-tax-efficient-supply-chain[2024-03-28].

Swieringa R J, Waterhouse J H. 1982. Organizational views of transfer pricing[J]. Accounting Organizations and Society, 7(2): 149-165.

Toktay L B, Wei D. 2011. Cost allocation in manufacturing-remanufacturing operations[J]. Production and Operations Management, 20(6): 841-847.

Tomkins C. 1986. Commentary on R.S. Kaplan "the role for empirical research in management accounting"[J]. Accounting, Organizations and Society, 11(4/5): 453-456.

Valenta R. 2004. Product recovery at Robert Bosch Tools, North America[R]. Presentation at the 2004 Closed-Loop Supply Chains Workshop held at INSEAD, Fontainebleau, France.

Valletti T M, Hoernig S, Barros P P. 2002. Universal service and entry: the role of uniform pricing and coverage constraints[J]. Journal of Regulatory Economics, 21(2): 169-190.

van Wassenhove L N, Guide V D R, Jr, Kumar N. 2002. Managing product returns at Hewlett Packard[R]. INSEAD.

Vancil R F, Buddrus L E. 1979. Decentralization, Managerial Ambiguity by Design: A Research Study and Report[M]. Homewood: Dow Jones-Irwin.

Verdi S D. 2014. Brand names in disguise[EB/OL]. https://www.moneysense.ca/spend/shopping/ co-packing-brand-names-in-disguise/[2024-03-28].

Wang Y L, Niu B Z, Guo P F. 2013. On the advantage of quantity leadership when outsourcing production to a competitive contract manufacturer[J]. Production and Operations Management, 22(1): 104-119.

Westland J C. 1992. Congestion and network externalities in the short run pricing of information system services[J]. Management Science, 38(7): 992-1009.

Whittaker E, Bower D J. 1994. A shift to external alliances for product development in the pharmaceutical industry[J]. R&D Management, 24(3): 249-260.

Williamson O E. 1970. Corporate Control and Business Behaviour[M]. Englewood Cliffs: Prentice Hall.

Williamson O E. 1975. Markets and Hierarchies: Analysis and Antitrust Implications: A Study in The Economics of Internal Organization[M]. New York : Free Press.

Williamson O E. 1979. Transaction-cost economics: the governance of contractual relations[J]. The Journal of Law and Economics, 22(2): 233-261.

Williamson O E. 1985. The Economic Institutions of Capitalism[M]. New York: Free Press.

Young E. 2007. Global transfer pricing surveys 2005-2006[R]. Technical Report, Ernst and Young.

Zhao H, Deshpande V, Ryan J K. 2005. Inventory sharing and rationing in decentralized dealer networks[J]. Management Science, 51(4): 531-547.

Zhao H, Xu L, Siemsen E. 2021. Inventory sharing and demand-side underweighting[J]. Manufacturing & Service Operations Management, 23(5): 1217-1236.

Zhao X, Atkins D. 2009. Transshipment between competing retailers[J]. IIE Transactions, 41(8): 665-676.

Zuidwijk R, van der Laan E A, Hoek L. 2005. Managing asset recovery at Océ. N. V.[C]//Flapper S D, van Nunen J, van Wassenhove L N. A Business View on Closed-Loop Supply Chains. Heidelberg: Springer-Verlag: 141-150.